中 知 认 证 系 列 丛 书

《装备承制单位知识产权管理要求》解析与应用

中知(北京)认证有限公司/组织编写

余　平/主编

知识产权出版社
全国百佳图书出版单位
—北京—

图书在版编目（CIP）数据

《装备承制单位知识产权管理要求》解析与应用 / 余平主编．—北京：知识产权出版社，2020.8

（中知认证系列丛书）

ISBN 978-7-5130-7058-4

Ⅰ.①装…　Ⅱ.①余…　Ⅲ.①武器装备—制造—知识产权—管理—研究—中国　Ⅳ.①D923.4

中国版本图书馆 CIP 数据核字（2020）第 133133 号

责任编辑： 刘　睿　刘　江　邓　莹　　　**责任校对：** 王　岩

封面设计： 博华创意·张冀　　　**责任印制：** 刘译文

中知认证系列丛书

《装备承制单位知识产权管理要求》解析与应用

中知（北京）认证有限公司　组织编写

余　平　主编

出版发行： 知识产权出版社 有限责任公司　　**网　　址：** http://www.ipph.cn

社　　址： 北京市海淀区气象路50号院　　**邮　　编：** 100081

责编电话： 010-82000860 转 8344　　**责编邮箱：** liujiang@cnipr.com

发行电话： 010-82000860 转 8101/8102　　**发行传真：** 010-82000893/82005070/82000270

印　　刷： 天津嘉恒印务有限公司　　**经　　销：** 各大网上书店、新华书店及相关专业书店

开　　本： 720mm×960mm　1/16　　**印　　张：** 21

版　　次： 2020年8月第1版　　**印　　次：** 2020年8月第1次印刷

字　　数： 305千字　　**定　　价：** 84.00元

ISBN 978-7-5130-7058-4

《中知认证系列丛书》编委会

《〈装备承制单位知识产权管理要求〉解析与应用》编写组

主　编　余　平

副主编　郭志萍　杨　洋　王海涛

撰　稿（按章节排序）

郭志萍　杨　洋　王海涛　赵　佳

王立东　杨丽萍　李国民　马全亮

郭晓冰　邵颖惠　梁　勇　扈　昕

何早华

审　稿　余　平　苏慎之

序

2008年，国务院颁布《国家知识产权战略纲要》，明确提出到2020年把我国建设成为知识产权创造、运用、保护和管理水平较高的国家。国家知识产权战略是继科教兴国战略、人才强国战略之后第三个国家战略。《国家知识产权战略纲要》颁布十余年来，特别是党的十八大以来，在以习近平同志为核心的党中央的高度重视和亲切关怀下，我国知识产权事业取得了举世瞩目的成就，知识产权大国地位牢固确立。习近平总书记深刻指出，加强知识产权保护，是完善产权保护制度最重要的内容。2019年国务院《政府工作报告》也明确提到，要全面加强知识产权保护，健全知识产权侵权惩罚性赔偿制度，促进发明创造和转化运用。

为帮助企业全面落实国家知识产权战略精神，指导企业建立科学、系统、规范的知识产权管理体系，促进企业自主创新能力和知识产权运用水平的不断提高，逐步实现把知识产权融入企业生产经营的各个环节，我国首部知识产权管理国家标准《企业知识产权管理规范》（GB/T 29490—2013）于2013年3月1日正式颁布实施。该标准由国家知识产权局起草制定，国家质量监督检验检疫总局、国家标准化管理委员会批准颁布，其问世标志着我国企业知识产权规范化管理的大门正式开启。

随后，《科研组织知识产权管理规范》（GB/T 33250—2016）、《高等学校知识产权管理规范》（GB/T 33251—2016）相继实施。由中央军委装备发展部国防知识产权局为主起草编制的《装备承制单位知识产权管理要求》（GJB 9158—2017）于2017年12月1日起实施。我国知识产权管理领域的国家标准体系得到进一步拓展和发展。

与此同时，在国家知识产权局（CNIPA）和国家认证认可监督管理委员会（CNCA）等部门的推动下，知识产权管理体系认证工作也由起步阶段到稳步发展。2014 年 4 月 11 日，中国专利保护协会旗下的中知（北京）认证有限公司（以下简称“中知公司”）作为全国首家经国家认证认可监督管理委员会（CNCA）批准的知识产权认证机构正式成立，自此拉开了知识产权认证工作的帷幕。中知公司依托中国专利保护协会深厚的行业背景和资源，专注耕耘知识产权认证工作 6 年有余，完成近 2 万家创新主体的知识产权管理体系认证服务，不断深化对知识产权领域系列国家标准的理解和认识，积累了丰富的知识产权认证经验，得到社会各界的高度认可。

孟子云，“独乐乐不如众乐乐”。让更多的人了解知识产权规范化管理的魅力，让更多的创新主体通过知识产权规范化管理获取更高的飞跃一直是中知公司的目标。故此，中知公司策划了中知认证系列丛书，分别为：《通往标准之路——企业知识产权标准化管理宝典》《〈企业知识产权管理规范〉审核要点与案例解析》《〈科研组织知识产权管理规范〉理解与实施》《〈高等学校知识产权管理规范〉理解与实施》《〈装备承制单位知识产权管理要求〉解析与应用》。

本套丛书内容不仅包括知识产权领域系列国家标准的条款解读、实施建议、体系建立、审核要点等方面，而且结合标准推行和认证过程中的相关案例，以理论与实务相结合的视角，对知识产权管理体系系列国家标准及实施进行全面详细的解读。希望这套饱含诚意的丛书能够成为广大读者了解知识产权规范化管理的入门读物，成为大家踏上知识产权管理体系阶梯的垫脚石。

中国专利保护协会副会长兼秘书长 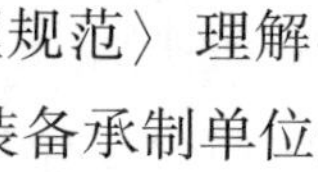

前　　言

知识产权制度，是激励技术创新，加速科技成果扩散、应用及产业化，提高经济竞争力的一项重要法律制度。随着当前知识经济的迅猛发展、经济全球化进程不断加快，加强知识产权保护、提高自主知识产权的数量和质量，不仅成为国家发展高科技、增强综合竞争能力的战略选择，也成为企业参与市场竞争的主要内容和重要手段。

国防领域往往是一个国家研究开发投入最大、创新活动最活跃的领域。为了有效保护创新，必须建立行之有效的知识产权管理制度。《国家知识产权战略纲要》提出要加强国防知识产权管理，将知识产权管理纳入国防科研、生产、经营及装备采购、保障和项目管理各环节，增强对重大国防知识产权的掌控能力。随着知识产权制度的建立和完善，我国的国防知识产权工作从无到有，通过不断发展，取得了长足进步。

我国武器装备科研生产体系的特殊性，决定了装备承制单位的知识产权管理与其他领域相比，具有其自身的特点。但是本质上，知识产权管理活动都是通过计划、组织、协调、控制和激励等措施，建立一个强有力的管理秩序，促使所有的组织成员能自觉、高效地工作，取得知识产权管理活动的最佳效益，以实现预定的目标。为指导装备承制单位强化知识产权创造、保护和运用能力，全面提升装备承制单位知识产权管理能力，中央军委装备发展部综合计划局 2016 年提出了装备承制单位知识产权管理标准的编制计划。2017 年 9 月 12 日，《装备承制单位知识产权管理要求》（GJB 9158—2017）由中央军委装备发展部正式颁布，并于同年 12 月 1 日起实施。这是我国首部装备承制领域知识产权管理军用国家标准。

《装备承制单位知识产权管理要求》借鉴了相关知识产权管理标准的编制和实施经验，为装备承制单位建立科学、系统、规范的知识产权管理体系，强化知识产权创造、保护和运用能力，提供了重要的指导规范。本标准的实施，有利于全面提升装备承制单位知识产权管理能力和创新能力，使知识产权管理体系更好地贯穿于武器装备科研生产经营全流程，落实新时期创新驱动的发展战略，保障装备建设在法治轨道上更加有序健康发展。

本书结合中知（北京）认证有限公司丰富的知识产权认证实践经验，通过对《装备承制单位知识产权管理要求》标准的内容进行详细解析，旨在为装备承制单位建立知识产权管理体系、规范装备承制单位的知识产权管理、将知识产权管理贯穿武器装备全寿命周期、提升装备承制单位承担军品科研任务的能力、促进军民技术转移，进而提高装备经费使用效益等提供有益的参考。为便于读者理解与掌握，本书结合标准条款的内容，对每个条款如何实施均提供了相关案例。同时，本书提供了部分装备承制单位建立和实施知识产权管理体系的有益经验。希望本书的出版，能够有效地助力装备承制单位的知识产权管理体系建设工作。

受各方面的限制，加之编者水平有限，本书谬误之处在所难免，恳请广大读者批评指正。

目　　录

第一章 标准综述

本章主要介绍 GJB 9158—2017《装备承制单位知识产权管理要求》（以下简称“本标准”）的编制背景、适用范围、基本架构、主要特点等内容。

装备承制单位是国防知识产权战略实施的重要主体和基础力量。提高装备承制单位知识产权创造、运用、保护和管理能力，推动装备承制单位在创新道路上持续发展，是实施国防知识产权战略的重要任务。知识产权管理体系为装备承制单位提升上述能力提供了重要保障。

本标准借鉴了相关知识产权管理标准的编制和实施经验，为装备承制单位建立科学、系统、规范的知识产权管理体系，强化知识产权创造、保护和运用能力，提供了重要的指导。本标准的实施，有利于全面提升装备承制单位知识产权管理能力和创新能力，使知识产权管理体系更好地贯穿武器装备科研生产经营全流程，落实新时期创新驱动的发展战略，保障装备建设在法治轨道上更加有序健康发展。

第一节 国防知识产权管理工作概况

一、国防知识产权管理工作的发展历程

国防知识产权是指与国防和军队建设有关的知识产权，包括国家为国防和军队建设直接投入资金形成的并应用于国防目的的知识产权，以及其

他投入产生并专用于国防和军队建设的知识产权。❶ 国防知识产权主要包括专利（包括国防专利、普通专利）、技术秘密、著作权（包括计算机软件著作权）、集成电路布图设计专有权、商标权等。国防知识产权具有保密性、使用限制性、军民兼容性、权利归属与利益分配的复杂性以及实施方式的特殊性等特点。

国防知识产权管理是指从装备的需求论证、预研、研制、试验、采购、调配保障、维修，直到退役报废这一全寿命周期内，所有知识产权管理活动的总称。国防知识产权管理主要包括国防知识产权的创造、运用、保护等过程中进行的规划、组织、协调、控制、激励等一系列活动。

我国的国防知识产权管理工作起步于20世纪80年代。从国防专利工作起步，伴随着国家知识产权制度的建立和完善，国防知识产权工作从无到有，大致经历了起步阶段、开始推动阶段、全面启动阶段、全面实施阶段等四个阶段，并通过不断发展取得了长足进步。❷

（一）起步阶段

我国第一部《中华人民共和国专利法》（以下简称《专利法》）及《中华人民共和国专利法实施细则》（以下简称《专利法实施细则》）分别于1984年和1985年颁布，并于1985年4月1日起同时实施，其中均对国防专利进行了专门规定。

1985年3月，国防科技工业委员会（以下简称“国防科工委”）成立国防专利筹备组。1985年4月1日，《专利法》及《专利法实施细则》正式实施。同日，首批国防专利申请开始受理，拉开了我国国防知识产权工作的序幕。1985年开始，国务院、中央军委组织研究制定《中国人民解放军国防专利条例》（以下简称《国防专利条例》）。1987年2月，国防专利分局成立。同时，军队、国防科技工业部门设立国防专利管理机构，一批国防专利代理事务所先后成立。1990年7月，国务院、中央军委联合颁布

❶ 国防专利局．国防知识产权问题研究［Z］．国防专利局，2008：50-51.

❷ 裴贤．我国国防知识产权发展概况一览［N］．中国国防报，2017-06-26（6）.

《国防专利条例》，并于8月17日发布实施，该条例对国防专利的申请、审查、授权、实施、管理和保护等进行了具体规定，标志着我国国防专利制度正式确立。此后，国防专利管理机构又陆续制定了《国防专利条例实施细则》《国防专利审查内部规程》等规章，从而使国防专利管理走上规范化、制度化的轨道。

随着国家对国防科技工业体制进行重大调整，特别是我国加入世界贸易组织（WTO）后，国防科技工业面临着更加开放和竞争日趋激烈的市场环境。2001年12月，国防科工委颁布《关于加强国防科技工业知识产权工作的若干意见》（以下简称《若干意见》），针对当时国防科技工业知识产权工作中遇到的一些重要问题，分别在规章制度建设、工作体系建立、科研生产过程中知识产权全过程管理、专业队伍培养、知识产权的权属及使用等方面提出了具体的指导性意见。《若干意见》颁布实施后，许多单位根据文件精神，结合本单位实际，制定了知识产权管理规章，加强对本单位知识产权的管理。

随着我国市场经济体制的不断深化和完善，军工企事业单位面临着更加开放的国内外市场环境。为提高军工企事业单位运用知识产权制度的能力，有效应对新的挑战，2002年3月，国防科工委选择15家具有广泛代表性、兼顾军品及民品的科研院所、企业以及高校，启动开展了为期两年的军工企事业单位知识产权试点工作。重点围绕建立规章制度、形成有效工作机制、提高自主知识产权数量和质量、专利战略研究等方面开展工作，为在国防科技全行业实施知识产权推进工程提供了宝贵的经验。当时，国防科工委和中国人民解放军总装备部（现军委装备发展部，以下简称“总装备部”）分别负责地方系统和军队系统的国防专利管理工作。

随着《专利法》多次修改，1999年，我国开始组织对《国防专利条例》进行修订。2004年9月，国务院、中央军委颁布了新修订后的《国防专利条例》，并于同年11月1日起实施。该法规是现阶段我国国防知识产权领域最重要的专门行政法规，标志着我国国防专利管理工作进入新的发展阶段。

（二）开始推动阶段

2008 年 6 月，国务院颁布《国家知识产权战略纲要》，明确了实施国家知识产权战略的指导思想、战略目标、战略重点、专项任务和战略措施，其中更将“国防知识产权”列为专项任务进行论述。国防知识产权战略实施的重点工作主要包括以下三个方面。

一是建立国防知识产权的统一协调管理机制，着力解决权利归属与利益分配、有偿使用、激励机制以及紧急状态下技术有效实施等重大问题。

二是加强国防知识产权管理。将知识产权管理纳入国防科研、生产、经营及装备采购、保障和项目管理各环节，增强对重大国防知识产权的掌控能力。发布关键技术指南，在武器装备关键技术和军民结合高新技术领域形成一批自主知识产权。建立国防知识产权安全预警机制，对军事技术合作和军品贸易中的国防知识产权进行特别审查。建立国防知识产权信息平台，完善国防知识产权中介服务体系。

三是促进国防知识产权有效运用。完善国防知识产权保密解密制度，在确保国家安全和国防利益的基础上，促进国防知识产权向民用领域转移。鼓励民用领域知识产权在国防领域运用。

为贯彻落实国家知识产权战略，2008 年 12 月，工业和信息化部国防科技工业局（以下简称国防科工局）发布《关于贯彻落实国家知识产权战略纲要的实施意见》（以下简称《实施意见》），明确贯彻落实国防知识产权专项任务的各项工作要求。此后，各军工集团也纷纷制定本公司的知识产权战略，具体贯彻落实《国家知识产权战略纲要》和《实施意见》，为全面启动我国国防知识产权管理工作奠定了良好基础。

（三）全面启动阶段

2009 年，按照党中央、国务院的统一部署和中央军委的有关要求，原总装备部会同各相关部门，成立国防知识产权战略实施领导小组，组织制定了《国防知识产权战略实施方案》（以下简称《实施方案》）。

《实施方案》主要包括任务要求和战略目标、指导思想和工作方针、专项任务、部门分工、工作目标和工作步骤、工作机制和保障措施等五部分。《实施方案》紧密结合国防科技工业和武器装备发展的需求，立足国情军情，确立了建立完善国防知识产权制度、规范营造国防知识产权制度运行环境、提高国防知识产权数量质量等工作重点，并确立了国防知识产权战略目标。《实施方案》提出了国防知识产权机构建设、法规体系建设、人才队伍建设以及国防知识产权权利归属与利益分配机制、纠纷处理机制以及国防专利审批能力建设、国防活动中知识产权管理等 19 项专项任务。同时，要求国防知识产权战略实施要在制度建设上有所创新和突破，并进一步建立健全有利于激励创新的知识产权归属制度、有利于技术转移和应用的知识产权使用制度、有利于推动国防科技和武器装备建设发展的知识产权管理制度。❶

按照国防知识产权战略实施的统一部署和安排，战略实施工作分为专项任务实施方案研究论证（第一阶段）和全面实施（第二阶段）两个阶段。随后，国防知识产权战略实施领导小组组织各相关部门，开展了 19 项专项任务实施方案的研究论证工作。2011 年基本完成 19 个专项任务工作报告，2012 年开始 11 个国防知识产权工作试点。通过试点工作，国防科技工业知识产权数量和质量得到提升。❷ 据统计，“十一五”末期物理与电学领域的国防专利申请量占申请总量的比例，相比于“十五”初期提高了 17 个百分点。❸

（四）全面实施阶段

2012 年 8 月，国防知识产权战略实施工作会议在北京举行，会上发布《国防知识产权战略实施专项任务实施方案》，提出了 65 项工作任务。同时，正式揭牌成立国防知识产权局。

2014 年 12 月，国务院办公厅发布通知，转发国家知识产权局等单位《深入实施国家知识产权战略行动计划（2014~2020）》，明确了加强国防

---

❶ 李红军，等．装备知识产权管理［M］．北京：国防工业出版社，2013：59.

❷ 张春霞，等．军工企业国防知识产权管理问题研究［J］．装备学院学报，2015（2）：60.

❸ 陶社兰．访国防知识产权战略实施领导小组副组长、总装备部科技委副主任卢锡城［N］．中新社，2011-04-25（6）.

知识产权管理的各项工作要求。为推动国防科技工业知识产权转化应用，2015 年 3 月，国防科工局与国家知识产权局签订《知识产权战略合作议定书》，双方约定要加强知识产权领域战略合作，充分发挥知识产权制度在国防科技工业发展中的促进作用，推动创新驱动发展和军民融合深度发展，促进知识产权强国建设。2015 年 12 月，国防科工局发布《国防科技工业关于贯彻落实国家知识产权战略行动计划的实施意见》，制定了贯彻实施《国家知识产权战略行动计划（2014~2020）》的具体措施。

2017 年，国防科工局、财政部、国家知识产权局联合印发《关于国防科技工业推进知识产权强国建设的指导意见》，重点部署了推动知识产权高质化创造、促进知识产权标准化运用、加强知识产权体系化保护、强化知识产权规范化管理、加大知识产权便利化服务等五个方面的工作，着力推动国防科技工业支撑创新驱动发展战略、军民融合发展战略实施。

为深入贯彻落实国家知识产权战略和“军民融合”的国家战略，推动国防科技工业知识产权转化应用，自 2015 年起，国防科工局、国家知识产权局每年共同挑选一批具有军工优势、特色明显、创新性强、示范性好、军民通用性强的项目，发布《国防科技工业知识产权转化目录》。[1] 2017 年，国防知识产权局首次集中解密 3000 多件国防专利，通过全军武器装备采购信息网陆续发布。这也是国防专利制度实施 30 余年来，第一次集中发布国防专利解密信息。[2] 2018 年，国家知识产权局、中央军委装备发展部联合发布《关于开展知识产权军民融合试点工作的通知》，共同促进更多军民融合新技术、新产品、新业态、新模式，服务于国防建设和经济发展。其后，《国防解密专利转民用推广目录》《民用领域专利技术国防应用推荐目录》陆续发布，推动国防领域知识产权双向转移转化。[3]

---

[1] 邹维荣，等．首批国防科技工业知识产权转化目录发布［N］．解放军报，2015-07-16（10）．

[2] 王强，等．首次集中发布国防专利解密信息［N］．解放军报，2017-03-07（10）．

[3] 曹福成，等．培育一流团队，创建协会目标，推进可持续发展［J］．中国军转民，2018（12）：6-8.

二、当前国防知识产权战略实施的成效

目前，国防知识产权战略实施工作正在逐步向纵深推进，并取得了阶段性成绩。❶

1. 国防知识产权法规制度逐步建立

《纲要》实施以来，国防知识产权主管部门着眼于发挥知识产权制度促进创新发展的作用，围绕装备建设全寿命各阶段，构建国防知识产权法规制度，初步形成体系，体现在以下方面：一是规划完成《国防知识产权法规体系建设方案及任务分工》等国防知识产权法规体系；二是围绕核心体系，开展《国防专利条例》等基础法规拟制工作；三是在此基础上，配套制定《关于贯彻落实创新驱动发展战略 加强新形势下国防知识产权工作的意见》《关于妥善处理国防知识产权权利归属和利益分配等若干问题的意见》等相关政策。

2. 国防专利工作运行机制不断完善

《纲要》实施以来，以国家和军队深化改革为契机，国防知识产权主管部门不断加强国防科研与武器装备建设中的知识产权管理，推进知识产权工作逐步融入主渠道和全过程，体现在以下方面：一是推动在《装备管理条例》等顶层军事法规中明确知识产权要求，厘清采购方和承制方在知识产权相关问题上的权利义务关系；二是加强国防科研、生产及经营的全过程知识产权管理，研究建立《涉军企事业单位重大经济活动国防知识产权审议制度》《装备承制单位知识产权管理要求》等；三是促进军民用技术双向转化运用，拟制了《国防专利定密解密工作规程》，发布《国防科技工业知识产权转化目录》，并探索区域性国防知识产权管理工作模式。

3. 国防知识产权审查、服务能力显著提升

《纲要》实施以来，国防知识产权主管部门贯彻军委机关向“服务型机关”转变的要求，紧贴科研一线，着力提升国防知识产权审查、服务能

❶ 邹维荣，等．军委装备发展部国防知识产权工作取得阶段性成绩［N］. 解放军报，2018-05-13（10）.

力，体现在以下方面：一是加强国防知识产权审批能力建设，启动国防专利电子审批系统建设，[1] 着力疏通军工集团、中科院、高校、军内科研单位、民口企业“五支力量”的国防专利申请渠道，探索将信息技术手段引入国防知识产权审查工作，提升国防知识产权审查质量等；二是组织开展国防知识产权服务专项行动，协调相关部门，推动国防专利与普通专利同等享受国家和地方相关政策待遇，探索放开国防专利代理服务行业，探索建立国防专利多元化纠纷解决机制等。

4. 国防知识产权信息化建设初显成效

《纲要》实施以来，国防知识产权主管部门致力于推动国防知识产权信息化建设，提升国防知识产权数据分析、利用的信息化水平，体现在以下方面：一是建设国防知识产权信息平台，促进国防专利信息传播应用和国防知识产权信息军地共享；二是完成国防专利全文信息数字化加工，初步解决了信息资源使用不便的问题；三是开展围绕人工智能、云计算等热点领域和关键领域的专利战略研究。

综上，我国国防知识产权管理工作经过多年的建设与发展，已取得初步成效。然而，随着国家“军民融合”战略的实施，国防科技工业改革的不断深入，装备建设单位在经营发展中，探索如何更加有效地推动和提升知识产权管理能力与水平，仍然具有十分重要的现实意义。

第二节　本标准的编制背景

一、我国知识产权管理体系的发展历程

经过 30 多年的发展，我国知识产权事业取得巨大成就，建立起较为完善的知识产权法律体系，市场主体的知识产权法制观念和知识产权保护意识有了很大提高，知识产权创造、运用、保护和管理能力逐步增强。但现

[1] 杨建兵．浅谈国防知识产权战略实施工作［N］．中国知识产权报，2018-11-27（5）．

阶段，我国在知识产权管理水平、产出质量、专业人才等方面还存在较大提升空间，亟须建立健全科学、系统、规范的知识产权管理体系。

2004 年，广东省知识产权局与香港生产力促进局结合粤港两地的企业知识产权工作实践，合作启动“创新知识企业”指标体系研究计划，编制《创新知识企业知识产权管理通用规范》。这是我国知识产权领域早期标准化的尝试。2008~2011 年，江苏、湖南等省市，参考 ISO 9001 质量管理体系，先后发布了各地《企业知识产权管理规范》地方标准，引导企业以标准化理念建立完善知识产权管理体系。此后，在试点省市的基础上，通过标准化手段，提升市场和创新主体的知识产权管理水平，不仅具备需求迫切性，也满足现实可行性。

2011 年，国家知识产权局、国家发展和改革委员会、科技部、工业和信息化部、农业部、商务部、国家工商行政管理总局、国家质量监督检验检疫总局、国家版权局和国家林业局等十部委联合发布《国家知识产权事业发展“十二五”规划》，提出“进一步完善企事业单位知识产权管理工作规范”。2012 年，国家知识产权局和中国标准化研究院签署合作协议，共同开展企业知识产权管理规范的标准编制。2013 年 2 月 7 日，GB/T 29490—2013《企业知识产权管理规范》（以下简称《企标》）发布，并于同年 3 月 1 日实施。

《企标》颁布后，国家及地方各级政府高度重视，大力推动《企标》的实施（俗称“贯标”），引导企业建立知识产权管理体系。2013 年，国家认证认可监督管理委员会（以下简称“认监委”）、国家知识产权局联合发布《知识产权管理体系认证实施意见》，探索开展《企标》第三方认证工作。2015 年，国家知识产权局、国防科工局、原总装备部等八部门联合印发《关于全面推行〈企业知识产权管理规范〉国家标准的指导意见》，通过各种手段，全面推行《企标》。2018 年，国家认监委、国家知识产权局联合发布《知识产权认证管理办法》，明确了知识产权认证工作的各项要求。2020 年 2 月，国资委、国家知识产权局联合发布《关于推进中央企业知识产权工作高质量发展的指导意见》，提出“鼓励有条件的企业贯彻实施《企业知识产权管理规范》（GB/T 29490—2013），优化知识产权管理体系”。

截至2019年年底，超过3万家企业通过贯标认证，遍布全国29个省份。实践证明，《企标》已成为全面提高企业内部管理水平、获取外部竞争优势的重要抓手，在助推企业创新发展，提升企业核心竞争力，推动供给侧结构性改革，建设创新型国家等方面发挥了重要作用。据调查统计，99.2%的获证企业认为知识产权管理体系有效地提升了企业的创新能力，有利于企业在市场中取得竞争优势；76.16%的获证企业已将知识产权管理上升至企业战略高度，统筹布局研发方向和经营策略；58.2%的获证企业认为建立知识产权管理体系有助于加速企业实现创新收益。[1]

为进一步促进我国知识管理标准化工作发展，全国知识管理标准技术委员会（SAC-TC 554）（以下简称“知标委”）于2014年成立，并先后颁布实施了GB/T 32089—2015《科学技术研究项目知识产权管理》、GB/T 33250—2016《科研组织知识产权管理规范》（以下简称《科标》）、GB/T 33251—2016《高等学校知识产权管理规范》（以下简称《校标》）、GB/T 34833—2017《专利代理机构服务规范》、GB/T 37286—2019《知识产权分析评议服务 服务规范》等多项国家标准，以标准化手段，推动知识产权创造、运用、保护、服务全流程管理与标准体系建设相结合。目前，在国家知识产权局、中国科学院、教育部的统一指导下，部分科研院所、高等院校开始结合自身特点，探索开展相关贯标工作。2017年，首个由我国提出的知识产权管理国际标准提案《创新管理—知识产权管理指南》获得国际标准化组织（ISO）批准立项，标志着我国知识产权领域的标准化工作走向国际舞台。

二、装备承制单位知识产权管理工作的现状

装备承制单位承担着国防现代化建设和国民经济建设的双重任务，创

[1] 国家知识产权局.《知识产权认证管理办法》政策解读［EB/OL］.（2018-05-16）［2019-12-21］.http：//www.sipo.gov.cn/zcfg/zcjd/1124218.htm.

造了大量知识产权。因此，装备承制单位知识产权管理的客体，不仅包括在武器装备科研生产过程中产生的国防知识产权，也包括装备承制单位在自身产品开发和经营过程中产生的一般知识产权。❶ 通过长期的知识产权管理战略和制度的宣贯、国家创新激励扶持政策的引导，装备承制单位在知识产权管理上已有长足的进步，具体表现在以下方面。

1. 知识产权管理制度普遍建立

2004 年国防科工局组织实施国防科技工业知识产权推进工程以来，大多数装备承制单位，尤其是军工集团，从顶层初步建立了知识产权管理制度。之后，伴随着《国家知识产权战略纲要》和《国防知识产权战略实施方案》的相继出台，装备承制单位的知识产权意识进一步提高，普遍建立并完善包括知识产权战略实施方案、知识产权管理办法、创新成果管理办法、知识产权奖励办法等在内的各项知识产权管理制度。

2. 知识产权管理架构基本形成

经过十多年的发展，各装备承制单位内部基本形成体系化的知识产权管理架构，建立了以知识产权职能部门为主导的单向多级管理。例如，中国航天科技集团公司和中国航天科工集团公司，建立了集团、院、所三级知识产权管理架构；船舶工业集团公司、兵器工业集团公司等则采取了集团、所二级知识产权管理架构。

3. 知识产权创造重点突出

在国防科技工业部门的推动下和国资委对军工企业集团考核的刺激下，各装备承制单位尤其是军工集团均高度重视知识产权创造。“十一五”以来，军工企业知识产权创造数量突飞猛进。2015 年，国防科技行业专利年申请量超过 3 万件，是 2002 年的 30 多倍。全行业专利年申请量从“百”到“千”再到“万”，年均增速接近 40%，实现三级跳。❷

---

❶ 吴伟仁．国防科技工业知识产权实务［M］．北京：知识产权出版社，2005：6-7.

❷ 臧春喜，等．基于系统思维的军工企业知识产权管理模式研究［J］．中国航天，2017（1）：37-40.

4. 知识产权转化探索前行

随着专利拥有数量的大幅增长和军民融合的深度发展，各军工企业纷纷围绕知识产权转化开展了大量工作，为推动实现国防领域知识产权双向转移转化提供了有力支撑。2018 年，中航工业某研究院的一件解密国防专利签订许可合同，成为全国第一件签订许可合同并在国家知识产权局备案的解密国防专利。

5. 专利信息利用初步展开

推进工程实施过程中，国防科技工业部门组织各军工集团公司开展了重大专项知识产权战略研究工作，掀开了专利信息利用的序幕。2012 年起，国防知识产权局开始支持各军工集团公司知识产权研究部门联合型号研制单位开展国防领域专利态势分析工作。目前，在专利态势分析工作的示范作用以及国防科技创新的迫切需求下，已经有一部分军工企业开始认识到专利信息的重要作用，专门划拨一定经费支持科研项目开展专利分析工作。

虽然装备承制单位的知识产权管理工作取得一定成效，但是因装备承制单位行业性质以及知识产权工作的特性等所限，与某些民营企业相比还存在一定差距，知识产权管理还存在以下几方面的问题。❶

（1）重制度制定，轻能力建设。虽然制定了知识产权管理制度，但是很少设立专门知识产权管理机构，大多由单位科技部门兼管。知识产权管理人员多为兼职，不熟悉知识产权相关法律法规。多数采取人工管理方式，未建立信息化管理平台，未建立专利数据库。

（2）重成果评奖，轻知识产权。为巩固在行业中的地位，单位对科研成果获奖十分重视，科技人员有了创新成果后，未申请专利，就抢先进行成果鉴定，发表论文公开成果，往往造成新颖性的丧失而不能申请专利。

（3）重专利，轻其他知识产权。将知识产权等同于专利，未将著作权、商业秘密、商标等纳入同等重要的地位，导致权利遭受侵害后不知道，

❶ 张英，刘玉霞．国防科研院所知识产权管理现状及发展对策［J］．重庆与世界（学术版），2014（12）：40-42.

或者即使知道也不清楚如何处理。

（4）重国防专利，轻普通专利。由于经营任务重点在武器装备，因此对于支撑成果申报、巩固地位的国防专利保护较为积极。但是对于更多通用的、军民两用技术的创新保护不足，这也是装备承制单位知识产权转移转化率低的原因之一。

（5）重专利数量，轻专利质量。由于专利申报、授权数量纳入单位经营考核目标，各级政府和单位制定了专利申报、授权奖励政策，专利申报数量近几年增长迅速。而对于潜在的权利不稳定性缺乏认识，大多数专利从未进行价值评估，为了专利而专利，专利质量不高。

（6）重专利申报，轻专利转化。虽然专利申请数量大幅度提升，但对专利转化为实实在在的经济效益考虑得较少。未完全将知识产权当作资本运营，也未积极推进专利成果转移转化等交易和产业活动，专利技术实施率较低，导致很多专利仅成为单位的荣誉。

（7）重研究开发，轻信息利用。未针对今后产业发展方向进行专利检索、分析，开展专利布局策划、专利封锁策划，为今后产业发展带来潜在风险。未通过检索、分析他人专利来提高研究工作起点，导致重复研发，浪费大量人力物力。

（8）重事务管理，轻侵权维权。由于未及时有效对知识产权进行保护，科技人员离职和退休导致的知识产权流失严重。对外技术合作中未评估相关知识产权风险，导致知识产权权属不清晰。被侵权后，未及时采取有效措施进行处理，导致损失扩大，失去市场机遇。

由于装备承制单位在知识产权管理工作方面存在诸多亟待解决的问题，因此在现阶段，建设知识产权管理体系，对于完善装备承制单位的知识产权管理工作，仍然是十分必要的。

三、装备承制单位知识产权管理体系建设的必要性

装备承制单位是国防知识产权创造和运用的主体。装备承制单位的知识产权管理，既要遵守一般知识产权的管理要求，又要兼顾国防知识产权

管理的特殊要求；既要合理保护智力成果创造者依法享有的权利，又要最大限度地满足武器装备科研生产的需要，维护国防利益和国家安全。无论从装备承制单位发展的外部环境，还是内部环境来看，装备承制单位，尤其是军工企业，全面推行知识产权管理体系极为必要。[1] 具体体现在以下几个方面。

（一）从外部环境看，知识产权制度的设计，决定了实施知识产权战略是军工企业走创新发展道路的必然选择

1. 知识产权制度是激励科技创新的基本保障

随着科学技术的快速发展和世界经济一体化进程的加快，知识产权日益成为国家发展的战略性资源和国际竞争力的核心要素。装备承制单位要抢占科技和产业制高点，在建设创新型国家中发挥主力军作用，就必须深入实施知识产权战略，提高知识产权创造、运用、管理和保护能力，充分发挥知识产权制度的优越性。

通过建立科学、标准化的知识产权管理制度，对知识产权信息的获取、运用，共享国防科技工业领域科技创新成果，加强对世界先进技术的挖掘、整理、分析、应用，充分吸收借鉴他人成果，科学领悟前沿领域的发展态势，能够使装备承制单位提高科研工作起点，避免重复研究，优化技术路线，缩短研制周期，提高投入效益，使知识产权真正成为驱动国防科技工业自主创新的强大力量，为企业赢得未来竞争优势提供更有利的科学技术支撑。

2. 知识产权创造运用是加快经济发展方式转变的有效途径

世界各发达国家的发展实践表明，知识产权对经济社会发展具有战略价值。装备承制单位担负着国防建设和国民经济建设的双重使命，要为经济结构调整和发展方式转变发挥更强劲的辐射带动作用，必须加强知识产权管理，通过知识产权的创造和运用，使企业创造活力竞相迸发，职工创

[1] 陈永信．军工企业推行知识产权管理规范的思考［J］．国防科技工业，2016（9）：57-58.

新才华充分施展，创新成果得到尊重和运用，企业知识产权创造能力和水平大大提高，高附加值知识产权新产品、新技术不断涌现，无形资产价值不断提升，推动传统行业改造升级，大力发展战略性新兴产业，实现经济的可持续发展。

（二）从内部需要看，装备承制单位的特殊性质，决定了系统化、科学化、规范化的管理，是建设知识产权管理体系的重要内容

1. 装备承制单位知识产权管理体系建设，是完善企业考核机制的基本要求

国防工业是特殊产业。装备承制单位承担武器装备科研生产任务，其经费主要来源于国家投资，科技成果用于满足国家安全需要，具有非经济性。落实国有资产保值增值责任，需要对科技投入产出效益进行量化考核。通过规范知识产权管理，提供一套基于过程方法的知识产权管理模型，把知识产权创造和运用，纳入企业投入产出考核机制，指导企业通过策划、实施、检查、改进知识产权管理体系，运用标准化手段加强以知识产权为核心的知识资源规划和管理，才能加快建立现代企业制度和提升企业综合竞争力。

2. 装备承制单位知识产权管理体系建设，是推进军民融合发展的有力抓手

装备承制单位是实施创新驱动发展战略和建设创新型国家的重要力量，而知识产权制度是激励创新的基本保障。知识产权作为助力自主创新的重要手段，既是提高武器装备科研水平的需要，也是提高军民两用技术创新能力和参与市场竞争的需要。

装备承制单位知识产权管理体系建设，一方面，能够使装备承制单位在军品研制中，有效实现创新驱动发展，满足国家和军队的需求；另一方面，能够使装备承制单位在民品市场竞争中，形成核心竞争力。装备承制单位要结合自身特点，全面提升知识产权管理能力，强化知识产权创造、保护和运用能力，保障装备建设有序健康发展。

四、装备承制单位知识产权管理体系建设的现状

2015 年，国家知识产权局、国防科工局、原总装备部等八部委联合，就全面推行《企标》发布指导意见。其中，明确要求“大力加强和引导涉军企事业单位加强知识产权规范管理，提升国防科技创新能力和水平”。目前，装备承制单位中，在航天科技、航天科工、电子科技、兵器工业等军工集团中，部分军工企业已开展了贯标工作，效果已逐步显现。2016 年《科标》颁布后，部分有装备承制单位资格的科研院所，也探索开展了《科标》贯标工作，但贯标总体数量较少。另外，部分承担装备科研生产任务的民营企业也按照《企标》的要求，建立和实施了知识产权管理体系，提升了知识产权管理工作的科学化、系统化、规范化水平。

总体说来，目前军工企业在实施《企标》过程中，呈现出以下两方面的特点。[1]

1. 贯标单位多为所在地区的知识产权示范企业

军工企业因其工作性质，在质量、安全、保密等方面都已建立规范的管理体系，相比所在地方其他性质的企业具有明显的管理优势。多年来，这些军工企业，按照各自集团总部的整体安排，不断重视知识产权工作，在所在地区有较强的示范作用，在地方科技创新中能发挥引领带头作用。与此同时，地方知识产权主管部门积极推动贯标工作，出台了一系列支持政策，提高了贯标单位的积极性。

2. 贯标单位层次有差异，形式多样化

军工企业根据自身实际，开展了形式多样的贯标工作。与目前军工企业的三级或二级管理相适应，其贯标对象也呈现出不同的层次。有的是在院本级的部门中贯标，有的是在研究所层面贯标，还有的是院本级+所级单位联合贯标。为确保《企标》实施落到实处，切实发挥知识产权管理体系的作用，有的单位采取先试点后全面的方式，在院级层面统一组织开展

---

[1] 及莉，等．《企业知识产权管理规范》在军工企业实施的现状分析及对策建议［J］．中国航天，2017（6）：49-51.

相关工作，边开展边总结，为后续全面贯标积累经验。

由于装备科研生产的特殊性，军工企业贯标过程中也反映出一些问题，主要表现在以下三个方面。

1. “保成功、保增长”的使命与实施《企标》难以协调

“保成功、保增长”是对军工企业的基本要求。现有三级管理体制下，在军工企业集团和院层面，对实施《企标》的意义有较深的认识，对相关政策有较深入的研究，但作为“双保”的具体承担者，三级单位对实施《企标》的认识还有待提高。特别是在现阶段，军工企业知识产权面向国民经济主战场的转化应用还没有达到一定的规模，知识产权“成本中心”的属性还没有根本改变，三级单位还没有通过知识产权转化许可获得重大收益的感受和体验，因此对实施《企标》的重要性，还没有提到应有的认识高度。

2. 缺乏必要的贯标激励手段

军工企业实施《企标》，不但需要主管领导和部门提高认识，同时也需要必要的激励手段，提高有关单位的贯标积极性，这是军工单位启动和运行贯标工作的基本保障。通过考察各地开展的贯标实施及认证工作，可以发现地方政府在贯标工作中发挥了重要的引导作用，引导的手段多种多样，较为典型的是地方政府提供贯标资助。目前军工企业贯标的激励手段还很欠缺，主要是在自身已有知识产权管理的基础上，以建立规范的知识产权管理体系为目标，在地方知识产权主管部门支持下自发进行的，缺乏必要的激励措施。

3. 核心业务与《企标》要求难以完全匹配

军工企业的核心业务是保障国家安全和军队装备的型号研制及技术研发。因此，《企标》实施单位在进行贯标申报时，首先要确定本单位符合《企标》审核认证的范围。但是出于安全与保密的考虑，贯标单位难以做到《企标》对本单位业务范围的全覆盖。

装备承制单位的特殊性，决定了《企标》不能完全适应装备承制单位的需要。因此，需要在《企标》的基础上，制定适合装备承制单位特点的

知识产权管理规范，增强规范的适用性。

五、本标准的编制历程

为指导装备承制单位强化知识产权创造、保护和运用能力，全面提升装备承制单位知识产权管理能力，中央军委装备发展部综合计划局于2016年提出装备承制单位知识产权管理标准的编制计划，由中央军委装备发展部国防知识产权局为主，中国船舶工业综合技术经济研究院参与，开展了起草工作。2017年9月12日，GJB 9158—2017《装备承制单位知识产权管理要求》（以下简称本标准）由中央军委装备发展部正式颁布，并于同年12月1日起实施。这是我国首部装备承制领域知识产权管理国家军用标准。

本标准借鉴GJB 9001C—2017《质量管理体系要求》的编写方法，采用了“通用要求+特殊要求”的方式，以GB/T 29490—2013《企业知识产权管理规范》的内容为基础，结合装备领域的特点编制而成。一方面，本标准提供了基于过程方法的知识产权管理模型，指导装备承制单位策划、实施、检查和改进知识产权管理体系，明确了知识产权获取、维护、运用、保护全过程的一般要求。另一方面，从装备预先研究、型号研制、生产、维修保障等各阶段以及招投标、合同订立履行等各环节，明确了装备承制单位知识产权工作的特殊要求。

本标准首次为装备承制单位建立科学、系统、规范的知识产权管理体系，强化知识产权创造、保护和运用能力，提供了指导规范。本标准既满足了知识产权管理体系的通用性要求，又考虑了武器装备科研生产的特殊性，适用于武器装备科研生产全过程的知识产权管理。本标准的实施，有利于全面提升装备承制单位知识产权管理能力，落实新时期创新驱动的发展战略，更好地完成装备建设任务，保障装备建设在法治轨道上更加有序健康发展。

第三节　本标准的适用范围

本标准“1 范围”章，规定了本标准适用于有愿望“a）建立知识产权管理体系；b）运行并持续改进知识产权管理体系；c）寻求外部组织（包括装备采购任务下达方）对其知识产权管理体系的评价”的装备承制单位。

相比《企标》，上述要求中对于外部组织的范围进行了补充性说明，即外部组织也包括装备采购任务下达方，这也是由装备采购任务的特殊性决定的。同时，删除《企标》中“事业单位、社会团体等其他组织，可参照本标准相关要求执行”的表述。上述要求表明，本标准普遍适用于各类装备承制单位，而不再区分其组织类型是企业、科研组织或高等学校。

一般来说，尽管装备承制单位的知识产权管理体系有其共性的一面，但也应看到，每个单位所面临的内外部环境并不完全相同。因此，通用框架和管理对象下，具体知识产权方针设计、工作计划拟定、管理机构设置、管理制度拟定等，应充分体现不同单位知识产权管理的个性化要求，最终服务于单位经营发展，提升装备科研生产水平，保持核心竞争力。

此外，由于在本标准颁布时，《企标》《科标》《校标》等标准均已颁布和实施。因此，对于不同组织类型的装备承制单位，可以结合自身特点和需要，适用相关标准。

第四节　本标准的基本架构

由于本标准是以《企标》为基础，并结合装备领域有关特点编制而成，因此其基本架构与《企标》类似，包括前言、引言和正文共 3 部分。

正文部分包括：装备承制单位知识产权管理的范围、术语和定义、知识产权管理体系、管理职责、资源管理、基础管理、合同管理、实施和运行、审核和改进共 9 个章节。

一、前言

本标准“前言”部分，主要介绍本标准提出单位、起草单位和主要起草人。

本标准由中央军委装备发展部综合计划局提出。起草单位包括中央军委装备发展部国防知识产权局、中国船舶工业综合技术经济研究院。其中，中央军委装备发展部国防知识产权局为主要起草单位。主要起草人包括方海鸥、欧宁、王丽军、温振宁、黎鑫、陈兆旺、王然、李永春、贾玉岗、母晓波、杨洪杰、艾芳、李天煜、袁鑫。

二、引言

本标准“引言”部分，主要介绍本标准概述、过程方法、原则和影响因素。

本标准“0.1 概述”节，主要介绍本标准编制目的。本标准提供了基于过程方法的知识产权管理模型，明确了知识产权获取、维护、运用、保护的一般要求，其主要目的是指导装备承制单位策划、实施、检查、改进知识产权管理体系。

本标准“0.2 过程方法”节，主要介绍过程方法的含义及其在装备承制单位的知识产权管理体系中的应用。本标准鼓励装备承制单位在建立、实施知识产权管理体系时，采用 PDCA 方式，以保障知识产权管理体系的连续运行和持续改进。

本标准“0.3 原则”节，主要介绍装备承制单位知识产权管理体系的三大指导原则，即战略导向、领导重视和全员参与。

本标准“0.4 影响因素”节，主要介绍装备承制单位实施知识产权管理体系时应当考虑的因素。

相比于《企标》，上述要求中“0.2 过程方法”节有关知识产权管理体系过程的输入、实施，具有一定差异，体现了装备采购任务的特殊要求。

三、正文

1. 范围

本标准“1 范围”章，明确了本标准的应用场合和适用组织（详见前文第三节）。

2. 术语和定义

本标准“2 术语和定义”章，明确了本标准中相关的术语，并对其含义进行解释。

本标准全文中凡是涉及“2 术语和定义”章相关术语，必须按照“2 术语和定义”章规定的含义进行解释，这也是理解本标准的基础，以避免使用者对相关术语的理解出现歧义。

相比于《企标》，上述要求中新增“2.1 装备”“2.2 装备承制单位”“2.4 国防专利”3 个术语，体现了装备承制单位知识产权管理工作的特殊性。

3. 知识产权管理体系

本标准“3 知识产权管理体系”章，明确了装备承制单位建立和实施知识产权管理体系的要求，包括总体要求和文件要求。

其中，“3.1 总体要求”节明确了知识产权管理体系的文件化的一般要求。

“3.2 文件要求”节是对知识产权管理体系文件化的具体限定。其明确知识产权管理体系应包括 3 个层次的文件，即知识产权方针和目标、知识产权手册、文件化的程序和记录，同时明确文件的审批、保存和使用、知识产权手册、外来文件和记录等要求。

4. 管理职责

本标准“4 管理职责”章，明确了装备承制单位知识产权管理体系的管理层及管理机构的职责权限，共分为 5 节。

其中，“4.1 管理承诺”节明确了最高管理者是装备承制单位知识产权管理的第一责任人，并明确了其主要职责。

“4. 2 知识产权方针”节明确了知识产权方针的具体内容及其审批、实施等要求。

“4. 3 策划”节明确了知识产权管理体系策划、知识产权目标、法律法规应用等要求。

“4. 4 职责、权限和沟通”节明确了管理者代表、知识产权管理机构、内部沟通等要求。

“4. 5 管理评审”节明确了确保体系适宜性和有效性的方法，通过对知识产权方针目标、装备承制单位经营目标、技术趋势等输入信息的分析，输出对知识产权体系修改的建议。

相比于《企标》，上述要求中“4. 2 知识产权方针”节有关知识产权方针的内容、“4. 5 管理评审”节有关管理评审输入的内容，具有一定差异，体现了装备采购任务的特殊性。

5. 资源管理

本标准“5 资源管理”章，明确了装备承制单位建立和实施知识产权管理体系所需四方面资源的要求，即人力资源、基础设施、财务资源、信息资源。

其中，“5. 1 人力资源”节明确装备承制单位应配备知识产权工作人员，组织教育和培训，通过人事合同约定知识产权事项，控制入职和离职中的知识产权风险，建立奖励惩罚机制。

“5. 2 基础设施”节明确装备承制单位应提供必要的软硬件设备和办公场所。

“5. 3 财务资源”节明确装备承制单位应设定知识产权经常性预算费用，以保障知识产权日常事务、机构运行等活动所需经费。

“5. 4 信息资源”节明确装备承制单位在信息的收集、分析、利用和发布等方面的要求。

相比于《企标》，上述要求中“5. 2 基础设施”节有关密码保险柜、“5. 4 信息资源”节有关知识产权信息数据库的要求，具有一定差异，体现了装备采购任务的特殊性。

6. 基础管理

本标准“6 基础管理”章，明确了知识产权的获取、维护、运用和保护等过程，以及合同管理、保密等要求，体现了知识产权全寿命周期管理的理念。

其中，“6.1 获取”节明确装备承制单位在知识产权获取前应制订工作计划，实施检索分析，建立职务发明登记机制、保证发明创造人员署名权、保持相关记录等要求。

“6.2 维护”节明确装备承制单位应加强知识产权日常的分级、分类管理，知识产权权利放弃和变更前应进行必要的评估等要求。

“6.3 运用”节明确装备承制单位应促进和监控知识产权的实施，在知识产权许可、转让以及境内外投融资、单位重组、参加标准化及联盟等组织前应进行必要的调查和评估。

“6.4 保护”节明确装备承制单位应对知识产权风险进行控制，监控侵权风险并制定防范预案，发生争议时应评估并选取适宜方式解决，对外贸易前应进行必要调查和评估等要求。

“6.5 保密”节明确涉密人员、涉密设备、涉密信息和涉密区域等方面的保密要求。

相比于《企标》，上述要求在以下方面具有一定差异：“6.1 获取”节有关职务发明登记；“6.2 维护”节有关知识产权分级管理；“6.3 运用”节有关知识产权贡献评估，涉及国防安全的知识产权在许可、转让、境外投融资等活动中的特殊要求，装备采购任务下产生的知识产权在单位重组活动中的特殊要求，合并或并购前知识产权评估；“6.4 保护”节有关知识产权风险管理体系，在对外贸易前开展知识产权谈判，参加国际展览前进行知识产权风险分析等。上述差异，体现了装备承制单位知识产权管理工作的特殊要求。

7. 合同管理

本标准“7 合同管理”章明确了合同中知识产权条款的审查，以及相关合同中知识产权条款的管理要求。

其中，“7.1一般要求”节明确了合同中知识产权条款的审查，知识产权委外业务的合同管理，技术开发合同中约定知识产权条款，承担政府支持项目的知识产权管理等要求。

“7.2装备投标书”节明确了装备采购合同投标书中说明知识产权相关内容的要求。

“7.3装备采购合同”节明确了装备采购合同中约定知识产权条款的要求。

相比于《企标》，上述要求中新增“7.2装备投标书”节、“7.3装备采购合同”节，体现了装备采购任务的特殊性。

8. 实施和运行

本标准“8实施和运行”章，明确了装备承制单位在各业务环节，以及在预先研究、型号研制、生产、维修保障等装备采购各阶段的知识产权管理要求，体现了全过程知识产权管理的理念。

其中，“8.1一般要求”节明确了装备承制单位在立项、研究开发、采购、生产、销售和售后等各业务环节的知识产权管理要求。

“8.2装备采购各阶段知识产权管理”节明确了装备承制单位在预先研究、型号研制、生产、维修保障等装备采购各阶段的知识产权管理要求。

相比于《企标》，上述要求中新增“8.2装备采购各阶段知识产权管理”，体现了装备采购任务的特殊性。

9. 审核和改进

本标准“9审核与改进”章，明确了知识产权管理体系内部审核和持续改进的要求。

其中，“9.1总则”节明确了装备承制单位应策划并实施内部审核、分析、改进的一般要求。

“9.2内部审核”节明确了装备承制单位应定期对知识产权管理体系运行的各环节进行内部审核，确保知识产权管理体系符合本标准。

“9.3分析与改进”节明确了装备承制单位应对审核结果进行分析，并与知识产权方针、预期目标相比较，制定和落实改进措施，从而对知识产权管理体系进行改进。

综上，由于本标准采用“通用要求+特殊要求”的编写方式，以GB/T 29490—2013《企业知识产权管理规范》为基础，结合装备领域的特点编制而成，因此，本标准既明确了知识产权获取、维护、运用、保护全过程的一般要求；同时明确了装备承制单位在装备预先研究、型号研制、生产、维修保障等各阶段以及招投标、合同订立履行等各环节对于知识产权工作的特殊要求。

第五节　本标准的主要特点

本标准是以《企标》为基础，结合装备领域有关特点编制而成的指导性标准。本标准首次为装备承制单位建立科学、系统、规范的知识产权管理体系，强化知识产权创造、保护和运用能力，有效提高知识产权对装备承制单位经营发展的贡献水平，提供了指导规范。其特点体现在以下几个方面。

一、实现知识产权的全方位管理

总体说来，从装备承制单位的经营活动纵向过程看，知识产权管理活动涉及装备承制单位从技术研发前的创新准备到创新成果产业化的全过程；从在市场竞争中发挥作用的横向过程看，知识产权管理活动与装备承制单位的装备采购活动各阶段密切相连。本标准中各项知识产权管理措施，涉及单位经营发展的方方面面，具体包括以下三个方面。

1. 本标准实现各类国防知识产权的全方位管理

国防知识产权主要包括专利（包括国防专利、普通专利）、技术秘密、著作权（包括计算机软件著作权）、集成电路布图设计专有权、商标权等。但是并非所有的装备承制单位都会涉及上述知识产权类型。本标准规定，装备承制单位应当根据自身实际和发展需要，确定所需要管理的知识产权类型，并选择合理的知识产权组合和布局，实现知识产权的全面管理。

2. 本标准实现各类国防知识产权的全流程管理

按照知识产权自身的生命周期，知识产权管理可以划分为创造、保护、运用等各个流程，每个流程又涉及多个环节、节点，周期长，细节繁杂。装备承制单位只有在所有流程的每个环节、每个节点都进行管理，才能切实保障单位知识产权管理工作的完备性。

本标准“6 基础管理”章规定了知识产权创造、保护、运用等工作中各项具体事务，实现全过程管理。例如，关于标准化，本标准 6.3.4 条款规定了装备承制单位在参加标准化制修订活动中的知识产权管理要求。对于涉及国防安全的知识产权，本标准 6.3.1 条款规定了装备单位在向第三方许可、转让该知识产权时的限制以及审批要求。

3. 本标准实现武器装备全寿命周期的知识产权管理

由于武器装备系统结构复杂，研制生产周期长，服役使用年限长，为使武器装备全寿命周期内各阶段的工作互相协调、彼此衔接，确保武器装备技术性能，提高综合保障能力，需要对武器装备的全寿命周期进行管理（Product Lifecycle Management，PLM），将武器装备从预研、研制、生产、采购、调配保障、使用维护直至退役报废等全寿命周期作为整体进行管理。传统的装备全寿命周期管理大多集中在对装备研制生产保障流程、人员及经费资源等方面，很少涉及知识产权管理。因此，需要探索建立一套可操作的装备全寿命周期知识产权全过程管理模式，为促进国防知识产权管理工作的发展提供相应的策略与方法支持。[1]

本标准“8 实施和运行”章，规定在装备承制单位经营活动各环节，以及装备采购任务的立项、实施、验收等各环节的知识产权管理活动，将知识产权融入装备预先研制、装备型号研制、装备生产、装备维修保障等装备采购各阶段，贯穿装备全寿命周期，实现对知识产权的创造、保护和运用进行全过程管理，使知识产权工作真正融入装备科研生产，成为装备

[1] 张镇，等. 浅谈国防科研项目知识产权全过程管理［C］//中华全国专利代理人协会. 2015 年中华全国专利代理人协会年会第六届知识产权论坛论文集. 北京，2015：609-616.

科研生产的有机组成部分。这也是由装备承制单位的知识产权管理工作的特殊性决定的。

本标准对装备承制单位知识产权的全方位管理、全流程管理、全寿命周期管理，体现了知识产权对单位经营发展的全面、持续、有效支持和促进作用，有利于发挥单位知识产权管理的绩效，提升单位的装备科研生产能力，提高装备经费使用效益，实现知识产权价值最大化。

二、标准设计理念科学

本标准融入知识产权是战略性资产的理念，提出装备承制单位知识产权管理体系的目标是提高单位的核心竞争力，提升军品科研生产任务和能力，提高装备经费使用绩效。

本标准借鉴了质量管理体系的科学思维，明确了以装备承制单位为对象，从战略导向、领导重视和全员参与的指导原则出发，以 PDCA 循环为基础，通过策划、实施、检查、改进等 4 个环节，明确了产品研发、扩大市场、防范风险、提高绩效等知识产权需求，通过确立职责、配备资源、细化目标、编制文件、分析改进等方面，构建了系统、科学、规范的知识产权管理体系，实现知识产权管理的有效运行和持续改进，促进装备承制单位不断创新，提升竞争力。

三、标准覆盖范围广泛

本标准立足于指导装备承制单位从实际出发，根据标准规定创建有装备承制单位特色、满足装备承制单位目前状况的知识产权管理体系。这既满足了装备承制单位在立项、研究开发、采购、生产、销售和售后等经营过程以及装备采购各阶段的知识产权管理要求，又满足了知识产权获取、维护、运用、保护的管理需要，还重点关注了商业秘密和合同中的知识产权管理问题。

本标准统筹考虑了知识产权管理的各影响因素，综合考虑了不同规模、不同类型、处于不同阶段的装备承制单位的知识产权管理需求，使知识产权管理体系既适应外部环境的变化，又适应单位自身发展的需要，因此其适用于我国绝大多数装备承制单位。

四、标准体系规范完整

本标准系统、全面地规范了装备承制单位的知识产权管理要点。既涉及装备承制单位知识产权管理中文件管理、资源管理和管理职责等共性问题，又兼顾了如实施许可和转让、投融资、单位重组、标准化、联盟及相关组织等特性问题，综合考虑了不同知识产权类型的管理特点，兼顾重点与特色问题，为装备承制单位的知识产权管理提供了完整、系统的规范化要求。

（1）在组织管理方面，要求最高管理者承担管理职责，并设立管理者代表和知识产权管理机构，体现了组织机构的系统化。

（2）在文件管理方面，明确了知识产权管理方针和目标、管理手册、程序和记录，实现了系统化的文件体系。

（3）在资源管理方面，明确了知识产权管理所需的人力资源、基础设施、财务资源、信息资源，为知识产权管理工作的顺利开展提供了有力保障。

（4）在基础管理方面，明确了知识产权创造、运用、保护等各环节，实现了知识产权全过程管理。

（5）在实施与运行方面，明确了立项、研究开发、采购、生产、销售和售后等全业务环节的知识产权管理，装备预先研制、型号研制、生产、维修保障等全寿命周期的知识产权管理。

（6）在审核与改进方面，明确了在运行过程中，对各个管理要素进行对照检查，发现问题，持续改进，从而保证装备承制单位知识产权管理体系的平稳实施。

五、操作简便易行

本标准借鉴了《企标》等其他知识产权管理体系标准的经验，从实用性角度出发，并采用翔实语言，规定了装备承制单位知识产权管理的要点，使相关人员便于理解、易于实施，基本覆盖装备承制单位经营管理的各环节，降低了相关环节的知识产权风险，具有实际的指导意义。对于已经按照《企标》的要求建立知识产权管理体系的装备承制单位而言，单位可以在现有知识产权管理体系基础上，按照本标准，补充与装备预先研究、型号研制、生产、维修保障等各阶段以及招投标、合同订立履行等各环节对于知识产权工作的特殊要求即可发布和实施。

由于本标准充分考虑到将知识产权管理体系与装备承制单位现有的其他管理体系（如质量管理体系等）相互融合。因此，装备承制单位仅需对现有管理体系做适应性调整即可建立知识产权管理体系，投入的人力、物力较小，更加容易为单位管理层和各级员工所理解和实施。

第二章　基础知识

本章主要介绍本标准“引言”以及正文“2 术语和定义”的内容。

本标准“引言”包括概述、过程方法、原则、影响因素共四部分；正文“2 术语和定义”包括 10 个术语及其定义。引言、术语及其定义是理解本标准的基础。

本标准提供了基于过程方法的知识产权管理模型，指导装备承制单位策划、实施、检查、改进知识产权管理体系，使知识产权管理活动能够满足装备承制单位开发新产品、提高产品附加值、防范知识产权风险、增加经济效益、提高装备经费的使用效益、提升承担军品科研生产任务能力等知识产权管理需求。

装备承制单位建立和实施知识产权管理体系，需要按照战略导向、领导重视、全员参与的基本原则，综合考虑经济社会发展状况、企业规模、所处行业等内外部环境影响因素，同时充分运用基于过程方法的知识产权管理模型，以 PDCA 循环为基本手段，促进装备承制单位知识产权管理工作的螺旋式上升。

第一节　概述

本标准“引言”章包括概述、过程方法、原则、影响因素四部分。其中，“0. 1 概述”节主要介绍本标准的编制目的。

本标准提供了基于过程方法的知识产权管理模型，主要目的是指导装备承制单位策划、实施、检查、改进知识产权管理体系，明确了知识产权获取、维护、运用、保护的一般要求。

第二节　过程方法

本标准“0.2 过程方法”条款，主要介绍过程方法的基本含义及其在标准中的应用。

一、过程方法的含义

本标准鼓励装备承制单位在建立、实施知识产权管理体系时，采用 PDCA 方式，以保障知识产权管理体系的连续运行和持续改进。

过程方法是 ISO 9000—2015 所确定的质量管理体系的七大原则之一。管理体系是由相互作用的过程组成的。采用过程方法的主要益处包括以下几个方面。[1]

（1）提高关注关键过程的结果和改进的机会的能力。

（2）将活动作为相互关联、功能连贯的过程来理解和管理时，可以更加有效、高效地得到一致的、可预知的结果。

（3）通过过程的有效管理、资源的有效利用及跨职能壁垒的减少，尽可能提升其绩效。

（4）使组织能够向相关方提供关于其一致性、有效性和效率方面的信任。

PDCA 循环可以认为是“过程方法”的具体化。PDCA 循环，也称戴明环，是由美国著名质量管理专家戴明（W. E. Deming）首先提出的。这个循环将过程展开为策划（P）、实施（D）、检查（C）、改进（A）的循环过程。P、D、C、A 四个英文字母所代表的意义如下。

P（Plan）——规划，主要包括方针和目标的确定以及活动计划的制订，对应到装备承制单位知识产权管理体系建设，主要是指装备承制单位

---

[1] 国家标准化管理委员会 . GB/T 19000—2016 质量管理体系基础和术语［S］：4-5.

知识产权方针、目标的确定以及知识产权工作计划的制订。

D（Do）——实施或执行，指具体运作、实现计划中的内容，对应到装备承制单位知识产权管理体系建设，主要指在装备承制单位的业务环节（产品的立项、研究开发、采购、生产、销售和售后）实现对知识产权的获取、维护、运用和保护。

C（Check）——检查，指分析核查计划实施的情况，对应到装备承制单位知识产权管理体系建设，主要指对知识产权管理绩效进行监控和评审。

A（Action）——效果，指对检查的结果进行处理、认可或修正，对应到装备承制单位知识产权管理体系建设，主要指根据评审结果对知识产权管理体系进行持续改进。

PDCA 不是简单的过程重复。一个循环运转结束，过程的绩效就会提高一次；然后再制定下一个循环，再运转、提高，从而形成一个不断前进、不断提高、螺旋上升的管理模式。

PDCA 的循环动态管理模式，为装备承制单位的知识产权管理工作提供了科学的方法和程序，使影响知识产权管理活动的主要因素都处于受控状态，有利于提高知识产权管理的水平，实现资源的优化配置，提高装备承制单位的知识产权管理绩效。

装备承制单位知识产权管理体系是装备承制单位管理体系的重要组成部分。作为一个整体过程，该体系包括知识产权管理的策划、实施、检查和改进四个环节（见图 2-1）。

二、过程的输入

知识产权管理体系的输入是单位自身可持续发展以及承担装备采购任务对知识产权管理的需求，一般包括以下方面：

a）开发新产品，研发新技术；

b）提高产品附加值，扩大市场份额；

c）防范知识产权风险，保障投资安全；

d）提高生产效率，增加经济效益；

e）加强组织知识管理，提升承担军品科研生产任务的能力；

f）促进军民技术转移，提高装备经费使用效益。

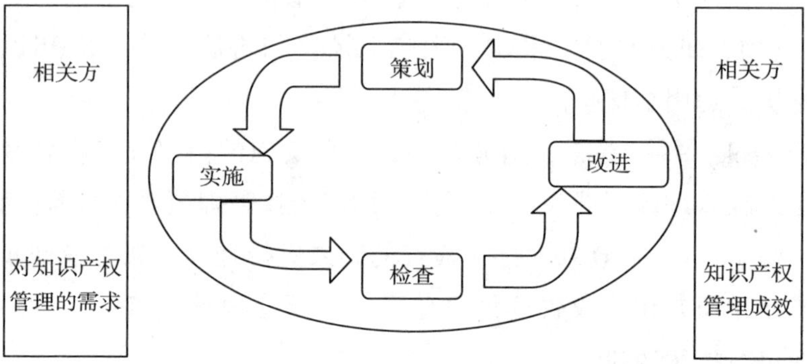

图 2-1　基于过程方法的装备承制单位知识产权管理模型

相比于《企标》，上述要求中 a）～d）条款与《企标》的要求相同，e）和 f）条款为结合装备领域的特点而新增的要求。

装备承制单位知识产权管理体系，需要与自身所承担的装备采购任务的需求相适应。其中，首要任务就是加强组织知识产权管理，从而提升承担军品科研生产任务的能力。为适应军民融合的发展需求，还要促进军民技术双向转移利用，以期提高装备经费的使用效益。

三、过程的输出

知识产权管理体系的输出就是装备承制单位在知识产权管理方面取得的成效。

通过建立系统、科学的知识产权管理体系并且持续加以改进，输出一般包括以下方面：

a）激励创造知识产权，促进技术创新；

b）灵活运用知识产权，改善市场竞争地位；

c）全面保护知识产权，支撑装备承制单位持续发展；

d）系统管理知识产权，提升核心竞争力。

相比于《企标》，上述要求完全相同。

四、过程方法的应用

装备承制单位的知识产权管理体系，采用了基于过程方法的知识产权管理模型，具体包括以下方面：

a）策划：理解装备承制单位知识产权管理需求，制订知识产权方针和目标；

b）实施：在装备承制单位的业务环节（产品的立项、研究开发、采购、生产、销售和售后），以及在承担装备采购任务（装备预先研究、型号研制、生产、维修保障等）中获取、维护、运用、保护和管理知识产权；

c）检查：监控和评审知识产权管理效果；

d）改进：根据检查结果持续改进知识产权管理体系。

相比于《企标》，上述要求 b）条款中“以及在承担装备采购任务（装备预先研究、型号研制、生产、维修保障等）”为结合装备领域的特点而新增的要求；其他要求完全相同。

我国的武器装备科研生产流程的特殊性，决定了装备承制单位在知识产权管理体系的实施过程中，不但要结合自身业务环节（产品的立项、研究开发、采购、生产、销售和售后）特点，还要根据自身所承担的装备采购任务的特点，对知识产权的获取、维护、运用、保护和管理等活动进行全方位、全过程控制，以提升知识产权管理的绩效。

例如，某企业在研发项目立项时，就开始制订项目专利规划方案，规划了项目预计产生的专利数量目标，并根据项目的主要创新点，确定专利提案点的基本分布情况；同时，项目组还明确了项目专利人员安排以及专利提交的时间限制等内容。如严格执行该规划，该项目的创新成果应该能够得到很好的保护。但是，项目结项后，显示该项目的专利并没有按照计划提交，具体原因包括有的专利负责人离职、有些专利由于其负责人工作繁忙而被延误等。在这种情况下，如果没有持续的监控体制，则会因为项目完毕后进行产品发布使技术公开，从而导致无法申请专利。因此，该企业为了解决这一问题，在项目结项时、产品发布之前，设置项目专利规划的检查点，进行专利目标的检查，确保产品发布之前专利都已经申报。如果存在没有及时申报的专利点，在相应的专利目标检查点也会被发现，从而对此专利点进行补充申报。❶

第三节　原则

本标准“0.3 原则”条款，主要介绍了装备承制单位知识产权管理的指导原则，具体包括以下三项原则：

a）战略导向：统一部署可持续发展、科技创新和知识产权战略，使三者互相支撑、互相促进；

b）领导重视：最高管理者的支持和参与是知识产权管理的关键，最高管理层应全面负责知识产权管理；

c）全员参与：知识产权涉及装备承制单位各业务领域和业务环节，应充分发挥全体员工的创造性和积极性。

相比于《企标》，上述要求完全相同。战略导向、领导重视、全员参与这三项基本原则，来源于质量管理体系，目前已成为各管理体系的通用原则。

一、战略导向

“战略导向”原则，强调装备承制单位知识产权管理在战略层面统一部署，研究开发和知识产权管理等方面达到战略层面的有效联动和高度统一，以使得知识产权工作能够在装备承制单位的经营发展中充分有效地发挥支撑和促进作用。

装备承制单位发展依赖单位对市场的把握及在关键技术领域的研发中取得的知识产权。装备承制单位对于市场的精准把握，使得单位的产品或者服务能够符合和满足市场的需求，而制定和部署符合市场需求的经营发

❶ 中知（北京）认证有限公司．知识产权管理体系内审员培训教材［Z］，2016：27-28.

展战略，对研究开发行为进行指导又是单位持续发展的保证。装备承制单位通过知识产权管理从关键技术领域的研发中取得知识产权，又利用知识产权保障单位经营发展方针的落实，从而对单位的发展形成良性的促进和推动。因此，装备承制单位制定知识产权战略并进行战略布局，对于确定项目研制任务的技术政策和技术路线，寻求技术攻关的突破口，明确技术攻关的重点领域和方向，提高项目立项的科学性和研制起点，避免重复立项和重复研制，进而支撑单位技术创新和经营发展，提升国际话语权等具有十分重要的意义。

当然，由于不同装备承制单位进入相关产业的时间有先后且定位有所不同，不同单位所处的发展阶段和产业链位置也会不同，从而不同产业、不同单位之间的知识产权管理工作的发展阶段和发展方式也存在显著差异。这也从另一个层面要求装备承制单位的知识产权管理工作，要切实结合单位的经营发展定位以及单位核心技术领域的研究开发状况。此外，装备承制单位处在不同的发展阶段，经营发展目标会相应发生变化，其知识产权战略也需要适时调整。

二、领导重视

“领导作用”原则，强调装备承制单位领导者对知识产权管理工作的重要性。

领导者是装备承制单位的领航者，对单位关键问题的决策决定了单位的发展方向；同时，领导又是单位资源的分配者，对资源的配置决定了单位发展的重点。因此，领导者重视、支持和参与是系统实施知识产权管理体系的根本保障。

装备承制单位在构建知识产权管理体系时，应充分重视领导者的作用。一方面，通过各种培训、行业重大事件通报等多种方式提升领导者对知识产权的重视；另一方面，应明确各级领导者在知识产权方面的工作职责，包括明确本单位知识产权方针、组织实施知识产权制度和措施、配置管理资源，定期评价本单位的知识产权工作成效，更新本单位的知识产权方针等。

三、全员参与

“全员参与”原则，强调装备承制单位全体员工是各项发展战略贯彻落实的实施主体，以及各项工作的具体执行主体。

装备承制单位的知识产权管理体系要实现全员、全流程的全面覆盖，充分发挥每一位员工的积极性和创造性，让知识产权促进创新，让知识产权保护成为单位文化的重要组成部分，是知识产权管理工作的灵魂。

装备承制单位的知识产权管理工作涉及范围广泛。从人员范围来说，涉及单位全体员工。从工作层面来说，涉及单位日常经营的方方面面。从管理流程来说，涉及各个业务环节。从保护内容来说，涉及专利权、商标权、著作权、商业秘密等各方面内容。

装备承制单位各部门都要承担落实单位知识产权方针、战略的责任，以及在本部门进行知识产权基本知识和装备承制单位知识产权管理体系的宣传、教育责任。各部门应当了解其所承担的责任。例如，专利更多地涉及研发部门和知识产权部门，商标则与市场营销部门的关系密切，而商业秘密的管理则涉及公司所有的层面和所有的人员。

知识产权管理涉及装备承制单位的全体员工，并出现于各部门的不同业务中，装备承制单位的知识产权管理需要全员参与和协调配合，才能把知识产权管理工作做细做实。

第四节　影响因素

本标准中“0.4影响因素”条款，主要介绍装备承制单位建立和实施知识产权管理体系时应考虑的因素，具体包括以下因素：

a）经济和社会发展状况，法律和政策要求；

b）装备承制单位的发展需求、竞争策略、所属行业特点；

c）装备承制单位性质、规模、组织结构、产品及核心技术。

本标准建议装备承制单位从上述三个层面进行分析考察，建立和实施适合单位自身特点的知识产权管理体系。知识产权管理体系作为装备承制单位管理体系的一部分，可以在满足单位当前发展需求的基础上适当超前，对自身的技术创新实现有效保护，最大程度地维护单位战略发展的需要。通过科学管理知识产权，发挥知识产权在装备承制单位自身业务中的重要作用，提升装备承制单位的核心竞争力。相比于《企标》，上述要求完全相同。

1. 单位所处的经济和社会发展状况、法律和政策要求

不同国家、地区的经济发展水平、社会文化内涵、法律法规及政策都不尽相同。经济发达国家的知识产权保护机制比较完善，其法律环境也倾向严厉的保护制度。而发展中国家处于大多数产业链的低端，因此针对性地制定一些有利于自身产业发展的知识产权制度。装备承制单位的知识产权管理，既要满足自身业务发展的需要，也要适应业务涉及地域的经济、社会、发展水平，满足业务涉及地域的法律、政策等要求。

例如，目前我国正逐步建立军民两用、军民结合、寓军于民、军民融合的国防工业体系，越来越多的优秀民营企业正参与到装备科研生产中，未来装备采购领域将面临更加激烈的市场竞争环境。因此，装备承制单位的知识产权管理，需要着眼于促进军民科技成果的双向转化，考虑普通专利和国防专利的相互转化，合理布局知识产权。

2. 单位的经营发展需求、竞争策略、所属行业特点

装备承制单位要在了解自身发展状况的同时，掌握行业竞争格局及发展趋势，做到“知己知彼”。既要从技术水平和市场运营能力等方面，对自身做出合理分析评价，找出自身“长木板”和“短木板”，以及最可能实现短期突破的技术领域，真正做到“知己”，又要深入分析所处行业的特性、竞争格局及变化趋势，分析主要竞争对手的知识产权保护状况，找准“软肋”，真正做到“知彼”。不同行业的经营发展需求、竞争策略、所属行业特点不同，知识产权策略也会有较大差异。

例如，对于研发型装备承制单位，其核心技术创新成果就必须重点地给予知识产权保护。对于制造型装备承制单位，其并不需要像研发型企业

一样布局大量的产品类专利，只需要根据其所承担的装备生产任务的特点，做到必要的工艺类专利布局即可。

3. 单位的经营规模、组织结构、产品及核心技术

装备承制单位知识产权工作要服务于单位经营发展的整体需要。不同的装备承制单位，在建立和实施知识产权管理体系时，侧重点也不相同。本标准鼓励装备承制单位根据市场竞争的需要，将知识产权工作融入单位的日常业务流程，将知识产权工作与装备承制单位的业务形态、组织架构、竞争策略等相互结合、相互匹配，建立符合单位自身需要的知识产权管理体系，对单位日常业务提供有效的支撑。

例如，设立知识产权管理机构，应当考虑装备承制单位的发展战略、组织结构和单位规模等因素。对于大型装备承制单位，既可以采用各分部分工协作的知识产权管理模式，也可以采取总部集中统一的知识产权管理模式。而对于小型装备承制单位则可以采用托管模式，如委托集团知识产权中心进行管理，但是托管时要考虑装备科研生产的特殊性，尤其是涉及国防安全的知识产权（含国防专利），必须遵守国家保密制度，确保国家秘密不被泄露，保证国防和军队建设不受影响。

第五节　术语和定义

一、装备

本标准“2.1 装备”条款，明确了术语“装备”（equipment）的含义。

装备，是指实施和保障军事行动的武器、武器系统和军事技术器材等的统称。上述定义与《中国人民解放军装备条例》中关于“装备”的定义相同。

在不同的场合或者语言环境中，对于装备的内涵和外延存在一些差异，但也有相似之处。一方面，“装备”一词常用于军事领域，在军事用语中，其与“武器装备”“军事装备”没有明显差别。另一方面，对“装备”和

“武器”两者的关系有基本相同的认识，即装备包括武器及其他装备，武器是装备的一部分。[1]

《国防法》第30条规定：“国防科技工业实行军民结合、平战结合、军品优先、以民养军的方针。国家统筹规划国防科技工业建设，保持规模适度、专业配套、布局合理的国防科研生产能力。”2016年，国防科工局发布《关于加快推进国防科技工业科技协同创新的意见》及其实施方案，提出了建设“小核心、大协作、专业化、开放型”的武器装备科研生产体系。随着国防科技工业和装备采购改革的不断深入，我国已初步建立较完备的武器装备科研生产体系。目前，我国武器装备科研生产的组织体系主要包括：国防科技工业主管部门、军队主管部门以及各类装备承制单位等。

二、装备承制单位

本标准“2.2 装备承制单位”条款，明确了术语“装备承制单位”（eligible equipment contractor）的含义。

装备承制单位，是指承担装备及其配套产品科研、生产、修理、技术服务等任务的单位。上述定义与《装备承制单位资格审查管理规定》中关于“装备承制单位”的定义相同。

1. 装备承制单位许可和备案制度

在“军民结合、寓军于民”的方针指导下，为建立和完善与社会主义市场经济体制相适应的国防工业运行机制，武器装备科研生产体系进行了一系列改革和调整。目前，我国实行装备承制单位许可和备案相结合的制度。

装备市场准入制度改革前，装备承制单位必须具备“四证”，即装备承制单位资格证、武器装备科研生产许可证、武器装备研制生产单位保密资格证、与承制任务相应的质量管理体系认证，方可从事装备科研生产活动。《武器装备科研生产许可管理条例》《装备承制单位资格审查管理规

[1] 李红军，等．装备知识产权管理［M］．北京：国防工业出版社，2013：2.

定》《武器装备科研生产单位保密资格审查认证管理办法》《武器装备质量管理体系认证工作程序》构成了四项基本的装备市场准入制度，明确了装备承制单位应当具备的条件。2017 年 10 月，中央军委装备发展部开展了装备承制单位资格证与武器装备质量管理体系认证“两证合一”的试点工作。改革后，既保持了资格审查的权威性，又强化了质量体系认证的专业支撑作用，实现了“两证”优势互补，同时强化了对承制单位资格的监管，有助于减少重复审查、减轻企业负担，引导和鼓励更多优势企业进入军品科研生产领域，提升装备建设质量和效益。

2. 装备承制单位的分类管理

武器装备科研生产活动种类较多，对国家安全、公共安全、公民人身健康和生命财产安全的危险程度也不尽相同。有的武器装备科研生产，属于武器装备总体、系统或者关键分系统的研制生产，不仅研制过程危险等级高，而且涉及重大国家秘密。有的武器装备科研生产，属于武器装备零部件、元器件和原材料的研制生产，危险等级和涉及国家秘密程度相对偏低，甚至不涉及国家秘密。因此，我国对装备承制单位实行分类管理。

装备市场准入制度改革前，装备承制单位分为三类：第一类为承制装备的总体、关键、重要分系统和核心配套产品的单位；第二类为承制其他军队专用装备和一般配套产品的单位；第三类为承制军选民用产品的单位。2017 年 10 月，随着装备承制单位资格证与武器装备质量管理体系认证的“两证合一”工作试点的开展，中央军委装备发展部调整了装备承制单位的分类，由三类简化为两类：A 类为军队专用装备承制单位（涵盖原来的第一类和第二类），B 类为军选民用装备承制单位（涵盖原来的第三类）；同时，强化了对装备承制单位资格的监管。

三、知识产权

本标准“2.3 知识产权”条款，明确了术语“知识产权”（intellectual property rights）的含义。

知识产权，是指自然人或法人对其智力活动创造的成果依法享有的权利，主要包括专利权、商标权、著作权、集成电路布图设计权、地理标志权、植物新品种权、未披露的信息专有权等。相比于《企标》，上述“知识产权”的定义，具体表述虽然有一定差异，但内涵基本相同。

1. 装备承制单位知识产权的范围

装备承制单位的知识产权，按照产生来源，可以分为国防知识产权和普通知识产权。按照知识产权的类型，可以分为国防专利、普通专利、商标权、著作权（含计算机软件著作权）、集成电路布图设计专有权、商业秘密等。

2. 装备承制单位知识产权的特点

由于武器装备科研生产直接涉及国防建设和国家安全，因此，国防知识产权除了具有一般知识产权的专有性、时间性、地域性等特点外，还具有以下特点。

（1）国防知识产权的产生主要来源于国家投资。装备科研生产任务的国家属性，决定了其技术研发经费主要来自国家的投资，因此在此基础上产生的知识产权权利主要为国家所有。

（2）国防知识产权大多具有高科技特征。由于政治和军事需要，世界各国都将武器装备发展置于异常重要的地位，并将优秀人才、先进科学技术以及大量资金用于装备科研生产领域，从而产生了大量的先进科技成果，成为国防科技工业自主知识产权的雄厚基础。例如，我国在探月工程、北斗导航等领域已经进入世界先进行列。近年来，装备承制单位的国防专利和普通专利申请量均逐年上升，并且发明专利占比较高，表明我国武器装备科研生产水平不断提升。

（3）国防知识产权中有相当一部分属于技术秘密。国防知识产权创造的主要目的是满足武器装备科研生产的需要。体现在技术研发上，主要表现为技术的保密性强，首先要确保的是国家安全。其体现在知识产权上，主要表现为国防专利和技术秘密占比较高，其中对于涉及国家安全和国防利益的一部分关键核心技术成果，不能通过普通专利或国防专利来保护，而必须作为技术秘密进行保护，并严格执行《中华人民共和国保守国家秘密法》有关规定。

四、国防专利

本标准“2.4 国防专利”条款，明确了术语“国防专利”（national defense patent）的含义。

国防专利，是指涉及国防利益以及对国防建设具有潜在作用需要保密的发明专利。上诉定义与《国防专利条例》中关于“国防专利”的定义相同。

国防专利与普通专利，二者的实质属性是一致的，即发明人对发明创造客体享有专利权。但是，相比于普通专利，国防专利对发明创造的公开程度、内容以及应用领域、地域、对象又存在重大区别。与普通专利相比，国防专利的构成类型、保密要求和管理机构也不尽相同。❶

1. 分类不同

普通专利包括发明专利、实用新型专利和外观设计专利三种类型。但是，国防专利仅指涉及国防利益以及对国防建设有潜在作用需要保密的发明专利。因此，国防专利只有发明专利一种，没有实用新型专利和外观设计专利。

2. 保密要求不同

国防专利申请以及国防专利，在解密前，按照《中华人民共和国保守国家秘密法》及相关规定进行管理，并规定了相关解密程序。涉及国防利益或者对国防建设具有潜在作用被确定为绝密级国家秘密的发明不得申请国防专利。而普通专利并无此类限制性规定。

3. 管理机构不同

普通专利受理、审查、复审、授权、转让、实施、调处纠纷等事务，由国家知识产权局统一管理。而国防专利相关事务则是由国防知识产权局统一管理，相关过程也是保密的。而普通专利并无此类限制性规定。

---

❶ 李红军，等．装备知识产权管理［M］．北京：国防工业出版社，2013：76.

4. 专利代理机构不同

从事国防专利事务的专利机构实行指定制，即国防专利代理机构需具有相应资格并获得授权。而普通专利并无此类限制性规定。

5. 对专利申请和专利权转让的规定不同

国防专利申请权或者国防专利权，经批准可以向中国单位和中国公民转让，确保国家秘密不被泄露，保证国防和军队建设不受影响，并禁止向国外的单位和个人以及在国内的外国人和外国机构转让。而普通专利并无此类限制性规定。

6. 对专利实施的规定不同

国防专利的实施有特定的条件。国务院有关主管部门、中国人民解放军有关主管部门，可以允许其指定的单位实施本系统或者本部门内的国防专利，经批准也可以指定实施本系统或者本部门以外的国防专利。国防专利权人许可外国单位或者个人实施国防专利的，必须经批准后方可进行，确保其不会泄露国家秘密，保证国防和军队建设不受影响。而普通专利并无此类限制性规定。

另外，国防专利与普通专利在专利许可费方面的规定也有所不同。如果国防专利是使用国家直接投入的国防科研经费或者其他国防经费进行科研活动所产生的，符合产生该国防专利的经费使用目的的，第三方实施该国防专利的，可以仅向该国防专利权人支付必要的国防专利实施费（指国防专利实施中发生的，为提供技术资料、培训人员以及进一步开发技术等所需的费用）；但是，科研合同另有约定或者科研任务书另有规定的除外。而普通专利并无此类限制性规定。

7. 对专利补偿的规定不同

我国实施国防专利的补偿制度和发明人奖励制度。国防专利机构在颁发国防专利证书后，向国防专利权人支付国防专利补偿费，具体数额由国防专利机构确定；属于职务发明的，国防专利权人应当将不少于50%的补偿费发给职务发明的发明人。而普通专利并无此类规定。

五、过程

本标准“2.5过程”条款，明确了术语“过程”（process）的含义。

过程，是指将输入转化为输出的相互关联或相互作用的一组活动。上述定义与GB/T 19000—2016《质量管理体系　基础和术语》中3.4.1条款关于“过程”的定义相同。

过程的输入通常是过程的需求和预期。过程的输出通常是过程的预期结果，一般表现为产品或服务。两个或者两个以上相互关联或者相互作用的连续过程可作为一个过程。通常，一个过程的输入通常是其他过程的输出，而一个过程的输出又通常是其他过程的输入。

六、产品

本标准“2.6产品”条款，明确了术语“产品”（product）的含义。

产品，是指过程的结果。上述定义与GB/T 19000—2016《质量管理体系　基础和术语》中3.4.2条款关于“产品”的定义相同。另外，注1和注2对于“产品”的含义做了进一步解释和说明。

通用的产品类别包括下列四种：服务（如运输）；软件（如计算机程序、字典）；硬件（如发动机机械零件）；流程性材料（如润滑油）。

许多产品由分属于不同产品类别的成分构成，其属性是服务、软件、硬件或流程性材料取决于产品的主导成分。如产品“汽车”是由硬件（如轮胎）、流程性材料（如燃料、冷却液）、软件（如发动机控制软件、驾驶员手册）和服务（如销售人员所做的操作说明）所组成。

服务通常是无形的，并且是在供方和顾客接触面上需要完成至少一项活动的结果。服务的提供可涉及，例如，在顾客提供的有形产品（如需要维修的汽车）上所完成的活动；在顾客提供的无形产品（如为准备纳税申报单所需的损益表）上所完成的活动；无形产品的交付（如知识传授方面的信息提供）；为顾客创造氛围（如在宾馆和饭店）。

软件由信息组成，通常是无形产品，并可以方法、报告或程序的形式存在。

硬件通常是有形产品，其量具有计数的特性。

流程性材料通常是有形产品，其量具有连续的特性。硬件和流程性材料经常被称为货物。

七、体系

本标准“2.7 体系”条款，明确了术语“体系”（system）的含义。

体系，是指相互关联或相互作用的一组要素。上述定义与 GB/T 19000—2016《质量管理体系　基础和术语》中 3.2.1 条款关于“体系”的定义相同。

体系有时又称为系统，通常是指一定范围内事物或者同类事物按照一定的秩序和联系组合而成并且在内部互相联系、互相制约的一个有机整体，强调系统性和协调性。

八、管理体系

本标准“2.8 管理体系”条款，明确了术语“管理体系”（management system）的含义。

管理体系，是指建立方针和目标并实现这些目标的体系。上述定义与 GB/T 19000—2016《质量管理体系　基础和术语》中 3.2.2 条款关于“管理体系”的定义相同。一个组织的管理体系可包括若干个不同的管理体系，如质量管理体系、财务管理体系或环境管理体系。

装备承制单位的知识产权管理体系是指由装备承制单位的知识产权方针、知识产权目标、知识产权管理组织机构、管理人员、规章制度以及各类知识产权管理活动构成的一个有机整体。知识产权管理体系是服务于装备承制单位经营发展的。因此，知识产权管理体系要和装备承制单位的其他管理体系密切配合、相互支撑。例如，研发项目的专利管理和风险预警制度，可以与现有的装备科研项目管理流程相结合，融入研发项目管理体系。

九、知识产权方针

本标准“2.9 知识产权方针”条款，明确了术语“知识产权方针”(intellectual property policy) 的含义。

知识产权方针，是指知识产权工作的宗旨和方向。上述定义与 GB/T 29490—2013《企业知识产权管理规范》中 3.6 条款关于“知识产权方针”的定义相同。

知识产权方针为装备承制单位的知识产权工作指明了方向，为建立知识产权管理体系提供了依据，是知识产权工作的总行动纲领。知识产权方针具有唯一性并且相对固定，因此需要由装备承制单位的最高管理者充分考虑单位所处行业特点、知识产权发展阶段、竞争对手特点等各方面因素，遵循一定的程序而制定，并且应当在全体员工中得到理解和实施。

十、知识产权手册

本标准“2.10 知识产权手册”条款，明确了术语“知识产权手册”(intellectual property manual) 的含义。

知识产权手册，是指规定知识产权管理体系的文件。上述定义与 GB/T 29490—2013《企业知识产权管理规范》中 3.7 条款关于“知识产权手册”的定义相同。

装备承制单位的知识产权手册，是实施各项知识产权管理活动的基本法规和行动准则，是知识产权管理体系的总览和路线图，是装备承制单位知识产权管理活动应当长期遵循的纲领性文件。知识产权手册一般包括：知识产权管理机构设置、职责和权限的相关文件、知识产权管理体系的程序文件或者对程序文件的引用、知识产权管理体系过程之间相互关系的表述等内容。

第三章　知识产权管理体系

本章主要介绍本标准正文“3 知识产权管理体系”章的内容。

装备承制单位的知识产权管理体系是一项非常复杂的系统工程。其由多个子系统构成，并且各系统之间相互作用、相互制约，共同服务于装备承制单位的知识产权目标。装备承制单位的知识产权管理因其自身的特殊性，需要领导者高度重视，自上而下地推动，自下而上地实施。其总体要求是，通过利用法律、经济、技术、信息等手段及其规制力，将装备承制单位的人力资源、资本资源、物质资源、技术资源、信息资源等有效整合，在合理的知识产权组织机制以及有效的知识产权运行机制保证下，实现装备承制单位的经济效益、社会效益的最大化。

知识产权管理体系文件是装备承制单位实施知识产权管理的依据。单位必须通过文件化的方式，对于各项知识产权管理的具体要求予以明确。同时，体系文件的规范化管理，也有利于装备承制单位体系的建立和有效实施。这就要求，从手册到程序文件、管理制度，从外来文件到各类记录，从文件的审批、发布到标识、更改、发放、使用、借阅、复印、保存、废止等，全过程都要规范化管理，从而实现对于不同类别、不同密级、不同阶段、不同效力文件的有效管理，确保知识产权管理体系文件的权威性和准确性。

第一节 总体要求

【标准条款 3.1】

装备承制单位应按本标准的要求建立知识产权管理体系，实施、运行并持续改进，保持其有效性，并形成文件。

【理解要点】

本标准 3.1 条款，规定了装备承制单位在知识产权管理体系方面的总体要求。

本条款中“建立知识产权管理体系，实施、运行并持续改进”，是指装备承制单位应建立符合本标准的知识产权管理体系，实施知识产权管理体系中各项要求，并不断寻求改进机会。

本条款中“保持其有效性”，是指装备承制单位的知识产权管理体系要使知识产权管理体系呈螺旋上升式不断完善，发挥其对单位经营发展的积极促进作用，长期保持其生命力。

本条款中“形成文件”，是指以成文信息的方式，明确知识产权管理工作的相关要求。

【实施要点】

装备承制单位的知识产权管理体系，是围绕知识产权创造、运用、保护以及生产经营活动各个环节中对知识产权管理实施的一系列的计划、组织、指挥、协调和控制活动的总称，是由知识产权方针和目标、机构和职责、文件管理、基础管理、资源配备、实施运行、审核与改进等要素所构成的有机整体。

装备承制单位要综合考虑经济和社会发展状况、法律和政策要求、所属行业特点、本单位性质、规模、组织结构、发展需求、竞争策略、产品及核心技术等影响因素，建立和实施适合自身特点的知识产权管理体系。通过科学管理知识产权，发挥知识产权在装备承制单位自身业务中的重要作用，提升装备承制单位的核心竞争力。

本条款中的“建立”对应于 PDCA 循环中“策划”环节，但不是简单的策划，而是一个复杂系统的筹划与搭建。“实施、运行”对应于 PDCA 循环的“实施”环节。“持续改进”对应于 PDCA 循环的“检查”和“改进”环节，同时也暗含 PDCA 新循环的策划阶段。

与其他管理体系类似，装备承制单位知识产权管理体系的构建一般包括以下步骤。

第一，确定知识产权方针。知识产权方针指明单位知识产权工作的方向，是装备承制单位的最高管理者代表单位向社会公开做出的承诺，并由最高管理者最终审批发布。

第二，确定知识产权目标。在知识产权方针确定后，装备承制单位应根据方针制定各层次的知识产权目标，明确年度及部门实现的具体指标。

第三，确定管理机构并明确职责。明确最高管理者和管理者代表的知识产权管理职责，设立知识产权管理机构负责管理工作，并制定各部门应承担的相关配合职责。

第四，配备资源，编制文件。配备知识产权管理所需的人力资源、基础设施、财务资源以及信息资源。编制相关知识产权控制程序和管理制度，实现对经营关键环节的知识产权风险控制。文件化是管理的有效手段。文件编制可以采用自上而下、自下而上和双向推进的方式。

第五，管理体系实施运行。组织相关部门对体系文件进行培训，确保相关人员能了解自身所承担职责及体系相关文件的具体要求。在体系实施运行阶段，体系文件正式发布，并在装备承制单位内部全面实施运行，以确保各项知识产权管理工作能够按照体系文件的要求进行。

第六，管理体系持续改进。持续改进是指不断增强满足要求的能力的循环活动。制定改进目标和寻求改进机会的过程是一个持续过程。根据内外部环境变化，定期开展检查、分析、评价，对已经出现和潜在的问题，采取纠正和预防措施，对体系进行及时调整、修订和完善，促进知识产权目标实现，确保体系的适宜性、充分性、有效性。

装备承制单位在建立和实施知识产权管理体系过程中，需要注意以下几个方面。

一是紧密围绕知识产权方针和目标。知识产权方针和目标是最高管理者根据装备承制单位发展需要，综合考虑内外部各种因素制定的。这是知识产权管理体系实施的基础和根本所在。

二是注意知识产权管理体系是服务于装备承制单位经营发展的。因此，知识产权管理体系要和其他管理体系密切配合、相互支撑，提升知识产权管理体系运行的综合效益。

三是明确知识产权管理的职责与分工。许多知识产权工作并不是由知识产权主管部门完成，知识产权主管部门更多的是处于一个管理、推进、协调、统筹的位置，这就需要对知识产权工作实施主体的职责进行明确划分，贯彻“全员参与”的原则。

需要注意的是，尽管装备承制单位的知识产权管理体系有其共性的一面，但同时也应看到，每个单位所面临的内外部环境并不相同，组织类型也不尽相同。因此，通用框架和管理对象下，装备承制单位的知识产权管理体系文件，应充分体现不同单位的个性化要求。

【案例分析】华为公司的知识产权管理体系❶

与西方公司相比，中国企业在通信领域普遍起步较晚。1997 年起，华为公司同 IBM、Hay Group、PwC 和 FhG 等世界一流管理咨询公司合作，引进了集成产品开发（IPD）、集成供应链（ISC）等先进的管理流程，并将知识产权管理融入其全业务流程，持续支撑创新和发展。

2019 年 5 月，美国商务部将华为列入“实体清单”，禁止美国企业向华为及其附属公司出售相关技术和产品。2019 年 6 月，华为发布名为《尊重和保护知识产权是创新的必由之路》白皮书。白皮书表示，华为尊重他人知识产权，也重视保护自有知识产权，并以组织、制度和流程确保知识产权管理合法合规。华为在知识产权与商业秘密保护上，建立了体系化的

---

❶ 华为技术有限公司．华为创新与知识产权白皮书［EB/OL］．［2019-06-27］．https：//www.huawei.com/cn/industry-insights/innovation/huawei-white-paper-on-innovation-and-intellectual-property.

管理制度。自成立以来，华为陆续颁布了多项关于第三方知识产权保护的管理规定，对员工在经营活动中严格保护第三方保密信息、商业软件、专利、商标等各类知识产权作出明确和详细的要求。华为每年例行组织员工进行华为员工商业行为准则学习和承诺签署、开展自查自纠，并严格查处违规行为，努力保障各项制度得到落实。同时，定期优化关键业务流程，并结合业务运作中发现的问题和案例持续开展管理改进。无论是从创新成果及其产生的价值，还是从知识产权争议的解决结果来看，都验证了华为具有良好的创新与知识产权运作机制。

第二节　文件要求

本标准 3.2 节规定了装备承制单位建立和实施知识产权管理体系的文件要求。

一、总则

【标准条款 3.2.1】

知识产权管理体系文件应包括： a）知识产权方针和目标； b）知识产权手册； c）本标准中要求形成文件的程序和记录。 注：本标准出现的“形成文件的程序”，是指建立该程序，形成文件，并实施和保持。一个文件可以包括一个或多个程序的要求；一个形成文件的程序的要求可以被包含在多个文件中。

【理解要点】

本标准 3.2.1 条款，规定了装备承制单位在知识产权管理体系文件方面的管理要求。

本条款中“程序”，是指为进行某项活动或过程所规定的途径。

本条款中“记录”，是指阐明所取得的结果或提供所完成活动的证据的文件。

本条款中“本标准中要求形成文件的程序和记录”，是指按照本标准的规定，对于知识产权创造、运用、保护、管理等活动规定相关的程序，以及对该程序实施过程中所生成的相关文件进行记录。

【实施要点】

装备承制单位的知识产权管理体系文件是装备承制单位实施知识产权管理的依据。为便于体系实施，单位有必要通过文件化的方式，对于知识产权管理的具体要求予以明确。知识产权管理体系文件的规范化管理，有助于确保体系文件的完整性、准确性和权威性。

目前，大多数装备承制单位均建立了质量管理体系，因此可以参照质量管理体系文件层次和架构对知识产权管理体系文件进行管理。需要注意的是，GJB 9001C—2017 中不再使用“文件”“手册”“程序文件”和“记录”等术语，而是统一使用“成文信息”代替。

与其他管理体系类似，装备承制单位的知识产权管理体系文件一般包括以下方面。

（1）知识产权方针和目标。文件化的知识产权方针和目标是首要要求。文件应由装备承制单位最高管理者正式颁布，并在装备承制单位内部正式实施。知识产权方针和目标可以是单独发布的文件，也可以包含在知识产权手册中。关于知识产权方针和目标的具体要求详见本标准 4.2 及 4.3.2 条款。

（2）知识产权手册。知识产权手册是规定知识产权管理体系的文件，是实施各项知识产权管理活动的基本法规和行动准则。为了保障装备承制单位知识产权管理体系的有效运行，应当依据单位自身特点和实际情况，编制知识产权手册。知识产权手册的具体要求，详见 3.2.3 条款。

（3）程序和记录。本标准中规定必须“形成文件的程序和记录”共 19 处。其中，必须“形成文件的程序”共 11 处，涉及 3.2.4、4.3.3、5.4、6.1、6.2、6.3.1、6.3.2、6.4.1、6.4.2、6.6、9.2 等条款；必须“形成记录”以及“保持……记录”或“保留……记录”共 8 处，涉及 5.1.2b)

至 d)、6.1c)、6.5a)、8.1.2f)、8.1.4c)、8.1.5c) 等条款。除上述 19 处外，装备承制单位可以根据自身需要，确定有必要形成其他程序或者记录，并将其列入知识产权管理体系文件。

程序与文件的对应关系，既可以是“一对一”，也可以是“一对多”或者“多对一”。即一个文件可以包括一个或者多个程序的要求。一个程序的要求可以被包含在多个文件中。记录是一种特殊类型的文件。关于记录的具体要求详见本标准 3.2.4 条款。

需要注意，上述各类程序和记录，既可以是纸质文档，也可以是电子文档或者音像资料。

【案例分析】 A 公司的知识产权管理体系文件

A 公司主要从事通信设备的研发、生产和销售。该公司知识产权管理体系，包括知识产权管理手册、程序文件和管理制度以及相关记录。

其中，程序文件和管理制度近百项，其中一部分是根据该公司实际，在构建知识产权管理体系过程中新编制的。另一部分是该公司自成立以来，陆续颁布的管理规定，如《关于尊重第三方知识产权及其他合法权益的管理规定》《员工商业行为准则》《关于尊重与保护他人商业秘密的管理规定》《第三方软件管理办法》《开源软件及软件开源管理办法》《商标管理办法》等，对员工在经营活动中严格保护第三方保密信息、商业软件、专利、商标等做出明确要求。另外，该公司要求所有候选人在招聘面试入职环节签署《知识产权和商业秘密保护承诺书》，让候选人明确知晓本公司尊重其他公司和个人保密信息的基本政策，并由人事部门保管上述记录。上述记录证实该公司在人事合同和入职中实施了必要管理，控制了相关知识产权风险。

二、文件控制

【标准条款 3.2.2】

> 知识产权管理体系文件是装备承制单位实施知识产权管理的依据，应确保：

a）发布前经过审核和批准，修订后再发布前重新审核和批准； b）文件中的相关要求明确； c）按文件类别、秘密级别进行管理； d）易于识别、取用和阅读； e）对因特定目的需要保留的失效文件予以标记。

【理解要点】

本标准 3.2.2 条款规定了装备承制单位对知识产权管理体系文件进行控制和管理的要求。

本条款中“a）发布前经过审核和批准，修订后再发布前重新审核和批准”，是指装备承制单位的知识产权管理体系文件必须经各级授权人员的审核和批准并正式发布。

本条款中“b）文件中的相关要求明确”，是指装备承制单位的知识产权管理体系文件中的文字表述应尽量清晰、准确，同时注意不同文件中内容应相互协调一致。

本条款中“c）按文件类别、秘密级别进行管理”，是指装备承制单位应对知识产权管理体系分类、分密级管理。文件类别和密级划分有多种方式，但无论采用何种方式，最终目的均是针对不同文件，采用不同的管理方式，以实现有效管理。

本条款中“d）易于识别、取用和阅读”，是指装备承制单位应确保文件清晰、易于识别和辨认，并确保使用者可以合理获得或查阅其所适用文件的有效版本。

本条款中“e）对因特定目的需要保留的失效文件予以标记”，是指装备承制单位已失效的文件原则上不予保留。如果出于某种特殊目的而需要予以保留的，应对其予以适当标记，防止作废文件的非预期使用。

【实施要点】

文件管理的规范性是体现知识产权管理体系是否规范化的重要标志。这就要求知识产权管理体系文件，从审核、批准、发布，到标识、更改、发放、使用、借阅、复印、保存、废止等，全过程都要规范化管理，实现对于不同类别、不同密级、不同阶段、不同效力的文件有效管理，增强知识产权管理体系文件的完整性、准确性和权威性。

与其他管理体系类似，装备承制单位对知识产权管理体系文件控制的要求主要包括以下几个方面。

1. 文件控制程序要形成文件

装备承制单位可以参照质量管理体系对文件管理的一般规定，例如，对文件的标识、发布、更改、发放、使用、借阅、复印、保存、废止等规定，对知识产权管理体系文件进行管理。当然，装备承制单位也可以单独编制文件控制程序，但是其制定过程要遵循一定程序，按照文件控制的相关要求，由最高管理者授权相关人员制定和发布。

2. 体系文件应在发布前审批，并在更新后重新审批

体系文件在发放前必须经过审核和批准。要注意两点：一是体系文件至少要经过两级人员分别审核和批准，审批人员需有明确授权；二是修订后文件必须重新审批和发布。文件审批，既可以通过纸质单据完成，也可以通过电子流程完成。

3. 体系文件应便于员工理解和执行

一是文字表述应尽量采用术语或学术名称表达，不得使用模糊不清或有歧义的用语，不使用口语或俗语。同时，注意不同文件中的表述相互协调一致，避免不同文件的表述相互矛盾。

二是文件分类有多种方法。例如，按照发放是否受限，可以分为受控文件和非受控文件。按照体系文件层级，可以分为一级文件、二级文件、三级文件。文件密级也有多种划分方式。例如，按照所记载的涉密信息的重要程度不同，可以分为一般、重要、核心三个级别（关于涉密信息的具体要求见本标准6.5条款）。根据文件类别及密级不同，分别采用不同的管理方式。例如，一级文件经最高管理者审批后方可发布，二级文件经管理者代表审批后方可发布，三级文件经所在部门领导审批后即可发布；并在文件首页及正文页眉处，明确标识其密级等。

三是文件的管理应确保文件清晰、易于识别，并确保使用者可以合理

取得或查阅其所适用文件的有效版本。例如，文件应有唯一编号，有规范的格式、名称和版本号，并在封面以及正文页眉或页脚处明确标识。文件应确定合理的发放范围，确保相关员工可以及时取得或查阅所适用文件。如果通过纸质文档发放，每份文档应有唯一序号，并由专人对发放情况进行登记；如果文件是通过电子文档发放，应确保电子文档为现行有效版本，并由专人及时更新。已作废文件应及时回收和销毁，如果因工作需要（如存档用）而予以保留的，应统一由专人负责回收和保管，并对作废文件予以明确标记（如加盖“作废”章），并防止相关员工使用作废文件。

【案例分析】 B研究所的文件控制程序

B研究所主要从事军用电子通信设备的研制。该研究所在现有质量管理体系《文件控制程序》基础上修改制定了知识产权管理体系的文件控制要求。其中对电子文档的管理要求如下：

4.2.3 电子媒体文件的控制

电子文档管理应满足以下要求：

a）电子媒体文件应按规定程序审批，并保存审批记录，当电子网络文件处理系统已按规定设置相应权限签署时，可保存媒体形式记录，其他均应保存文本形式记录。

b）文件接收单位应根据本单位使用情况，下载需由本单位执行的电子媒体文件，建立收文转发记录，并控制文件的有效性（文件的转发、使用、更改、作废、回收、销毁、删除等）下载，下载人员应以适宜的方式签署姓名及下载日期。以文本形式下载时，文本加盖受控标识。

c）电子媒体文件控制过程应按文本相关规定形成相应知识产权记录。若采用电子媒体形式的知识产权记录，记录环境应具有录入确认后为只读特性的特征。

d）电子媒体文件存放可采用文本或电子媒体形式。以电子媒体形式存放时，应进行备份、登记和标签标识。标签内容应包括文件编号或名称，备份人员签名及备份日期。

三、知识产权手册

【标准条款 3.2.3】

编制知识产权手册并保持其有效性，具体内容包括： a）知识产权机构设置、职责和权限的相关文件； b）知识产权管理体系的程序文件或对程序文件的引用； c）知识产权管理体系过程之间相互关系的表述。

【理解要点】

本标准 3.2.3 条款，规定了装备承制单位在知识产权手册方面的管理要求。

本条款中“a）知识产权机构设置、职责和权限的相关文件”，是指装备承制单位的知识产权手册要表明关于本单位的知识产权管理机构的设置、知识产权管理机构与其他机构的职责和权限划分的内容。

本条款中“b）知识产权管理体系的程序文件或对程序文件的引用”，是指装备承制单位的知识产权手册要表明知识产权管理的程序的具体内容，或者表明该手册所引用的程序文件。

本条款中“c）知识产权管理体系过程之间相互关系的表述”，是指装备承制单位的知识产权手册要表明对不同知识产权管理过程之间的相互关系。

【实施要点】

装备承制单位的知识产权手册（以下简称“手册”），是知识产权管理体系应长期遵循的纲领性文件。“手册”既是装备承制单位实施各项知识产权管理活动的基本法规和行动准则，也是知识产权管理体系的总览和路线图。“手册”有助于员工了解知识产权管理的流程、职责和权限，遇到各种知识产权问题时，实现及时、有效的处理。

与其他管理体系类似，装备承制单位的“手册”的要求主要包括以下几项。

1. “手册”要形成文件

装备承制单位要根据本标准的内容，综合考虑本单位所处内外部环境以及自身发展需求，根据本单位知识产权管理体系的策划结果，编制“手册”。“手册”是知识产权管理体系文件之一，其制定过程要遵循一定的程序，按照文件控制的相关要求进行编制、审批与发布。

2. “手册”要包括知识产权管理的机构设置、职责和权限的内容

装备承制单位的知识产权管理组织架构一般包括三层：第一层是最高管理者，第二层是管理者代表，第三层是知识产权机构与其他机构。“手册”中的知识产权机构设置、职责和权限，可以用文字方式进行表述，也可以结合图表方式进行说明。对各部门的职责与权限的详细描述，引用了现有的岗位职责等文件。关于职责和权限的具体要求详见本标准4.1和4.4条款。

3. “手册”要包括知识产权管理体系的程序文件或相关引用的内容

装备承制单位的“手册”对于某个程序的表述可以采取两种方式：一是直接表述程序的具体内容；二是表明“手册”所引用的程序文件。具体采用何种方式，主要取决于本单位知识产权管理体系（如组织架构、业务流程等）的复杂程度、本单位的保密要求等因素。

一般来说，如果本单位的知识产权管理体系比较简单，并且保密要求不高的，则程序文件无须单独编制，“手册”可以直接表述程序的具体内容。如果本单位的知识产权管理体系较复杂，并且保密要求较高，而某个程序的具体内容不适宜对外公开的，则其对应的程序文件要单独编制，并且“手册”只需对该程序进行简要说明，说明对该程序文件的引用关系。引用时，“手册”要列明该程序文件的编号、名称、保管部门等，以便员工取用和查阅。

4. “手册”要包括知识产权管理体系各过程之间相互关系的内容

过程是由多个相互关联的将输入转化为输出的活动组成的。一个活动的输出可能是另一个活动的输入。当这两个活动分属两个不同的过程时，这两个过程之间的关系就变得复杂。除了在两个过程所对应的程序

文件中相互引用外，还需要在“手册”中对所有过程之间的相互关系进行说明，确保知识产权管理体系的完整性、系统性，以便员工理解和执行。

装备承制单位的知识产权管理体系过程之间相互关系可以分为两类：一类是某个知识产权管理过程与其他知识产权管理过程之间的相互关系；另一类是某个知识产权管理过程与本单位其他业务过程的相互关系。上述两类关系都需要在“手册”中进行说明。

【案例分析】C研究所的知识产权手册

C研究所主要从事卫星控制系统的研制。由于目前已建立质量管理体系、职业健康管理体系等，已发布各类程序文件、管理制度近百项。因此，知识产权管理体系的程序文件，一部分是单独编制的，另一部分是在现有的其他管理体系的程序文件基础上修改而成的。

该研究所《知识产权手册》包括前言、颁布令、管理者代表任命书、知识产权方针、知识产权目标、正文和附录。《知识产权手册》正文仅对各过程进行简单表述，在过程结尾处新增“引用文件”部分，列明了所引用文件的编号、名称等信息。同时，对各过程之间的相互关系也做出了明确表述。其中，对于知识产权争议处理的管理要求如下：

7.4.2 争议处理

我单位相关部门应采取措施，及时发现和监控我单位知识产权被侵犯的情况，并评估不同处理方式对我单位的影响，选取适宜处理方式，适时保护我单位的知识产权，具体包括：

a）按照《知识产权被侵权风险监控流程》，科研发展处和经营开发处通过客户走访、市场调查、参加展会等方式，及时发现和监控各业务区域内知识产权可能被侵犯的情况。如果发现相关情况，应及时提交至成果与情报管理办公室进行被侵权风险评估。

b）经成果与情报管理办公室评估认为被侵犯风险较大的，应按照《法律纠纷处理流程》，及时提交至纪检监察法律处进行法律纠纷评估，评估不同解决方式对我单位的影响。根据评估结果，并报所长批准后，按照相应解决方式处理，适时保护我单位的知识产权不被侵犯。

引用文件：XXXX-IP-CX-01《知识产权被侵权风险监控流程》

XXXX-IP-CX-02《法律纠纷处理流程》

四、外来文件与记录文件

【标准条款3.2.4】

编制形成文件的程序，规定记录的标识、贮存、保护、检索、保存和处置所需的控制。对外来文件和知识产权管理体系记录文件应予以控制并确保： a）对行政决定、司法判决、律师函件等外来文件进行有效管理，确保其来源与取得时间可识别； b）建立、保持和维护记录文件，以证实知识产权管理体系符合本标准要求，并有效运行； c）外来文件与记录文件完整，明确保管方式和保管期限。

【理解要点】

本标准3.2.4条款，规定了装备承制单位在外来文件和记录方面的管理要求。

本条款中"a）对行政决定、司法判决、律师函件等外来文件进行有效管理，确保其来源与取得时间可识别"，是指装备承制单位的与知识产权相关的各类外来文件要内容完整、文字清晰、易于识别、容易追溯。其中，外来文件，是指来自装备承制单位外部，与本单位的知识产权有关，可能对本单位的知识产权产生影响的各类行政决定、司法函件、律师函等外部文件。

本条款中"b）建立、保持和维护记录文件，以证实知识产权管理体系符合本标准要求，并有效运行"，是指装备承制单位的与知识产权相关的各类记录要内容完整、文字清晰、易于识别、容易追溯并妥善保管。其中，记录文件，是指装备承制单位与知识产权相关，并用于证实本单位的知识产权管理体系符合本标准并有效运行的各类记录。

本条款中“c）外来文件与记录文件完整，明确保管方式和保管期限”，是指装备承制单位各类知识产权相关外来文件与记录要内容完整，并在一定期限内妥善保管。

【实施要点】

1. 外来文件的管理

一般而言，重大的知识产权事项会对装备承制单位的生产经营活动产生重大影响。因此，如何确保装备承制单位及时准确接收到这类信息，以便获得比较充分的准备时间，就显得尤为重要。另外，面对某些知识产权纠纷时，外来文件也可以作为关键证据保护单位自身。因此，装备承制单位要对外来文件进行有效管理。

与其他管理体系类似，装备承制单位的知识产权管理体系的外来文件控制，一般包括以下几种。

（1）外来文件控制程序要形成文件。装备承制单位可以参照质量管理体系对外来文件管理的一般规定，对知识产权管理体系外来文件进行管理。当然，装备承制单位也可以单独编制外来文件控制程序，但是其制定过程要遵循一定的程序，按照文件控制的相关要求，由最高管理者授权相关人员制定和发布。

（2）有效管理外来文件，确保其来源与取得时间可识别。广义的外来文件不仅包括行政决定、司法判决、律师函件，还包括展会通知、会议通知等，但是法律法规及其他要求不在此范围内（法律法规及其他要求详见本标准4.3.3条款）。装备承制单位要在手册或程序文件中明确本单位所涉及外来文件的范围。

装备承制单位要结合自身实际，确定外来文件的管理方式。例如，本单位指定专人对外来文件进行登记，记载其文件编号、发文单位、发文时间和本单位接收时间等信息，以便追溯。外来文件，可以是纸质文档，也可以是电子文档。

（3）外来文件要完整，明确其保管方式和保管期限。装备承制单位要结合自身实际，确定外来文件的保管方式和保管期限。

对于外来文件的保管方式，单位既可以将所有外来文件统一集中在一个部门来接收和保管，也可以按照外来文件的不同类别，分别由不同部门来接收和保管。接收部门要指定专人负责保管，防止遗失、损毁，并控制外来文件的发放范围，妥善保管外来文件。

对于外来文件的保管期限，单位要根据外来文件的内容和用途，合理确定保管期限。例如，如果装备承制单位的专利被侵权并向人民法院提起诉讼，人民法院可以将本单位在专利申请的审查过程中，向国家知识产权局提交的审查意见答复，作为解释该专利的权利要求的依据之一。因此，如果该专利申请是委托代理机构处理的，装备承制单位应向代理机构索要上述审查意见答复的正式提交版本，并且在该专利权期限内，对上述外来文件进行妥善保管。

2. 记录的管理

装备承制单位的知识产权活动的记录，是用于评价知识产权管理体系是否有效运行、知识产权管理工作是否有效开展的重要证据。因此，装备承制单位要对记录进行有效管理。

与其他管理体系类似，装备承制单位的知识产权管理体系的记录控制，一般包括以下内容。

（1）记录控制程序要形成文件。由于装备承制单位均建立了质量管理体系，因此可以参照质量管理体系对记录管理的一般规定，例如，对记录的标识、贮存、保护、检索、保存和处置等规定，对知识产权相关记录进行管理。当然，装备承制单位也可以根据自身需要，单独编制记录控制程序，但是其制定过程要遵循一定程序，按照文件控制的相关要求，由最高管理者授权相关人员制定和发布。

（2）要建立、保持和维护记录。本标准规定的必须“形成记录”以及“保持……记录”或“保留……记录”共 8 处，涉及 5.1.2b）至 d）、6.1c）、6.5a）、8.1.2f）、8.1.4c）、8.1.5c）条款。此外，装备承制单位可以根据自身需要，确定有必要形成其他与知识产权相关的记录，并将其列入知识产权管理体系文件中。

装备承制单位要按照程序文件的要求，对记录的标识、贮存、保护、检索、保存和处置等进行控制。记录应有唯一编号，有规范的格式、名称，并明确标识。记录填写应做到及时准确，内容完整，字迹清晰，易于识别。记录可以采用文字、表格、图片、音频、视频等形式，可以是纸质文件，也可以是电子文件。记录要妥善保管，使相关知识产权管理活动具有可追溯性，以证实知识产权管理体系符合本标准并有效运行。

（3）记录要完整，明确保管方式和保管期限。装备承制单位要结合自身实际，确定记录的保管方式和保管期限。

对于记录的保管方式，单位既可以将所有记录统一集中在一个部门保管，也可以按照记录的不同类别，分别由不同部门保管。保管部门可以指定专人负责保管，防止遗失、损毁。

对于记录的保管期限，单位要根据记录的内容和用途，合理确定保管期限。例如，如果装备承制单位的专利发生发明人署名权的纠纷，可以将研发记录作为依据，确定相关人员是否对该专利作出实质性贡献。因此，装备承制单位应在专利权期限内，妥善保管上述研发记录。

【案例分析】D公司的外来文件管理

D公司的知识产权相关外来文件的程序，是在现有其他管理体系的《外来文件控制》基础上修改而成的。其中，对于知识产权外来文件管理的要求如下：

4.4.1 知识产权外来文件的定义

外来文件是指我单位与各类知识产权等有关的行政决定、司法函件、律师函以及我单位知识产权在申请、维护过程中由代理机构和行政主管部门发来的各类文件。

4.4.2 知识产权外来文件的管理

各部门对所接收的外来文件，应及时进行识别、筛选、确认。对于知识产权相关法规政策、行政决定，应及时移交成果与情报管理办公室管理。对司法判决、律师函件，应及时移交纪检监察法律处管理。

成果与情报管理办公室、纪检监察法律处，对知识产权外来文件，应及时登记来源及取得时间。同时，依据外来文件的内容，分别发送相关部门审阅，协同办理。外来文件应定期整理，及时归档，并控制其分发、借阅范围。有关知识产权外来文件归档、分发、借阅、保存等具体要求，按照《文件控制程序》《档案管理规定》执行。

第四章　管理职责

本章主要介绍本标准正文“4 管理职责”章的内容。

本章对装备承制单位的最高管理者提出了实施知识产权管理制度的要求，在内容上涉及知识产权承诺、知识产权方针和知识产权规划，从管理手段上涉及最高管理者、管理者代表、知识产权管理部门、沟通、监督、检查和评估，其目标是“领导重视、逐层落实、持续改进”。

装备承制单位知识产权管理体系是制定实施知识产权制度的框架，而明确单位的知识产权管理的组织机构和管理职责是单位实现知识产权有效管理的基础，也是知识产权各项制度能够稳步推行的关键。装备承制单位的管理层是知识产权管理活动的管理者，员工是知识产权管理活动的实践者。最高管理者是装备承制单位知识产权管理第一责任人，通过制定知识产权制度，对经营活动中知识产权事项进行计划、组织、指挥、协调以及控制，实现单位的知识产权活动的有效管理。在此基础上，单位通过制定知识产权方针和目标，成立组织机构，明确管理职责，有效执行，才能使知识产权管理制度落到实处。单位还要定期对知识产权管理体系进行评审，改进不足，不断完善，确保知识产权管理体系的持续适宜性和有效性。

不同的装备承制单位，由于其主体性质、行业特点、地域特性和发展阶段等多种因素，其组织机构呈现出不同的特点，知识产权部门的职责也有所区别。但无论是哪种模式，都要遵循知识产权管理活动的共性要求，制定方针目标，明确职责权限，配备必要资源，确保有效沟通，从而适应装备承制单位自身发展的需要，并满足装备承制任务的知识产权管理要求。

第一节　管理承诺

【标准条款 4.1】

最高管理者是装备承制单位知识产权管理的第一责任人，应通过以下活动实现知识产权管理体系的有效性： a）制定知识产权方针； b）制定知识产权目标； c）明确知识产权管理职责和权限，确保有效沟通； d）确保资源的配备； e）组织管理评审。

【理解要点】

本标准 4.1 条款，规定了装备承制单位在最高管理者方面的管理要求。

本条款中“最高管理者”，是指装备承制单位内部全面负责知识产权管理的最高责任人。根据单位情况不同，最高管理者可以是个人，如董事长、总经理或首席执行官（CEO）；也可以是由多名管理层人员组合而成，如知识产权管理委员会、知识产权运营委员会等。

本条款中“a）制定知识产权方针”，是指装备承制单位的最高管理者应按照相关法律和政策要求及单位经营发展需要，制定、批准、发布知识产权方针，并使其在单位内部有效运行。

本条款中“b）制定知识产权目标”，是指装备承制单位的最高管理者应根据知识产权方针的要求，制定、批准、发布知识产权目标，并使其在单位内部有效运行。

本条款中“c）明确知识产权管理职责和权限，确保有效沟通”，是指装备承制单位的最高管理者应设置适宜的知识产权管理组织架构，并明确各机构的知识产权管理责任，合理授权，落实职能，使各机构在知识产权管理各项活动中实现及时、有效的沟通。

本条款中“d）确保资源的配备”，是指装备承制单位的最高管理者应为单位的各项知识产权管理活动配备必要的人力、财务、信息和基础设施等资源，确保各项资源及时可用。

本条款中“e）组织管理评审”，是指装备承制单位的最高管理者应定期评审知识产权管理体系的适宜性和有效性，确定改进方向，制定和落实各项改进措施。

【实施要点】

“领导重视”是装备承制单位知识产权管理体系的一个重要原则。现阶段装备承制单位知识产权管理工作，很大程度上是“一把手”工程。只有最高管理者尊重和重视知识产权，亲自作出管理承诺，知识产权管理工作才能做好。

最高管理者是单位知识产权管理工作的第一责任人，既拥有权力也要承担义务。一方面，最高管理者拥有单位的知识产权管理体系内部所有决策的最高决定权以及所有冲突的最终裁量权，而所有中低层管理者必须经最高管理者授权；另一方面，最高管理者同时也肩负为体系指明宗旨和方向、合理搭建组织机构、配备所需资源、评价管理绩效并持续改进的义务，在体系发生重大损失时，最高管理者应承担最高责任。

管理承诺体现在方针、目标、职责权限、资源和管理评审共五方面。最高管理者做出知识产权管理承诺，既可以表明装备承制单位对知识产权管理工作的态度和决心，也可以增加装备采购任务下达方对单位的信心，还可以提高单位全体员工对知识产权的重视程度，促进单位的知识产权文化建设。

与其他管理体系类似，装备承制单位知识产权管理体系最高管理者的管理承诺主要包括以下内容。

1. 制定知识产权方针和目标

知识产权方针是装备承制单位知识产权工作的宗旨和方向，是知识产权工作的总行动纲领，具有“根本大法”的作用。最高管理者应充分考虑单位所处行业特点、知识产权发展阶段、竞争对手特点等因素，合理制定知识产权方针，为知识产权管理体系建立提供依据。关于知识产权方针的具体要求详见本标准的“4.2 知识产权方针”条款。

制定装备承制单位的知识产权目标是落实知识产权方针的重要手段。没有目标，就不可能有各项知识产权制度的有效执行。最高管理者应在单位内部的有关职能和层次上，建立并保持知识产权目标。关于知识产权目标的具体要求详见本标准的“4.3.2 知识产权目标”条款。

2. 明确知识产权管理职责和权限，确保有效沟通

最高管理者应在装备承制单位内部建立适宜的组织机构，结合各部门日常工作职责和业务特点，明确各部门的知识产权管理职责和权限。知识产权管理组织架构一般包括最高管理者、管理者代表、知识产权管理机构以及其他机构共三个层级。

有效沟通是提高装备承制单位知识产权管理活动的效率和效益，创造和维护单位的知识产权文化，支持和促进单位不断创新发展的重要途径。

关于职责、权限和沟通的具体要求详见本标准的“4.4 职责、权限和沟通”条款。

3. 确保资源的配备

最高管理者应确保知识产权管理活动所需各项资源的及时和可用，保障知识产权管理活动的顺利开展，实施和保持知识产权管理体系并持续改进其有效性，满足装备采购任务的要求。资源一般包括人力资源、财务资源、信息资源和基础设施等。关于资源的具体要求详见本标准的“5 资源管理”条款。

4. 组织管理评审

最高管理者通过定期组织对装备承制单位的知识产权管理体系的适宜性、有效性进行评审，对知识产权管理体系的运行情况以及方针、目标的贯彻及实现情况进行正式的评价，总结知识产权管理体系的业绩，并且在研究分析的基础上，找出当前业绩与预期目标的差距。同时，还要对单位在市场中所处地位及竞争对手的业绩予以比较和评价，考虑任何可能改进的机会，找出自身的未来改进方向。关于管理评审的具体要求详见本标准“4.3 管理评审”条款。

【案例分析】 E 研究所的知识产权管理承诺

E 研究所所长承诺按照知识产权管理“战略导向、领导重视、全员参与”三项指导原则和《装备承制单位知识产权管理要求》的要求，建立、实施和保持知识产权管理体系，并持续改进，确保其有效性。所长是 E 研究所知识产权管理的第一责任人，其职责主要包括以下方面。

a）贯彻国家有关知识产权管理工作的方针、政策、法令、法规，制定本单位知识产权管理方针和目标，并使之在全体员工中理解贯彻；

b）为实施知识产权管理提供适宜的组织机构，任命管理者代表，建立和健全各级知识产权管理责任，落实职能，就知识产权管理的有关事宜予以授权，并配备必要的资源；

c）每年按计划的间隔时间主持管理评审，确保本单位知识产权管理体系持续的适宜性、充分性和有效性，使知识产权管理体系适应内外部环境（政策、法规的修订，变化了的顾客需求、相关方要求，全所机构、职责及管理流程和要求的变化）的变化；

d）审定重大财务预决算、投融资、资产重组等方案。

第二节　方针

【标准条款 4.2】

最高管理者应批准、发布装备承制单位知识产权方针，并确保方针：

a）符合相关法律和政策的要求；

b）与装备承制单位的经营发展相适应；

c）与装备承制单位所承担的装备采购任务相适应；

d）在装备承制单位内部得到有效运行；

e）在持续适宜性方面得到评审；

f）形成文件，付诸实施，并予以保持；

g）得到全体员工的理解。

【理解要点】

本标准 4.2 条款，规定了装备承制单位在知识产权方针方面的管理要求。

本条款中“a）符合相关法律和政策的要求”，是指装备承制单位的知识产权方针应具有合法性，即符合国家法律、行政和地方性法规、部门规章以及中央、地方各级政府制定的政策中与知识产权相关的各项要求。

本条款中“b）与装备承制单位的经营发展相适应”，是指装备承制单位的知识产权方针应具有内部适宜性，既符合装备承制单位的经营现状，又能满足单位的未来发展需求。

本条款中“c）与装备承制单位所承担的装备采购任务相适应”，是指装备承制单位的知识产权方针应具有外部适宜性，即符合单位所承担装备采购任务的知识产权管理要求。这也是本标准与《企标》相比所特有的要求之一。

本条款中“d）在装备承制单位内部得到有效运行”，是指装备承制单位的知识产权方针应具有有效性，即在单位内部有效实施，并对单位的经营发展发挥积极促进作用。

本条款中“e）在持续适宜性方面得到评审”，是指最高管理者应及时针对知识产权方针进行评审，确保知识产权方针持续适应于单位的内外部环境变化情况。

本条款中“f）形成文件，付诸实施，并予以保持”，是指最高管理者应将知识产权方针形成正式文件，在单位内部全面、持续实施。

本条款中“g）得到全体员工的理解”，是指最高管理者应及时将知识产权方针传达给全体员工，并采取措施，确保员工理解知识产权方针的内容和含义并能够有效实施。

【实施要点】

最高管理者应充分考虑单位的各种内外部影响因素，合理制定其知识产权方针。知识产权方针为知识产权管理体系的建立提供依据，是知识产权工作的总行动纲领。知识产权方针具有唯一性并且相对固定。与其他管理体系类似，装备承制单位对于知识产权方针的要求主要包括以下几方面。

1. 方针要形成文件

最高管理者在已做出管理承诺的基础上，还要求制定和发布知识产权方针，其主要目的是把承诺的事项进一步落实。知识产权方针把最高管理者的管理承诺从个人化、职位性的表述落实为组织性、文件化的表述，以强化对知识产权管理的指导性作用。

知识产权方针是知识产权管理体系文件之一，因此其制定过程要遵循一定程序。按照文件控制的相关要求，由最高管理者制定和发布。

2. 方针要符合相关法律和政策的要求

装备承制单位的知识产权方针应具有合法性，即符合相关法律及政策要求。

相关法律及政策要求一般包括：国家颁布的知识产权有关法律法规（如专利法、商标法等）、涉及知识产权的相关法规（如计算机软件保护条例）、我国签订的国际条约（如专利合作条约）、各级地方人大和政府颁布的有关知识产权的法规政策等。

例如，就与知识产权有关的国家法律及中央政府政策而言，比较有代表性的包括《中华人民共和国专利法》《中华人民共和国商标法》《中华人民共和国著作权法》《中华人民共和国反不正当竞争法》以及《国家知识产权战略纲要》等。

3. 方针要与单位经营发展、所承担的装备采购任务的要求相适宜

装备承制单位的知识产权方针应具有适宜性。一方面，知识产权方针不但要符合单位经营现状，又能满足单位未来发展需求，体现“战略导向”的原则。另一方面，装备采购任务分为装备预研、装备研制、装备生产、装备维修保障四种类型，每种类型对知识产权管理的要求也不尽相同。因此，知识产权方针还要考虑单位所承担的装备采购任务的各项特殊要求。

最高管理者应根据单位所处的经济和社会发展状况及单位自身的性质、规模、组织结构、产品和核心技术、发展需求、竞争策略、所属行业特点等内外部影响因素，合理制定知识产权方针。知识产权方针应体现单位价

值观和组织文化，切忌不切实际、内容空洞、千篇一律。

4. 方针要得到全体员工的理解，付诸实施，有效运行，并予以保持

装备承制单位的知识产权方针应具有有效性。一方面，装备承制单位可以通过培训、教育、宣传等方式，向全体员工宣传贯彻知识产权方针，尤其是经营管理、知识产权管理、技术研究开发、生产组织、市场营销等重点岗位的员工，确保员工理解知识产权方针的内容和含义，明确自己本职工作与知识产权方针的关联性。另一方面，在单位内部应全面、持续实施知识产权方针，确保其对单位的经营发展发挥积极促进作用。

5. 及时对方针的持续适宜性进行评审

根据基于过程的知识产权管理模型，按照 PDCA 循环，最高管理者应对知识产权方针实施动态管理。根据单位内外部环境变化和自身发展需要，最高管理者应组织对知识产权方针适宜性的评审。必要时可以通过管理评审等方式，及时对知识产权方针进行修订。

【案例分析】F 研究所的知识产权方针

F 研究所主要从事军用电子系统的研制。该研究所的发展战略为：创新体系完备、产业布局合理、核心技术突出、管理运行高效，具有国际竞争力、综合实力一流的航天电子产业集团。

根据上述发展战略，该研究所制定的知识产权方针为：注重积累、推崇创新；系统管理、协调发展；规避风险、突显优势。其具体含义如下。

（1）注重积累，是指注重对知识产权信息的动态收集、检索、分析和利用。

（2）推崇创新，是指强调技术创新，通过对高价值专利创造和布局，有效提升产品创新水平。

（3）系统管理，是指围绕知识产权创造、运用、保护和管理，开展全系统、全过程管理。

（4）协调发展，是指实现与质量管理体系、科研生产管理体系、保密安全管理体系的协调发展。

（5）规避风险，是指规避企业在人力资源、立项、研发、采购、生

产、销售等经营管理活动中知识产权风险。

(6) 突显优势，是指突出核心专业，突出优势产品，确保市场竞争优势。

研究所通过召开贯标启动大会、对全体员工培训、印刷宣传材料等方式，对上述知识产权方针的内涵做出详细解释和说明。由所长以研究所红头文件的形式，正式发布了上述知识产权方针，并于同日实施。知识产权管理体系实施和运行过程中，每年组织一次管理评审，对上述知识产权方针是否适宜重新进行评审，确保了知识产权方针的持续适宜性和有效性。

第三节　策划

一、知识产权管理体系策划

【标准条款 4.3.1】

> 最高管理者应确保：
>
> a）理解相关方的需求，对知识产权管理体系进行策划，满足知识产权方针的要求；
>
> b）知识产权获取、维护、运用和保护活动得到有效运行和控制；
>
> c）知识产权管理体系得到持续改进。

【理解要点】

本标准 4.3.1 条款，规定了装备承制单位在知识产权管理体系策划方面的管理要求。

本条款中"a）理解相关方的需求，对知识产权管理体系进行策划，满足知识产权方针的要求"，是指装备承制单位的最高管理者应根据单位的知识产权方针和相关方的需求，为知识产权管理体系的建立和实施，制定具体方案。其中，相关方是指可以影响单位的知识产权管理决策或活动，

或受决策或活动所影响，或自认为受决策或活动影响的个人或组织。❶

本条款中“b）知识产权获取、维护、运用和保护活动得到有效运行和控制”，是指装备承制单位的最高管理者应确保知识产权管理体系在知识产权获取、维护、运用和保护等主要活动中有效实施，并形成有效控制。

本条款中“c）知识产权管理体系得到持续改进”，是指装备承制单位的最高管理者应确保知识产权管理体系策划时，应明确对知识产权管理体系进行持续改进的要求。

【实施要点】

根据基于过程的知识产权管理模型，按照 PDCA 循环的方法，策划是装备承制单位建立和实施知识产权管理体系的第一个环节。策划的目的主要是识别装备承制单位知识产权管理体系的管理要求、管理对象、管理目标以及主要管理活动、关键过程和风险点，构建符合单位特点的、能够支撑单位发展的知识产权管理体系。与其他管理体系类似，装备承制单位对知识产权管理体系策划的要求主要包括以下方面。

1. 体系策划要理解相关方的需求，满足知识产权方针的要求

最高管理者应在知识产权方针的指引下，基于单位自身经营发展需要和相关方需求，明确知识产权管理体系的管理要求，确定输入和输出要素。相关方包括单位内部、外部所有相关人员或组织，例如，单位员工、单位所有者或股东、政府主管部门、客户、供应商、产品或技术合作开发方、配套协作单位、竞争对手、行业联盟、标准化组织等。

最高管理者应根据单位所处的经济和社会发展状况、法律和政策要求以及单位自身的性质、规模、组织结构、产品和核心技术、发展需求、竞争策略、所属行业特点等内外部影响因素，策划知识产权管理体系，制定知识产权管理体系建立和实施的具体方案。

2. 体系策划要确保各项知识产权活动得到有效运行和控制

最高管理者应在明确单位知识产权管理体系管理要求的基础上，识别

---

❶ 国家标准化管理委员会 . GB/T 19000—2016/ISO 9000—2015 质量管理体系 基础和术语［S］：10.

知识产权管理体系的管理对象、管理目标，明确主要管理活动、关键过程和风险点，建立和实施相关制度，同时确定所需投入的资源。

在管理对象方面，最高管理者应根据单位自身情况，确定单位所涉及知识产权类型及其作用，并根据各类型知识产权的重要程度，确定重点管理对象。

在管理目标方面，最高管理者应依据知识产权方针，制定知识产权目标，并在单位内部相关职能和层次上，将知识产权目标分解为可以落实的具体目标，由相关部门负责实施。

在管理活动方面，最高管理者应设置知识产权管理机构，明确各机构职责与权限，并对单位经营活动各环节以及装备采购任务各阶段涉及的知识产权创造、运用、保护等活动，制定相应的制度流程，明确主要管理活动，识别关键过程和主要风险点，实现全系统全生命周期的管理。

3. 体系策划要确保知识产权管理体系得到持续改进

制定改进目标和寻求改进机会是不断持续的过程。通过内部评审、管理评审或其他方法，定期开展检查、分析和评价，对已出现和潜在的问题，采取纠正和预防措施，及时调整、修订和完善体系，促进知识产权目标实现。持续改进是不断增强满足要求的能力的循环活动。

【案例分析】G 研究所的知识产权管理体系策划

G 研究所在该研究所发展战略和已制定的知识产权方针的基础上，确定知识产权管理体系建设的指导原则是：坚持需求牵引、坚持问题导向、坚持整体推进、坚持军民融合、坚持统筹协调。该研究所在体系建设的前期策划中主要开展了以下工作。

（1）成立以所长为组长，由党委书记、副所长、分管军民融合所领导、所长助理、总工程师组成的领导小组。建立以知识产权分管副所长为组长，各部门负责人和知识产权专员参与的知识产权体系建设工作小组。设立专职体系运维岗，承担知识产权管理体系建设和实施相关工作。

（2）召开全体员工参加的贯标启动大会。向管理者代表颁发聘书，宣读《关于成立知识产权管理体系建设领导小组和工作小组的通知》、知识产权管理体系方针和目标。会议明确了《知识产权管理体系贯标、认证工作目的及要求》，并对《企业知识产权管理规范》做了解读。

（3）制订贯标工作计划，明确主要节点的工作进度。由外聘的专业辅导机构对研究所目前知识产权管理工作中存在的问题进行调查诊断，分析其中薄弱环节。

（4）体系文件编写。成立以所长为主任的体系文件编委会，对现有的涉及知识产权工作的规章制度进行全面梳理。为将对各部门现有业务工作影响降至最低，编委会主要对现有制度进行补充和完善，仅新增了知识产权手册和一个制度文件，其余均沿用现有制度。

二、知识产权目标

【标准条款 4.3.2】

> 最高管理者应针对装备承制单位内部有关职能和层次，建立并保持知识产权目标，并确保：
>
> a）形成文件并且可考核；
>
> b）与知识产权方针保持一致，内容包括对持续改进的承诺。

【理解要点】

本标准 4.3.2 条款，规定了装备承制单位在知识产权目标方面的管理要求。

本条款中“有关职能和层次”，是指装备承制单位的知识产权目标应按照不同职能和不同层次，分别建立相应的知识产权目标并有效实施。

本条款中“a）形成文件并且可考核”，是指装备承制单位的知识产权目标应由最高管理者批准发布，并采取适当措施，对知识产权目标的完成情况进行考核，确保目标的实现。

本条款中“b）与知识产权方针保持一致，内容包括对持续改进的承诺”，是指装备承制单位的知识产权目标应基于知识产权方针制定，并包括持续改进的相关内容。

【实施要点】

知识产权方针为知识产权目标的制定提供了总体框架。制定知识产权目标是落实知识产权方针和知识产权策划的重要手段。没有目标，就不可能有制度的有效执行。

与其他管理体系类似，装备承制单位对知识产权目标的要求主要包括以下几项。

1. 目标应与方针保持一致，并包括对持续改进的承诺

知识产权方针是装备承制单位知识产权工作的总行动纲领，因此知识产权目标和程序文件、管理制度的制定都要以知识产权方针为基础，其内容都要与知识产权方针的要求保持一致。

知识产权目标应体现知识产权管理体系“持续改进”的一般性原则，不断提升单位的知识产权管理工作的绩效。知识产权目标应符合单位的自身经营发展需求以及装备采购任务的要求。目标不宜过高，否则会超出单位的现实能力以及未来一段时间内的潜在需求；也不宜过低，否则就无法发挥目标对知识产权工作的激励和促进作用。

2. 目标要形成文件

文件化的知识产权目标，有利于单位内各部门理解和实施。知识产权目标的表述应明确、无歧义，使全体员工对知识产权目标形成基本一致的理解，通过自身工作确保目标的实现。

知识产权目标是知识产权管理体系文件之一，因此其制定过程要遵循一定程序。按照文件控制的相关要求，由最高管理者制定和发布。

3. 目标要逐级分解，并具有可考核性

装备承制单位的知识产权目标不是只有一个，而是一组。例如，根据实现周期，可以分为长期目标、中期目标和短期目标。根据分解层级，可以分为单位目标、部门目标和岗位目标。根据目标内容，可以分为数量目标、质量目标、进度目标、贡献目标等。

最高管理者组织制定单位知识产权目标，并在单位内部相关职能部门以及作业层次上建立知识产权目标。结合部门日常工作职责和业务特点，

合理确定分解到各部门的知识产权目标。

根据基于过程的知识产权管理模型，按照 PDCA 循环，最高管理者应对知识产权目标实施动态管理。通过定性或定量方式，适时对知识产权目标完成情况进行考核评价。根据单位内外部环境变化和自身发展需要，最高管理者组织对知识产权目标的适宜性进行评审。必要时可以通过管理评审等方式，及时对知识产权目标进行修订。

【案例分析】H 研究所的知识产权目标

H 研究所主要从事军用电子设备的研制。根据单位自身发展需要，该研究所将知识产权目标分解为长期目标和 3~5 年目标、年度目标，并进一步将年度目标分解到各部门，统一在每年年底由管理者代表对各部门知识产权目标的完成情况予以考核。

知识产权长期目标为：经过 8~10 年努力，使研究所拥有完备的知识产权工作体系、雄厚的知识产权人才队伍和强大的知识产权保护、创造、运用能力，使知识产权工作水平达到国内一流、世界先进水平，为研究所成为国内卓越、世界一流企业提供有力支撑。

知识产权 3~5 年目标为："十三五"期间，建立起比较完善的知识产权工作制度、体系，落实科研项目的知识产权全过程管理工作，开创知识产权工作的新局面，使知识产权工作处于集团先进水平，争取在"十三五"末专利年申请量超过××项，员工参与知识产权培训率超过 80%，知识产权转让、许可收入超过××万元。

××××年度知识产权目标为：发明专利和国防专利受理数达××项；收款合同知识产权条款审查覆盖率达 100%；付款合同知识产权条款审查覆盖率达 100%；知识产权相关员工知识产权管理体系培训覆盖率达 100%。

其中，按照法务与风险控制部的相关职责，分解到该部门的××××年度知识产权目标确定为：收款合同和付款合同中知识产权条款审查覆盖率 100%。

三、法律和其他要求

【标准条款 4.3.3】

> 最高管理者应批准建立、实施并保持形成文件的程序，以便：
> a）识别和获取适用的法律和其他要求，并建立获取渠道；
> b）及时更新有关法律和其他要求的信息，并传达给员工。

【理解要点】

本标准 4.3.3 条款，规定了装备承制单位在法律和其他要求方面的管理要求。

本条款中“a）识别和获取适用的法律和其他要求，并建立获取渠道”，是指装备承制单位应识别自身所适用的知识产权相关法律和要求，并建立渠道，及时收集相关法律和要求。

本条款中“b）及时更新有关法律和其他要求的信息，并传达给员工”，是指装备承制单位应将及时对所适用的知识产权相关法律法规进行更新，并将相关更新信息及时传达给员工。

【实施要点】

不仅装备承制单位的知识产权方针要具有合法性，单位的各项知识产权管理活动也要具有合法性。单位要结合自身实际经营情况，明确自身所适用的法律、政策以及相关方的要求，并建立收集渠道，及时收集相关信息，并传达给员工，确保知识产权管理活动依法实施。

与其他管理体系类似，装备承制单位对法律和其他要求的规定主要包括以下方面。

1. 法律和其他要求控制程序要形成文件

由于装备承制单位均建立了质量管理体系，因此可以参照质量管理体系对法律和其他要求管理的一般规定，对知识产权管理体系的法律和其他要求进行管理。当然，装备承制单位也可以单独编制法律和其他要求控制程序，但是其制定过程要遵循一定程序，按照文件控制的相关要求，由最高管理者授权相关人员制定和发布。

2. 充分识别和获取适用的法律和其他要求

结合自身实际经营情况，单位要确定哪些法律和其他要求适用于本单位，哪些不适用于本单位；还可以进一步确定法律和其他要求中具体哪部分条款适用于本单位。获取渠道一般包括杂志报纸、政府网站、行业网站等。例如，单位涉及普通专利和国防专利管理，则要收集《专利法》、实施细则和相关司法解释以及《国防专利条例》等；单位涉及普通软件著作权和军用软件著作权管理，则要收集《著作权法》、《计算机软件保护条例》、实施细则和相关司法解释，同时关注《军用计算机软件著作权登记工作暂行规则》的立法动态。

3. 及时更新有关法律和其他要求，并向员工传达

法律和其他要求的更新包括两种情况：一是上述已识别的法律和其他要求被修订，需要更新；二是经识别，单位知识产权活动发生较大变化，或者某些新发布的法律、政策以及其他要求适用于本单位，需要增补。

单位可以建立相关台账，指定专人定期对杂志报纸、政府网站、行业网站等进行检索，对法律和其他要求的更新情况进行跟踪，获取最新信息，并通过单位内部办公系统、邮件、会议、通知等方式，及时向相关部门及人员进行传达，确保员工能及时、准确地了解相关更新情况。

【案例分析】J 研究所的法律法规管理

J 研究所主要从事武器弹药的研制。该研究所在现有质量管理体系的《法律法规及其他要求控制程序》的基础上，经过适当修订，制定了法律和其他要求的控制程序，规定如下：

5.3 知识产权相关法律及其他要求的识别、分发与落实

5.3.1 知识产权相关法律及其他要求包括：知识产权法律、法规及标准；政府部门的行政要求、行业协会的要求、与非政府组织的协议、与供方的合同、组织对公众的承诺等。

5.3.2 知识产权管理办公室组织有关职能部门收集知识产权相关法律及其他要求，识别其实用性。经识别后确认适用的，按照《文件控制程序》分类管理，妥善保管。

5.3.3 知识产权管理办公室根据研究所的特点，确认分管业务范围内的知识产权相关法律及其他要求的适用性，摘录适用条款内容，经汇总后发放到各部门。

5.3.4 各部门指派专人负责摘录、保存和编制本部门适用的知识产权管理法律法规、标准及其他要求清单。

5.4 知识产权相关法律及其他要求的贯彻实施

5.4.1 知识产权管理办公室及各职能部门应将识别获得的知识产权相关法律及其他要求，按照《文件控制程序》，及时传递到各有关部门。

5.4.2 各部门将适用的知识产权法律、法规及其他要求的有关章节、条款及时传递到岗位、员工或其他有关的相关方，并组织学习和实施。

5.5 知识产权相关法律及其他要求的定期评审与更新

5.5.1 知识产权管理办公室应定期跟踪知识产权相关法律及其他要求的变化情况。当现行的知识产权相关法律及其他要求更新时，知识产权管理办公室应及时更新其为最新版本。

5.5.2 当研究所知识产权活动发生较大变化时，或者新知识产权相关法律及其他要求发布时，知识产权管理办公室应重新评审知识产权相关法律及其他要求的适用性。

第四节　职责、权限和沟通

一、管理者代表

【标准条款 4.4.1】

最高管理者应在装备承制单位最高管理层指定专人作为管理者代表，授权其承担以下职责：

a）确保知识产权管理体系的建立、实施和保持；

b）向最高管理者报告知识产权管理绩效和改进需求；

c）确保全体员工对知识产权方针和目标的理解；

> d）落实知识产权管理体系运行和改进需要的各项资源；
> e）确保知识产权外部沟通的有效性。

【理解要点】

本标准4.4.1条款规定了装备承制单位知识产权管理体系管理者代表的管理要求。

本条款中“a）确保知识产权管理体系的建立、实施和保持”，是指装备承制单位的管理者代表经最高管理者授权，应落实最高管理者关于知识产权管理体系建立、实施和保持的承诺。

本条款中“b）向最高管理者报告知识产权管理绩效和改进需求”，是指装备承制单位的管理者代表经最高管理者授权，应向最高管理者汇报知识产权管理体系的运行情况和改进需求。

本条款中“c）确保全体员工对知识产权方针和目标的理解”，是指装备承制单位的管理者代表经最高管理者授权，应确保全体员工能准确地理解知识产权方针和目标的内涵。

本条款中“d）落实知识产权管理体系运行和改进需要的各项资源”，是指装备承制单位的管理者代表经最高管理者授权，应确保知识产权管理体系运行和改进所需资源及时配备到位。

本条款中“e）确保知识产权外部沟通的有效性”，是指装备承制单位的管理者代表经最高管理者授权，应确保与单位外部对相关知识产权事项进行及时、准确的沟通。

【实施要点】

装备承制单位设置管理者代表的主要目的，一是合理减少最高管理者的工作量，二是确保知识产权管理体系的管理工作能够有专人负责。这也是推进知识产权管理的重要手段。

管理者代表的选择需要考虑两方面因素：一是管理者代表必须从单位的最高管理层中指定，以便其了解单位的发展规划等重要信息，真正代表最高管理者履行相关职能。二是管理者代表必须具备相关管理权限，以便调动单位内部相关资源，落实知识产权相关管理工作。一般说来，对于规模较大的单位，管理者代表可以考虑由分管技术开发、知识产权工作或体系工作的领导担任。对于规模较小的单位，最高管理者和管理者代表也可以是同一个人。

由于装备承制单位均建立了质量管理体系，因此可以参照质量管理体系的组织架构对知识产权管理体系的组织架构进行管理。需要注意的是，GJB 9001C—2017 中不再要求必须委任一名管理者代表，也不再使用“管理者代表”术语，但是仍然为相关岗位分配了类似职责和权限。

与其他管理体系类似，装备承制单位对知识产权管理体系的管理者代表是经过装备承制单位的最高管理者授权，代表最高管理者行使部分管理职责。主要职责包括：领导、审查、批准和监督知识产权管理机构的各项工作；向最高管理者报告知识产权管理绩效和改进需求；确保全体员工对知识产权方针和目标的理解；确保知识产权管理体系运行和改进需要的各项资源的落实；协调单位内外有关的知识产权工作；确保知识产权外部沟通的有效性。

【案例分析】 K 公司的管理者代表职责

K 公司主要从事国防嵌入式系统测试产品及服务。该公司总经理任命主管研发生产工作的副总经理张某为管理者代表，其主要职责包括：

（1）按标准的要求建立、实施和保持公司内知识产权管理体系，并持续改进体系的有效性。

（2）领导、审查、批准和监督知识产权管理机构的各项工作，负责贯彻落实公司内知识产权管理方针和目标，并对体系进行策划，确保全体员工对知识产权方针和目标的理解，确保各部门目标、指标的实现。

（3）组织开展公司知识产权管理体系的内部审核活动。

（4）向总经理报告知识产权管理绩效和改进需求，以及知识产权管理体系的建议，配合总经理配置、调度知识产权管理体系建立和保持所需的必要人力、物力和财力等资源，确保知识产权管理体系运行和改进需要的各项资源的落实。

（5）公司内知识产权管理体系有关事宜的对外联络，协调公司内外有关的知识产权工作，确保知识产权外部沟通的有效性；处理与知识产权管理体系有关的重大信息交流、协调知识产权管理体系运行中发现的各类重大问题。

二、管理机构

【标准条款 4.4.2】

> 建立知识产权管理机构并配备专业的专职或兼职工作人员，或者委托专业的服务机构代为管理，承担以下职责：
>
> a）制定装备承制单位知识产权发展规划；
>
> b）建立知识产权管理绩效评价体系；
>
> c）参与监督和考核其他相关管理机构；
>
> d）负责装备承制单位知识产权的日常管理工作。
>
> 其他管理机构负责落实与本机构相关的知识产权工作。

【理解要点】

本标准 4.4.2 条款，规定了装备承制单位知识产权管理机构及其他机构的管理要求。

本条款中“a）制定装备承制单位知识产权发展规划”，是指装备承制单位的知识产权管理机构要根据单位的经营发展战略和知识产权管理需求，制定单位的知识产权工作发展规划。

本条款中“b）建立知识产权管理绩效评价体系”，是指装备承制单位的知识产权管理机构要在单位内部组织建立知识产权管理相关绩效评价体系，以便管理层实施考核和评价。

本条款中“c）参与监督和考核其他相关管理机构”，是指装备承制单位的知识产权管理机构要在管理层组织下，参与对其他相关管理机构的日常工作进行监督和考核。

本条款中“d）负责装备承制单位知识产权的日常管理工作”，是指装备承制单位的知识产权管理机构是本单位日常的各项知识产权管理工作的主要责任部门。

本条款中“其他管理机构负责落实与本机构相关的知识产权工作”，是指装备承制单位的其他管理机构要配合知识产权管理机构工作，承担本职范围内与知识产权相关的管理工作。

【实施要点】

从知识产权管理部门在组织架构图上的位置，就可以看出这个组织对经营知识产权的企图心为何。[1] 装备承制单位应结合自身实际情况，建立适宜的知识产权组织架构，建立以知识产权管理部门为主导的单向多级的体系化管理架构。例如，航天科技集团建立了集团、院、所三级知识产权管理架构；兵器工业集团则建立了集团、所二级知识产权管理架构。

1. 知识产权管理机构的设置原则

不同装备承制单位，其产品和服务特点、繁杂程度不同，管理方式和管理水平各异，从而不同组织的规模、结构、职能设置、隶属关系、职责权限及其相互关系也存在较大差异。知识产权管理机构设置，要遵循目标明晰、权责对等、分工合作、命令统一原则、管理幅度与管理层次相适应、与单位外部环境相适应原则等。目前，通常包括以下三种模式。

（1）集中型。知识产权管理机构直属于单位的决策层（如董事会、知识产权管理委员会）。其优点是较易掌握单位的决策、较易推动相关制度。缺点是难以掌握专业技术及其动向，跨多部门协调和实施工作较困难。这种架构适用于产业单一、规模不大的中型装备承制单位。

（2）分散型。知识产权管理机构不独立设置，而是隶属于某个部门。比较常见的包括以下两种情况：一是知识产权管理机构隶属于研发部门。其优点是知识产权工作与研发技术联接紧密，易了解专业技术及其动向；缺点是难以对单位整体的知识产权活动进行管理，有关信息不易直接传给决策层。二是知识产权管理机构隶属于行政体系（如法务部或者行政部）。其优点是有利于在合同订立、排除侵权、诉讼程序及有关业务中实施法律

[1] 袁建中．企业知识产权管理理论与实务［M］．北京：知识产权出版社，2011：52.

专业指导；缺点是不易掌握研发动向，受行政管理思想影响较大，难以针对单位整体的知识产权活动进行管理。分散型架构适用于规模小、技术含量高、机构精简的小型装备承制单位。

（3）综合型。采取矩阵式架构，实现集中与分散相结合。知识产权管理机构由知识产权总部和各事业部或子公司下属知识产权部门构成。知识产权总部直属于单位的决策层，下设专利、商标、情报、事务等子部门，其中专利科还进一步包括与其他事业部门共管的各专利小组。决策层定期与知识产权管理机构进行沟通，对重大知识产权事项进行决策。这种架构适用于产业发展多元化且具有一定规模的大型装备承制单位。

另外，单位还可以聘请从事知识产权管理或服务的专业人员担任知识产权顾问，也可以将部分知识产权管理活动（如专利申请、商标维护等），委托外部专业服务机构代为管理。由于装备采购任务的特殊性，单位在选择外部顾问或专业服务机构时应考虑相关资质要求（如保密资质、国防代理资质等），并与其签订书面合同，对知识产权委托相关事项进行明确约定。

知识产权管理机构的主要职责一般包括：开展知识产权日常事务工作，协助、支持、审查和监督各部门知识产权工作；协调处理单位有关知识产权的风险防范、重大纠纷、诉讼事项等应对方案；制订知识产权经费预算规划；制订知识产权培训计划，对知识产权基本知识和有关法律、法规、政策进行宣传和普及；确定知识产权奖惩事项，监督知识产权保密条款的实施和执行；与政府主管部门和知识产权咨询服务机构沟通，管理和协调外部协作单位等工作。

2. 知识产权工作人员的专兼职设置

管理人员专业化是现代企业管理的大趋势，许多单位对此均十分重视。单位可以结合自身实际情况，配备若干专职或兼职的知识产权工作人员，并采取措施（如明确任职条件、培训等），确保其具备从事相关知识产权工作的知识和技能。

对于小型装备承制单位，由于其知识产权管理工作量较少，情况较为简单，可以配备兼职知识产权工作人员。

对于大、中型装备承制单位，由于其知识产权管理工作量较大，情况较复杂，应配备知识产权专业人才，例如，在技术部门配备专利代理人，商标部门配备商标代理人，法务部配备知识产权专业律师等，以便单位能及时、有效地处理各类知识产权事务。

3. 其他机构的知识产权管理职责

除知识产权管理机构外，装备承制单位的其他相关部门也要参与知识产权管理工作，这也体现了知识产权管理体系“全员参与”的原则。知识产权相关职责是部门职责和权限的一部分。结合各部门日常业务，合理确定各部门的知识产权管理职责和权限。

例如，研发部门在装备承制单位的知识产权创造中担当重要角色，也是产出优良知识产权的源泉。研发部门的知识产权管理职责主要包括：制订研发项目的知识产权产出计划；对研发新产品、新技术、新工艺、新材料等在立项前进行检索，评估现有的技术发展态势，降低研发成本；研发中跟踪检索，了解竞争对手的最新技术研发动态，规避相关风险；研发成果产出后，检索其创新性，提供技术支持，配合知识产权管理部门及时进行评估、鉴定、验收等。

生产部门在将研发部门研发设计出的产品进行生产时，会涉及生产流程、工艺方法的创新和改进。有时也会因为适于生产制造的原因和研发部门商讨对产品进行相应的改动，这种很小的改进，却可能带来很大的经济价值。因此，生产部门也是知识产权创造的来源之一。另外，生产流程和工艺方法会涉及许多商业秘密，生产部门内部的商业秘密保护也至关重要。

人事部门的主要工作是为单位招募人才，人员的招聘、教育培训、管理考核和离职等都由人事部门统筹管理。因此，有关新员工的背景调查、职前和在职知识产权培训、人事合同和员工的离职管理等会涉及单位商业秘密管理方面的内容，都是由人事部门负责具体执行的。人事合同中通常还涉及知识产权权属规定。因此，人事部门也在知识产权管理方面承担着重要职能。

战略部门和市场营销部门对商标和著作权的管理起到重要的作用。商标的管理涉及品牌的定位和经营，如何规划和定位单位的品牌形象是战略部门的重要职责。而如何彰显单位商标以及树立单位的知识产权形象，是市场营销部门的重要任务之一。市场营销部门是与外界接触最频繁的部门，负责对产品销售和市场进行监控，具有外界信息回馈的重要功能。在产品销售前，负责配合知识产权部门对销售市场同类产品的知识产权状况进行调查、研究和分析，并提出必要的知识产权保护或风险规避方案，同时也肩负着跟踪和监视外部侵犯本单位知识产权的信息和收集初步侵权证据的任务。由于其和外界接触频繁，市场营销部门对于单位商业秘密的保护和管理也是知识产权管理中至关重要的一个环节。

财务部门在知识产权管理活动中的主要工作在于财务资源的管理，具体涉及知识产权费用的财务凭证和有关记录的保存；无形资产的认定归类、无形资产的资本评估、与知识产权相关的交易和租税优惠政策的利用；配合其他部门在单位与外部的知识产权纠纷中进行损害评估；在知识产权的许可或转让中进行许可费或转让金的估价等。此外，财务部门还负责单位的知识产权专项经费的到位实施，并对知识产权专项经费的使用情况进行评估和监督管理。

采购部门在采购过程中，需要通过尽职调查，杜绝侵犯知识产权的产品进入单位的研发、生产环节；通过合同条款，明确供方的知识产权法律责任，降低单位的知识产权风险。同时，对供方信息、进货渠道、进价、策略等涉及商业秘密的信息，采取相应的保密措施。

行政部门一般负责单位的商业秘密档案文件管理。通过适当方式，协助知识产权管理部门以及其他部门对商业秘密实施有效保护。

【案例分析】L 厂的知识产权管理体系组织架构

L 厂主要从事军用地面设备的研制和生产。该厂的组织架构包括综合管理部门、综合保障部门、军品科研生产单位、民品经营生产单位和基础保障单位等五大部分。该厂知识产权管理体系的组织架构图如图 4-1 所示。各部门的知识产权管理职责，规定如下。

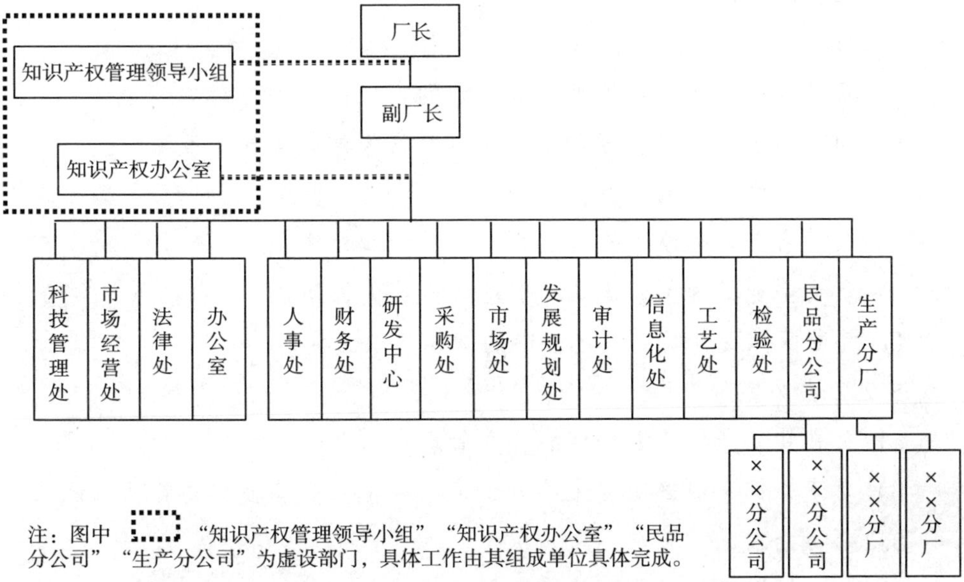

注：图中 ⬚ “知识产权管理领导小组”“知识产权办公室”“民品分公司”“生产分公司”为虚设部门，具体工作由其组成单位具体完成。

图 4–1　L 厂的知识产权管理体系组织架构

5.1 各部门的共性职能

为保证体系顺利运行，各个体系相关单位均包括以下职责：

a）贯彻实施知识产权方针，设立知识产权机构，确定部门内知识产权专员；

b）按年度完成知识产权分解目标；

c）负责本单位知识产权保密管理，对产生的知识产权成果及时进行保护；

d）按程序文件对知识产权体系运行过程中产生的文件进行记录；

e）配合知识产权争议处理；

f）负责知识产权风险管理；

g）配合知识产权体系内审，并对提出的改进建议进行整改；

h）按要求上报体系运行情况作为管理评审的输入，并对管理评审结果按要求进行改进。

5.2 各部门的主要职能

除上述公用条款外，各部门还具有以下主要职责：

5.2.1 发展规划处

a）负责开展知识产权管理配置资源的审批；

b）负责科研生产经营管理活动中创意提案的收集和评审组织；

c）负责制度体系的协调；

d）负责各部门职责和流程的划分、协调和改进；

e）负责企业管理创新成果和管理提升奖的评审；

f）负责招标及合同签订过程中的知识产权工作。

5.2.2 办公室

a）负责知识产权外来文件的公文管理；

b）负责外部上级部门发来的知识产权法律法规等公文的管理、记录。

5.2.3 财务处

a）负责知识产权经费预算、支付工作；

b）负责收集财务方面有关知识产权的法律法规、政策和其他要求，并组织落实。

5.2.4 人事处

a）编制知识产权专员岗位职责，招聘符合岗位要求的员工；

b）负责企业知识产权教育和培训；

c）负责入职员工知识产权背景调查；

d）负责组织员工离职（退休）产权审查、资料交割、签订竞业限制条款和离职提醒；

e）负责将知识产权奖惩纳入员工职业发展考评管理，负责激励存档；

f）负责组织员工知识产权权属、保密和脱密期管理。

5.2.5 科技管理处

a）负责知识产权法律法规、上级部门知识产权管理要求的贯彻落实；

b）负责知识产权战略、方针和目标的具体策划；

c）负责知识产权管理体系的建设、运行和维护；

d）负责支持人事处针对全体员工开展分层分级知识产权培训；

e）负责专利、技术秘密、论文、软件著作权登记等知识产权的归口管理；

f）负责支持办公室规划部门职责和对接流程；

g）负责支持各部门开展知识产权信息检索分析；

h）负责支持法律处解决知识产权争议。

5.2.6 研发中心

a）负责研究开发计划的制定，在研究开发过程中落实知识产权管理要求；

b）负责研究开发过程产生创新成果的总结提炼；配合科技管理处对研究开发成果进行评估、确认，采取相应的保护措施。

5.2.7 工艺处

a）完善工艺研究课题管理制度，使知识产权管理要求落实到课题研究全生命周期；

b）负责课题研究过程产生创新成果的总结提炼；配合科技管理处对研究开发成果进行评估、确认，采取相应的保护措施；

c）负责标准化工作的归口管理。

5.2.8 采购处

a）负责供方知识产权信息调查和维护；

b）负责采购、外包等合同签订过程中的知识产权工作。

5.2.9 市场处

a）负责产品市场知识产权状况信息收集分析，提出必要的知识产权保护或风险规避方案；

b）负责产品市场的知识产权监控，对产品信息、展会宣传采取相应的知识产权保护措施，跟踪和调查相关知识产权被侵权情况，配合法律处采取应对措施；

c）负责产品进出口合同签订过程中的知识产权工作。

5.2.10 生产分厂

a）负责生产过程创新提案收集申报，配合技术部门和技术发展处对创新成果评审确认；

b）负责生产现场企业秘密的保护和相关涉密人员的管理。

5.2.11 法律处

a）负责适用知识产权相关法律法规、政策和文件的收集和归档管理；

b）负责知识产权法律法规和其他要求的宣贯和培训；

c）负责合同的综合管理，指导和监管合同中相关知识产权条款的拟定和执行；

d）负责知识产权争议处理。

5.2.12 审计处

a）负责知识产权投资和融资决策的执行和合法性；

b）负责知识产权项目的审计工作；

c）负责全面风险管理，负责将知识产权纳入风险管理体系。

三、内部沟通

【标准条款 4.4.3】

建立沟通渠道，确保知识产权管理体系有效运行。

【理解要点】

本标准 4.4.3 条款规定了装备承制单位的知识产权管理体系在内部沟通方面的管理要求。

本条款中“建立沟通渠道”，是指装备承制单位的最高管理者要建立适当的沟通渠道，确保各部门能够对知识产权相关工作进行及时有效的沟通，同时鼓励各部门就知识产权方针、目标及其完成情况进行沟通，达到全员参与知识产权管理的目的。

【实施要点】

有效沟通是做好装备承制单位知识产权管理工作的前提和基础。建立沟通渠道，有利于减少信息和理解的屏障，提高管理的效率，确保知识产权管理流程更顺畅、更高效。

单位内部各种日常的沟通渠道和形式也适用于知识产权工作，如会议、通知、电子邮件、调查、讨论、建议及其他非正式沟通渠道等。由于知识产权工作专业性较强，因此还需要采用一些专门的沟通渠道，一般包括信息推送和知识产权培训。

（1）信息推送。由于知识产权具有情报属性，知识产权管理部门可以通过工作简报等方式，主动向管理层及相关员工推送知识产权的法律政策变化、技术发展趋势等信息。

（2）知识产权培训。知识产权是一个专门学科，涉及很多法律、技术的专业知识。因此，单位需要通过经常性、制度性的培训，向员工普及知识产权知识，提高员工的知识产权意识。

【案例分析】 M 研究所的内部沟通

M 研究所在贯标工作启动后，由所长牵头成立知识产权贯标工作领导小组。各部门处长组成知识产权贯标工作协调小组。在各相关职能部门设立知识产权联络员，并在各项目设立项目知识产权专员。沟通渠道包括管理评审会议、内部审核会议、行政工作会议以及局域网、布告、文件、简报、通报等方式。各部门知识产权专员、知识产权联络员组成的知识产权贯标工作小组，定期举行工作会议，沟通的内容包括知识产权管理体系运行过程及管理等方面，并建立知识产权贯标工作小组微信群，及时对各部门在体系运行过程中出现的问题进行沟通。

第五节　管理评审

本标准 4.5“管理评审”节，规定了装备承制单位在知识产权管理体系的管理评审方面的管理要求。

【标准条款 4.5】

> 4.5.1 评审要求
>
> 最高管理者应定期评审知识产权管理体系的适宜性和有效性。
>
> 4.5.2 评审输入
>
> 评审输入应包括：

a）知识产权方针、目标；

b）承担装备采购任务的情况及其知识产权创造、运用、保护和管理情况；

c）装备承制单位经营目标、策略及新产品、新业务规划；

d）装备承制单位知识产权基本情况及风险评估信息；

e）技术、标准发展趋势；

f）前期审核结果。

4.5.3 评审输出

评审输出应包括：

a）知识产权方针、目标改进建议；

b）知识产权管理程序改进建议；

c）资源需求。

【理解要点】

本标准4.5.1条款，规定了装备承制单位在知识产权管理体系管理评审方面的要求。

本条款中“管理评审”，是指装备承制单位最高管理者为评价知识产权管理体系的适宜性和有效性所进行的活动。

本条款中“评审输入”，是指装备承制单位的管理评审之前所需要收集的各类信息。

本条款中“评审输出”，是指装备承制单位的管理评审提出的关于知识产权管理体系改进的决定或者措施。

【实施要点】

装备承制单位的知识产权管理体系是一套持续改进的管理体系，其运行过程受到装备承制单位内部、外部因素变化的影响。管理评审的目的在于识别单位的知识产权管理体系的改进需求，满足单位自身发展和相关方的需求。知识产权管理体系的改进需求主要包括：知识产权方针和目标改进的需求，知识产权管理程序改进的需求，知识产权管理体系运行对各项资源的需求等。

与其他管理体系类似，装备承制单位的知识产权管理体系对管理评审的要求主要包括以下内容。

1. 管理评审的总体要求

管理评审关注的是单位的知识产权管理体系的适宜性和有效性，即知识产权管理体系是否适合单位发展的实际情况，是否真正有效实施并实现预期效果。这一点与内部审核关注的是体系与标准以及相关文件的符合性和充分性有所区别。实施管理评审时需要注意以下三点。

（1）管理评审必须由最高管理者组织实施。这一点也是最高管理者实现自身管理承诺的要求，是知识产权管理体系“领导重视”原则的重要体现。另外，最高管理者也可以将管理评审的要求纳入单位总体的绩效考核体系中。

（2）管理评审必须按照策划的时间间隔实施。根据单位自身实际情况，合理确定评审频次。一般每年至少要实施一次管理评审。当单位的内外部环境发生重大变化时（如技术革新、产品升级、市场变化、法律修订等），单位需要适当增加管理评审，对知识产权管理体系的整体适宜性和有效性重新进行确认。

（3）管理评审的组织形式可以灵活。单位应根据自身实际情况，合理确定评审形式，不必局限于各部门集中会议形式。尤其是对于跨地区的大中型装备承制单位，可以首先由各事业部或分公司分别组织管理评审，然后由单位的管理层办公会集中对各事业部或分公司的管理评审结果进行讨论，最后单位统一将管理评审结论在一定范围内发布，督促各部门落实相关的改进措施。

另外，管理评审是知识产权管理体系的重要活动。单位要采取措施，妥善保管好管理评审的各项输入和输出记录，以便在下一次管理评审时对相关改进措施的落实情况进行跟踪。

2. 管理评审的输入要求

管理评审的前期策划很重要，管理评审前要全面收集相关信息。本条款中提出的六项管理评审输入信息是基本要求。具体实施时，单位要结合自身实际情况，尤其是考虑单位内部、外部环境是否发生重大变化，确定上述输入信息是否充分，必要时应适当补充输入信息，从而保证管理评审的全面性和有效性。

管理评审的输入信息形式要灵活，不必局限于各部门工作总结。根据评审输入的内容不同，单位可以安排各部门采用口头汇报、书面报告、音像资料等形式收集相关信息。

（1）承担装备采购任务的情况，知识产权创造、运用、保护和管理情况。

由于装备采购任务的特殊性，装备承制单位首先要对自身所承担的装备采购任务及其知识产权创造、运用、保护和管理等情况进行系统梳理，确定自身是否满足装备采购任务下达方对知识产权创造、运用、保护和管理的各项要求，找出自身存在的差距，以制定改进措施。

（2）知识产权方针、目标。

单位要对知识产权方针在知识产权管理体系运行周期内是否具有持续适宜性进行评审；对单位内部知识产权目标的实现和考核情况进行评审，必要时可以结合单位内部绩效考核结果；对单位的知识产权目标与知识产权方针的一致性进行评审，根据评审结果，确定是否需要改进。

（3）经营目标、策略及新产品、新业务规划。

知识产权管理体系要服务于单位的整体发展需要。当单位的经营目标、经营策略发生改变，或者规划开发新产品、新业务时，知识产权管理工作也要进行适应性调整。如对知识产权方针和目标进行调整，修改相关管理程序，为新技术和产品开发配备相关人力、财务、信息、基础设施等资源。

（4）外部技术、标准发展趋势。

单位要对所属技术领域的技术、标准发展趋势进行评审。必要时，还要根据单位的新产品、新业务规划，对新产品、新业务所涉及的新技术领域的技术、标准发展趋势进行评审。当技术、标准发展趋势发生重大变化时，单位的知识产权管理工作也要进行适应性调整。

（5）知识产权基本情况及风险评估信息。

单位要对当前知识产权申请和授权情况，已授权知识产权的权属以及法律状态变化情况，当前以及未来可能发生的知识产权风险、知识产权争议和诉讼情况等进行评审。如果单位当前以及今后可能存在重大知识产权风险时，知识产权管理工作也要进行适应性调整。

（6）知识产权管理体系的前期审核结果。

单位要对知识产权管理体系前期的内部审核结果、第三方审核结果以及上一次管理评审中确定的各项预防和改进措施进行评审，从侧面证实知识产权管理体系运行的有效性。

3. 管理评审的输出要求

管理评审的结论要明确管理体系是否需要改进，包括方针和目标是否需要改进，管理程序是否需要调整，资源是否需要补充完善等。如需改进，还要进一步明确相关决定和措施。

对管理评审所制定的各项决定和措施，最高管理者要组织落实责任部门，制订实施计划，明确跟踪验证方式，并将管理评审结论在一定范围内发布，督促各部门按计划对实施情况进行协调、监督和检查，实现知识产权管理体系的持续改进。

【案例分析】 N 研究所的知识产权管理体系管理评审

N 研究所每年组织一次管理评审。2018 年管理评审发现：目前的知识产权方针符合 N 研究所的经营发展实际；知识产权管理制度基本实现常态化管理，保持良好的运行态势。同时结合研究所军民融合产业发展规划，制定相关措施，推动知识产权工作进一步发展。鉴于知识产权 3~5 年目标可能提前完成，因此考虑对知识产权目标进行适当调整。据此制定的管理评审改进措施包括以下方面：

（1）调整知识产权 3~5 年目标。根据 N 研究所军民融合产业发展规划，以及已筛选出的军民融合产业试点项目清单，在知识产权 3~5 年目标中增加专利转化相关的目标。

（2）知识产权办公室指定专人，每月收集上述试点项目的知识产权信息，编制《军民融合产业知识产权分析报告》，提交知识产权管理委员会作为决策参考。

此次管理评审后两个月，经知识产权管理委员会验证，上述措施均已落实完成。

第五章　资源管理

本章主要介绍本标准正文“5 资源管理”章的内容。

为装备承制单位的知识产权工作配备充分、有效的资源，是单位实现知识产权管理目标和职能的重要保障。上述资源主要包括人力资源、基础设施、财务资源、信息资源等方面。

人力资源是单位知识产权管理工作的核心资源。单位要明确知识产权工作人员的任职条件，配置专职或兼职管理人员；建立教育培训机制；在人事合同、入职、离职等重要环节，嵌入知识产权条款；建立知识产权激励体系，鼓励员工知识产权创造和运用的积极性。

基础设施是单位知识产权管理工作的重要支撑。由于知识产权的特殊性，单位要为知识产权工作配备专门的办公场所及软硬件资源，如管理系统、信息数据库、计算机、网络设备等。

财务资源是单位知识产权管理工作的重要保障。单位要设立知识产权经常性费用预算，并保障各项费用（包括应对相关知识产权风险的费用）能够及时、足额给付。

信息资源是单位知识产权管理活动的重要工具。单位要在外部信息的收集、分析与利用，信息数据库建设和对外发布信息等方面，建立有效机制，为风险预警和管理层决策提供支撑。

装备承制单位应充分利用上述各项资源，有效开展各类知识产权管理活动。同时，根据内外部环境需要，及时调整各项资源的配备，实现资源利用效益的最大化。

第一节　人力资源

本标准 5.1 节，规定了装备承制单位在人力资源方面的知识产权管理要求。

一、知识产权工作人员

【标准条款 5.1.1】

明确知识产权工作人员的任职条件，并采取适当措施，确保从事知识产权工作的人员满足相应的条件。

【理解要点】

本标准 5.1.1 条款规定了装备承制单位在知识产权工作人员方面的管理要求。

本条款中“明确知识产权工作人员的任职条件”，是指装备承制单位要明确知识产权工作人员所需具备的知识和技能。其中，“知识产权工作人员”，是指单位内部专职或兼职从事知识产权事务管理等相关工作的人员。

本条款中“并采取适当措施，确保从事知识产权工作的人员满足相应的条件”，是指装备承制单位要采取教育培训、能力评价等措施，保证知识产权工作人员具备与自身岗位所从事的知识产权管理工作相适应的知识和技能。

【实施要点】

随着装备承制单位知识产权管理的不断深入，知识产权工作不再局限于知识产权事务性管理，而是拓展到专利信息分析利用、战略规划、研究和咨询等。对于某些创新能力弱、知识产权产出少的单位，可以采用将知识产权事务全部委托给外部机构来办理的方式。但是，单位规模大、创新能力强、知识产权产出多的单位必须培养和拥有自己的知识产权人才。一方面，单位可以充分借助外部机构熟悉法律和流程管理、管理规范、专业水平高的优势，将程序性和法律性较强的知识产权工作，委托外部机构办理；另一方面，本单位的知识产权工作人员则主要侧重专利信息开发、利用、咨询、战略策划与研究等方面的工作。由于知识产权工作人员熟悉本单位的产品、技术和管理模式，清楚单位的发展方向和战略目标，了解竞争对手，专心致力于本单位所在技术领域的知识产权研究，因此，在进行知识产权战略规划和研究时，目标更明确，针对性更强，并且可以直接面对单位所有部门和人员，随时进行直接业务指导和咨询。

装备承制单位要根据目前知识产权工作现状和未来发展需求，合理确定知识产权工作人员的岗位设置、岗位职责和能力要求，确保知识产权工作人员的能力应当与其岗位职责相适应。装备承制单位的知识产权工作人员至少包括管理者代表、知识产权工程师、各部门知识产权联络员以及知识产权管理体系内审员等岗位。目前有些单位选拔知识产权工作人员时，不考虑其工作背景和专业能力，只作为一般的事务性管理人员，不利于单位知识产权工作的长远发展。对人员能力的评价，要从其教育培训经历、工作经历、技能水平等方面综合考虑，选拔具备相应能力的人员从事知识产权工作。知识产权工作人员最好具备与单位所在行业和领域相关专业技术背景，有科研生产工作经历，具备一定知识产权和法律知识、良好的写作和沟通能力，责任心强，工作认真细致，有全局观。目前，随着装备承制单位知识产权工作的不断深入，对知识产权工作人员的知识和技能提出了更高的要求。因此，单位要定期对知识产权工作人员的能力进行评价，并通过组织内部培训，选派员工参加外部培训，同时鼓励员工自我学习等方式，保证人员知识和技能持续地满足岗位要求。

【案例分析】 P 研究所的知识产权工程师任职条件

P 研究所《岗位说明书》规定知识产权工程师的岗位职责和任职条件如下：

一、岗位职责

1. 负责单位的专利、商标、软件著作权的申请、维护等事务；

2. 协助法务部门，处理专利无效、侵权及商标撤销等事务；

3. 协助经营部门，处理专利、商标许可、转让等事务。

二、任职条件

1. 教育经历要求：电子、通信、计算机专业本科及以上学历；具有法律硕士学位（知识产权方向）的优先。

2. 工作经历要求：3年以上电子、通信、计算机行业知识产权相关工作经验（包括专利代理、专利审查、企业专利管理等），具有技术开发相关工作经验的优先。

3. 专业资格要求：中级及以上技术职称；取得上海市专利工作者证书；具有专利代理师资格或法律职业资格的优先。

4. 专业知识要求：熟悉专利、商标、软件著作权等知识产权相关法律；熟悉专利、商标、软件著作权的申请、维护，专利无效、侵权，商标撤销，专利、商标许可、转让等事务流程。

5. 职业能力：熟练使用office办公软件，熟练使用一种专利检索分析软件。

6. 职业素养要求：具备良好的人格品质和职业道德素养；具有强烈的事业心和责任感；具备出色的协调、沟通、组织能力以及观察、分析、诊断、应变能力；具有良好的服务意识；具有较高的亲和力，具有良好的人际关系，善于协调各种关系。

二、教育与培训

【标准条款5.1.2】

组织开展知识产权教育培训，包括以下内容：

a）规定知识产权工作人员的教育培训要求，制订计划并执行；

b）组织对全体员工按业务领域和岗位要求进行知识产权培训，并形成记录；

c）组织对中、高层管理人员进行知识产权培训，并形成记录；

d）组织对研究开发等与知识产权关系密切的岗位人员进行知识产权培训，并形成记录。

【理解要点】

本标准 5. 1. 2 条款规定了装备承制单位在教育培训方面的知识产权管理要求。

本条款中“a）规定知识产权工作人员的教育培训要求，制订计划并执行”，是指装备承制单位要根据知识产权工作人员的培训需求，制订培训计划并按计划实施相关培训。

本条款中“b）组织对全体员工按业务领域和岗位要求进行知识产权培训，并形成记录”，是指装备承制单位要根据员工岗位不同，组织其参加与自身业务领域和岗位职责相关的知识产权培训，保留好培训记录。

本条款中“c）组织对中、高层管理人员进行知识产权培训，并形成记录”，是指装备承制单位要根据中层、高层管理人员的培训需求，组织其参加相关知识产权培训，保留好培训记录。

本条款中“d）组织对研究开发等与知识产权关系密切的岗位人员进行知识产权培训，并形成记录”，是指装备承制单位要识别单位内部与知识产权关系密切的岗位有哪些（如研究开发岗位等），并组织这些岗位的员工参加与其职责相关的知识产权培训，保留好培训记录。

【实施要点】

装备承制单位的知识产权相关培训是提升职工知识产权保护意识，提高其知识产权管理和运营水平的有效途径。培训主要目的是使单位管理层和全体员工充分认识到，知识产权与单位的经营发展息息相关，是单位重要的无形资产，是单位提升竞争力的重要手段。培训的内容至少包括：知识产权的基本概念及相关法律法规；单位与知识产权有关的规章制度；岗位工作必要的知识产权知识与技能等。

知识产权工作人员是单位知识产权管理的主要参与者，因此其要具备综合能力，既要掌握知识产权和专业技术知识，也要掌握企业管理和法律知识。因此，单位要对知识产权工作人员进行持续的培养。知识产权工作人员要关注市场竞争和技术发展趋势，不断学习和研究相关的技术和法律知识，提高自己的综合素质，适应单位发展的需求。

管理层是单位知识产权战略的主要制定者。知识产权与市场竞争密切相关。管理层培训的目的是提高管理层的知识产权战略意识，密切关注国内外的经济形势、法律法规、产业政策、研发创新和市场环境的变化，从而将知识产权运用到单位经营发展和重大业务活动的决策中。

全体员工是单位知识产权管理活动的参与者，需要掌握与自身业务领域和岗位职责相关的知识产权知识。不同岗位的员工需要掌握的知识产权知识也有较大差异。例如，人事部员工要了解与发明人权利和义务、商业秘密保护相关的知识，以便在日常工作中妥善处理员工招聘、入职、离职、劳动合同等事务；而市场部员工要了解与专利商标侵权相关的知识，以便在日常工作中及时发现单位被侵权的线索。

另外，单位还要识别单位内部与知识产权关系密切的岗位有哪些，并对这些岗位的员工有针对性地进行相关知识产权培训。与知识产权关系密切的岗位一般是指与单位的知识产权创造、保护、运用等关系密切的岗位，例如，研究开发、生产工艺、成果转化等岗位。单位要组织这些岗位的员工参加专利挖掘、专利检索、专利侵权、专利运营等相关培训，使其掌握与自身所涉及知识产权活动相关的关键知识和技能，提升这些岗位知识产权工作的质量。

单位进行知识产权培训的方式可以多种多样，包括专家讲座、专题培训、案例讨论、外派培训等。既可以是现场授课，也可以是在线培训、自主学习等方式。同时，单位要注意保留好相关培训记录，如培训需求调查表、培训计划、培训通知、签到表、培训效果调查表、试卷等。

【案例分析】Q 研究所的知识产权培训年度计划

表 5.1　Q 研究所知识产权培训年度计划

序号	培训主题	培训方式	培训时间	授课教师	参训人员
1	技术转移中的知识产权风险	专家讲座	3 月中旬	××公司	总经理、副总经理、各部门经理
2	专利挖掘与检索技巧	在线培训	4 月下旬	××网站	研发部、生产部
3	近期行业专利侵权案例	内部授课	5 月上旬	专利部主管	市场部、采购部

续表

序号	培训主题	培训方式	培训时间	授课教师	参训人员
4	美国专利申请注意事项	专家讲座	9月中旬	××代理所	知识产权部
5	人事管理中的知识产权风险	专家讲座	10月上旬	××律所	财务部、综合部

三、人事合同

【标准条款5.1.3】

通过劳动合同、劳务合同等方式对员工进行管理，约定知识产权权属、保密条款；明确发明创造人员享有的权利和负有的义务；必要时应约定竞业限制和补偿条款。

【理解要点】

本标准5.1.3条款规定了装备承制单位在人事合同方面的知识产权管理要求。

本条款中“通过劳动合同、劳务合同等方式对员工进行管理，约定知识产权权属、保密条款”，是指装备承制单位要与全体员工签订人事合同，并在人事合同中与员工约定与知识产权权属和保密等有关的事项。其中，“员工”既包括单位的正式员工，也包括劳务派遣员工、临时工、实习生、返聘员工等。人事合同一般包括劳动合同、劳务合同等。

本条款中“明确发明创造人员享有的权利和负有的义务”，是指装备承制单位要告知员工，其在本单位进行发明创造所享有的相关权利及其必须承担的相关义务。

本条款中“必要时应约定竞业限制和补偿条款”，是指装备承制单位要确定哪些岗位是关键岗位，并在必要时与上述关键岗位的员工，通过人事合同方式约定竞业限制和补偿条款。

【实施要点】

劳动合同不仅给劳动者提供了有力的法律保护，同时对劳动者有关行为进行了必要的法律约束，以维护用人单位的合法权益，平衡劳动者和用人单位之间的利益。随着我国市场经济的不断发展深化，知识产权在市场经济发展中地位日益重要。知识产权作为用人单位的合法财产，受到《专利法》《著作权法》《反不正当竞争法》《劳动合同法》等法律法规的保护。例如，《专利法》第 6 条规定了职务发明、非职务发明的专利权属；《著作权法》第 16 条和第 21 条规定了职务作品的著作权属；《反不正当竞争法》第 9 条、第 17 条、第 21 条规定了侵犯商业秘密的行为及其法律责任；《劳动合同法》第 23 条、第 24 条规定了单位可以限制员工在解除或终止劳动合同后一定期限内从事同业行为同时给予员工适当补偿。

为提高员工进行发明创造的积极性，保障发明创造人员的合法权益，单位要告知员工作为职务发明的发明人所享有的权利及其必须承担的义务。单位告知方式包括：在人事合同中与员工进行约定，在员工上岗前对单位相关规章制度进行培训等。发明人享有的权利和义务包括：发明创造人员的署名权；职务发明的发明人获得奖励和报酬的权利；在职务发明的专利申请未公布前，发明人的保密义务；在职务发明的专利申请、审查和无效中，发明人的协助义务等。

《劳动合同法》第 23 条规定“用人单位与劳动者可以在劳动合同中约定保守用人单位的商业秘密和与知识产权相关的保密事项”。现实中，相关约定内容一般包括：劳动合同履行期间以及劳动合同结束后的合理期间内，员工基于劳动关系而产生的知识产权归属和保守单位商业秘密不对外泄露的义务；员工应按照法律法规和单位的规章制度要求保护本单位的知识产权，并且应当承诺不在明知或应知的情况下因为个人的行为导致本单位侵犯第三方的知识产权；员工违反劳动合同约定的保守商业秘密条款所应承担责任等。单位既可以在劳动合同、劳务合同中与员工进行约定，也可以单独与员工签订保密协议进行约定。

另外，单位可根据岗位重要程度，确定哪些是关键岗位，必要时也可以通过人事合同方式，与关键岗位的员工约定竞业限制和补偿条款。《劳动合同法》第 24 条规定“竞业限制的人员限于用人单位的高级管理人员、高级技术人员和其他负有保密义务的人员。竞业限制的范围、地域、期限由用人单位与劳动者约定，竞业限制的约定不得违反法律、法规的规定”。现实中，关键岗位一般包括单位决策层、核心技术人员和重要市场人员等。相关约定内容一般包括：员工在解除或者终止劳动合同后一定期限内（最长为两年），不得从事与本单位相竞争的业务；单位在竞业限制期限内按月给予员工经济补偿；员工违反竞业限制约定的，应当向单位支付违约金。单位既可以在劳动合同、劳务合同中进行约定，也可以单独与员工签订竞业限制协议。

【案例分析】 R公司的保密协议（节选）

甲方：R公司　　　　　　　　　　　　乙方：张某

鉴于乙方在甲方任职，工作中将接触并知悉甲方商业秘密。为有效保护甲方的商业秘密，明确乙方保密义务，甲、乙双方本着平等、自愿、公平和诚实信用的原则签订本协议。

第一条 本协议提及的“商业秘密”是指不为公众知悉，能为权利人带来经济利益，具有实用性，并经权利人采取保密措施的技术信息和经营信息。甲方商业秘密既包括甲方及其关联公司所有或持有的商业秘密，也包括虽属于第三方所有或持有，但甲方负有保密义务的商业秘密。

技术信息包括但不限于：技术方案、工程设计、电路设计、制造方法、配方、工艺流程、制作方法、操作方法、控制方法、测试方法、技术指标、计算机软件、数据库、研究开发记录、技术报告、检测报告、实验数据、试验结果、图纸、样品、样机、模型、模具、操作手册、技术文档、相关的函电等。

经营信息包括但不限于：管理诀窍、客户名单、货源情报、产销策略、生产成本、负债情况、重大诉讼、谈判底线、标底及标书内容、行销计划、发展战略、采购资料、定价政策、财务资料等。

第二条 按照法律规定，乙方在劳动合同期内，因履行职务、承担甲方交给的任务或者主要是利用甲方的物质技术条件、业务信息等产生的商业秘密均归甲方所有。

一切记录着甲方商业秘密的文件、资料、图表、笔记、报告、信件、传真、磁带、磁盘、仪器以及其他任何形式的载体，属甲方资产，均归甲方所有。

第三条 乙方在劳动合同期内，应履行如下义务：

（一）遵守甲方制定的任何成文的和其他形式的保密规章、制度，履行与其工作岗位相应的保密职责。甲方的保密规章、制度没有规定或者规定不明确之处，乙方亦应本着谨慎、诚实的态度，采取必要、合理的措施，保守其已知悉或者持有的任何属于甲方的商业秘密。

（二）不到与甲方生产或经营同类产品、从事同类业务、或与甲方有竞争关系的其他用人单位兼职，也不组建或参与组建、参股这样的单位，但事先取得甲方书面同意的除外。

（三）未经甲方同意，不以泄露、告知、公布、发布、出版、传授或其他方式使任何第三方（包括按照保密规章、制度规定不得知悉该项秘密的甲方其他职员）知悉甲方商业秘密，也不在履行职务之外复制、使用甲方商业秘密，未经甲方书面同意不得许可或转让甲方商业秘密。

（四）不非法使用任何属于他人的商业秘密。

第四条 甲乙双方解除或终止劳动合同后，乙方在保密期限内仍需对在甲方工作期间接触、知悉的甲方商业秘密或虽属于第三方但甲方承担保密义务的商业秘密，承担其在劳动合同期内同等的保密义务。

甲乙双方解除或终止劳动合同后，乙方承担保密义务的保密期限为下列第__种（未做出选择的，视为无限期保密）：

（A）无限期保密，直至甲方宣布解密或者秘密信息实际上已经公开；

（B）有限期保密，保密期限自甲乙双方解除或终止劳动合同之日起计算至______年止。

第五条 甲乙双方解除或终止劳动合同时，乙方应将第二条第二款所述的甲方资产归还甲方，并将记载于自有载体上的商业秘密立即删除；不能删除的，应当立即销毁或无条件移交给甲方，同时向甲方书面保证已经全部归还或销毁上述资料及其他载体。

第六条 乙方若违反本协议约定的保密义务，甲方有权采取以下措施：

（一）根据乙方所造成的后果轻重分别采取调离涉密岗位、解除劳动合同等处置措施；

（二）乙方违约行为构成犯罪的，提请有关机关依法追究乙方刑事责任；

（三）乙方违约行为侵犯甲方权利及造成甲方损失的，甲方在采取上述处理措施的同时，有权要求乙方停止侵权行为并赔偿实际损失。

四、入职

【标准条款 5.1.4】

对新入职员工进行适当的知识产权背景调查，以避免侵犯他人知识产权；对于研究开发等与知识产权关系密切的岗位，应要求新入职员工签署知识产权声明文件。

【理解要点】

本标准 5.1.4 条款规定了装备承制单位在员工入职方面的知识产权管理要求。

本条款中“对新入职员工进行适当的知识产权背景调查，以避免侵犯他人知识产权”，是指装备承制单位要在录用新员工前，适当调查其与知识产权有关的学习和工作背景，以避免侵犯第三方的知识产权。

本条款中“对于研究开发等与知识产权关系密切的岗位，应要求新入职员工签署知识产权声明文件”，是指对于与知识产权关系密切的岗位（如研究开发岗位等），装备承制单位应当要求新员工签署知识产权声明，以避免侵犯第三方的知识产权。

【实施要点】

装备承制单位在录用新员工时，不仅要注重其业务水平，还要对其在原单位工作情况以及相关知识产权背景进行调查，以降低侵犯第三方知识产权的风险。《反不正当竞争法》第 9 条规定，“第三人明知或者应知商业秘密权利人的员工、前员工或者其他单位、个人实施本条第一款所列违法行为，仍获取、披露、使用或者允许他人使用该商业秘密的，视为侵犯商业秘密”。

背景调查的内容一般包括：新员工在原单位所从事的技术工作的内容、所处的技术岗位；该单位关于知识产权管理方面的相关规定；新员工与原单位签订的劳动合同中是否有关于知识产权的规定；新员工在原单位离职时是否签订了竞业限制协议等。为确保调查所获得信息的真实完整，背景调查的方式可以多种多样。例如，单位可以在招聘面试时，采用答卷的形式，对新员工的既往工作经历及知识产权背景进行简单的调查。必要时也可以向原单位发出书面函件，告知新员工即将从事的工作岗位，既尊重了第三方的知识产权保护，也避免了在不知情的情况下侵犯第三方知识产权的可能。

由于背景调查所获得的信息难免会有一定局限性，因此对于与知识产权关系密切的岗位，单位还应要求新员工签署书面的声明文件。声明内容一般包括：新员工与其他单位不存在任何形式的劳动关系。该员工受聘于本单位，不会违反其对前雇主的任何竞业限制义务、保密义务以及任何知识产权权属协议所确定的义务。本单位不会因雇用该员工而引发任何诉讼。如本单位因雇用该员工而引发的任何与知识产权相关的法律责任，由其本人承担。因此给本单位造成经济损失的，公司可依法向其本人追偿。

【案例分析】 A 地引进人才所引发的纠纷❶

2009 年苏某申报国内 A 地的人才引进项目。苏某有着精彩的履历：国内名牌大学硕士，国外名牌大学博士，国外知名企业工作经历，在植入式电刺激领域拥有多项发明专利等。

A 地负责人才引进的部门，经过简单的书面评选，就将苏某作为高层次人才引进。在 A 地政府和创业投资公司资助下，苏某创办了 B 公司。2009 年，苏某曾经的雇主 SDK 公司一纸诉状将苏某及 B 公司诉至美国法院，控告其窃取 SDK 公司的技术秘密，并尝试利用该文件制造与 SDK 公司有竞争性的医疗器械。苏某及 B 公司自始至终均未参加诉讼。2011 年 4

---

❶ 智南针网．都是天使惹的祸［EB/OL］（2014-12-16）［2019-12-21］．https：//www. worldip. cn/index. php？ m=content&c=index&a=show&catid=94&id=154.

月，美国法院裁决苏某向 SDK 公司赔偿 14 亿美元，B 公司需向 SDK 公司另外赔偿 8 亿美元。

经事后调查发现，苏某履历中所称“在植入式电刺激领域拥有多项发明专利”不属实。苏某仅在大学时代申请过 2 项专利，且均与植入式电刺激领域无关。由于美国 SDK 公司非常重视知识产权，2001 年以来，其在美国拥有 300 多件专利，在中国也提交了多份专利申请，但是其中没有一件是苏某作为发明人参与其中的。至此，A 地的投资基本打了水漂，B 公司的产品也基本与美国市场绝缘，其发展必将面临绵连不断的知识产权纠纷。

为防止出现类似问题，负责人才引进的部门和人员要按照本标准 5.1.4 条款的要求，对拟引进人员的教育背景、工作经历进行认真调查，避免侵犯他人知识产权。

五、离职

【标准条款 5.1.5】

对离职的员工进行相应的知识产权事项提醒；涉及核心知识产权的员工离职时，应签署离职知识产权协议或执行竞业限制协议。

【理解要点】

本标准 5.1.5 条款规定了装备承制单位在员工离职方面的知识产权管理要求。

本条款中“对离职的员工进行相应的知识产权事项提醒”，是指装备承制单位应当在员工离职前，提醒其遵守对本单位的保密义务、职务发明义务等事项。

本条款中“涉及核心知识产权的员工离职时，应签署离职知识产权协议或执行竞业限制协议”，是指对于涉及核心知识产权的员工，装备承制单位应要求其签署离职知识产权协议；如已与其签订竞业限制协议的，单位应要求其执行竞业限制协议。

【实施要点】

人才流动是市场竞争的必然结果。随着军民融合等国家战略政策陆续出台，部分民营企业踊跃参与到装备承制主战场，部分配套单位也在逐步向总体单位转型，迫切需要引进军工高端人才，以获得其成熟的技术和管理经验。以北京某民营火箭公司为例，该公司成立仅 2 年余，在职员工中 60% 来自航天、航空、兵器等国防科技工业专业技术人才，其中航天相关行业 5 年以上工作经验人员占比 80%。[1]

为避免由于人才流失导致装备承制单位知识产权流失的风险，单位要采取措施，对拟离职的员工进行知识产权事项提醒，适当时与其签订离职知识产权协议或履行竞业限制协议。

（1）单位对员工离职前的知识产权事项提醒。单位要在员工离职前，提醒其注意离职后的知识产权相关事项。离职提醒的内容一般包括：要求员工以书面形式，说明其离职原因、离职后去向等；要求其退还本人曾保管的重要涉密载体；提醒其离职后一年内做出的，与其在本单位承担的本职工作或者本单位分配任务有关的发明创造，仍然属于本单位的职务发明，除本单位与其另有约定外，本单位对上述职务发明享有专利权；提醒其已经与本单位签署的保密协议中约定，其离职后继续负有与在本单位任职时相同的保密义务等。

（2）离职知识产权协议和竞业限制协议的履行。对于关键岗位的离职员工，必要时单位应与其重新签订离职知识产权协议或履行竞业限制协议。现实中，单位通常是在关键岗位的员工入职时，就与其签订《竞业限制协议》。但是在该员工离职时，一般需要重新评估该员工离职对本单位的风险，从而确定是否给予经济补偿。例如，有的员工虽然在关键岗位就职，但是由于其工作时间较短，根本不可能涉及单位的商业秘密；如果该员工离职后，主张其履行了竞业限制义务，单位就要向其支付适当的经济补偿。为保障单位和员工双方合法权益，单位可以与员工约定在员工离职后，是否开始履行竞业限制协议的具体方式。例如，如果员工离职当日，单位向员工发出书面《竞业限制开始通知》，则要求员工必须履行竞业限制义务，

[1] 蔡闻一，等．航天主要科研院所调研访谈情况分析及启示［J］．今日科苑，2018（4）：77.

单位给予适当的经济补偿；否则员工可不履行竞业限制义务，同时单位也无须为此支付经济补偿。

【案例分析】S研究院与张某、王某的商业秘密侵权纠纷❶

20世纪80年代，S研究院率先在国内开展了氧化锆测氧技术的研究。该技术成果通过了部级鉴定，并获得中国专利权，先后获得部级科技进步奖和国家发明奖。该研究院基于该技术，研制出适用于高温环境的高性能测氧产品，取得了良好的经济效益。

2001年，S研究院技术部员工张某、生产部员工王某离职。张某在S研究院长期负责高性能测氧产品的研制和开发。王某虽然是技术工人，但是熟悉该高性能测氧产品的生产工艺，并长期负责接听销售电话，掌握客户情况。但是，S研究院并未对张某、王某进行知识产权事项提醒。S研究院也未意识到，张某、王某均是涉及核心知识产权的员工，因此未与张某、王某签署离职知识产权协议或者执行竞业限制协议。

2002年，Z公司开始在市场上销售与S研究院的高性能测氧产品极为相似的产品。S研究院经调查发现，张某、王某自S研究院离职后到Z公司任职。由于张某、王某均与S研究院签订有《保护S研究院知识产权的保证书》，承诺保护S研究院的知识产权和商业秘密，但是张某在自S研究院离职前将其新开发的产品样机及技术资料带走，因此其行为属于违约行为。Z公司未经S研究院同意，擅自使用S研究院的技术成果，侵犯了S研究院的商业秘密。经S研究院与Z公司多次交涉，最终Z公司同意与S研究院协商解决此事。

为防止出现类似问题，单位要按照本标准5.1.5条款的要求，对离职员工进行知识产权事项提醒；涉及核心知识产权的员工离职时，应签署离职知识产权协议或执行竞业限制协议。

---

❶ 吴伟仁．国防科技工业知识产权案例点评［M］．北京：原子能出版社，2003：189-190.

六、激励

【标准条款 5.1.6】

明确员工知识产权创造、保护和运用的奖励和报酬；明确员工造成知识产权损失的责任。

【理解要点】

本标准 5.1.6 条款规定了装备承制单位在奖惩方面的知识产权管理要求。

本条款中“明确员工知识产权创造、保护和运用的奖励和报酬”，是指装备承制单位要在规章制度中规定对员工进行知识产权创造、保护和运用等行为，给予其适当的奖励和报酬。

本条款中“明确员工造成知识产权损失的责任”，是指装备承制单位要在规章制度中规定对员工造成单位知识产权损失的行为，给予其适当的惩戒。

【实施要点】

装备承制单位应建立完善的激励措施体系，鼓励员工知识产权创造和运用、保护的积极性，营造尊重产权、尊重创新的文化氛围。

目前，装备承制单位采用的主要激励方式包括奖金激励和荣誉激励两种方式。奖金方面，一般按照单位与员工约定优先的原则，如未约定，则按照法律法规要求的奖励和报酬标准执行，但这种方式对核心技术人员尤其是主要发明人的激励效果不明显，差异化分配机制有待完善；同时，普遍存在重设计、轻工艺的现象。[1] 例如，按照《专利法实施细则》第 78 条规定，单位实施发明专利后，在专利权有效期限内，每年从实施该项专利的营业利润中提取不低于 2%，作为报酬给予发明人或者设计人，或者参照上述比例给予发明人一次性报酬，但是实际很少有单位发放过上述报酬。

---

[1] 蔡闻一，等．航天主要科研院所调研访谈情况分析及启示［J］．今日科苑，2018（4）：75.

荣誉奖励方面，科技成果申报国家科技进步奖占比较大，但是在中小型奖项申报方面，因保密等限制，存在申报渠道有限、获奖比例小等问题，不利于鼓励技术人才专注技术基础和创新探索，也对工作积极性造成一定影响。

同时，单位的知识产权奖励和报酬主要侧重知识产权创造，而对于知识产权保护、运用等奖励和报酬，缺少相关规定，或者虽然有相关规定但是实际未执行，不利于调动员工运用、保护知识产权的积极性，需要适当改进。例如，单位可以规定，如员工在发现第三方疑似侵权本单位知识产权的线索时，及时向本单位相关部门报告，经查证属实的，可以给予其适当奖励；如果员工在专利的对外许可、转让过程中做出较大贡献，从而使单位获得较大利益，可以给予其适当奖励，或者从单位获益总额中提取一定比例作为报酬发放给该员工。

另外，单位要相应地规定员工在造成单位知识产权损失时承担的责任，实现奖罚分明。例如，员工未经单位批准泄露单位的商业秘密，未经审批就发表论文导致专利丧失新颖性，未及时办理专利年费缴纳或商标续展，未及时对审查意见进行答复，未及时将无效宣告请求或专利侵权纠纷信息上报给单位等，诸如此类问题，通常是由于单位的知识产权管理工作人为疏忽导致的，尤其是当出现单位的知识产权权利丧失等重大损失时，责任者应承担相应责任。

【案例分析】T公司与张某的发明人奖励纠纷[1]

T公司是目前我国重要的军用越野车生产基地。该公司《知识产权奖励管理规定》规定，“发明专利每项初审合格奖1000元，实审通过奖4000元，专利授权奖5000元”。

张某在T公司从事汽车设计工作。2015年，张某与其他三位员工等作为发明人，共同提交了名为“变速箱电动换挡系统及其操作方法、具有该系统的车辆”的发明专利申请。该专利于2017年获得国家专利授权，专利

---

[1] 樊华．陕西省高院发布2018年陕西法院八件知识产权典型案例［N］．西安日报，2019-04-25（4）．

权人为T公司。2016年10月，张某自T公司离职。但是，T公司未在该专利授权后，向张某与其他三位员工支付该专利授权奖励5000元，而是以张某已离职为由，拒绝发放上述奖励。2017年，张某向法院提起诉讼，请求判令T公司支付上述奖金。该案历经一审、二审，最终以二审法院判决T公司向张某支付奖金而告终。

为防止出现类似问题，单位要按照本标准5.1.6条款的要求，明确员工知识产权创造、保护和运用的奖励和报酬并落实到位。

第二节　基础设施

【标准条款5.2】

根据需要配备相关资源，以确保知识产权管理体系的运行： a）软硬件设备，如知识产权管理软件、数据库、计算机、网络设施和密码保险柜等； b）办公场所。

【理解要点】

本标准5.2条款规定了装备承制单位在基础设施方面的知识产权管理要求。

本条款中“a）软硬件设备，如知识产权管理软件、数据库、计算机、网络设施和密码保险柜等”，是指装备承制单位要配备必要的软件，如知识产权管理软件、数据库软件等；同时要配备必要的硬件，如计算机、网络设施和密码保险柜等，保障知识产权工作的顺利开展。

本条款中“b）办公场所”，是指装备承制单位要为知识产权工作提供必要的办公场地，充分满足知识产权工作的保密性要求，保障知识产权工作的顺利开展。

【实施要点】

目前装备承制单位的知识产权管理向信息化、网络化发展。通过互联网收集、分析、传播、交流知识产权，使知识产权管理更加简便、快捷，已成为知识产权管理工作的重要手段之一。知识产权专用软件以及网络平台成为单位知识产权管理的重要工具。因此，单位需要为知识产权工作人员提供计算机、网络设施等硬件设施，并根据自身特点和需求配备相关的软件和系统平台。目前常用的软件和系统平台包括专利检索及分析软件、商标检索平台、知识产权档案管理软件、知识产权集成管理系统等。同时，因知识产权工作具有管理属性、技术属性、情报属性、保密属性，不可避免地会涉及单位的商业秘密，因此需要其固定并且相对独立的办公场所；必要时，还要配备密码保险柜、门禁系统等设施。

【案例分析】U研究所的知识产权管理设施

U研究所为保障知识产权工作顺利开展，在办公楼三楼为知识产权部门配置了两间办公室。知识产权部每位员工均配备有一台计算机，可以连接至研究所内部局域网，并配备有一台专用打印机。单位内部办公管理系统中，专门配置知识产权管理专区，进一步设置有知识产权检索、查询、申请、信息采集、变更等管理模块。知识产权部工作人员可以通过单位专用计算机连接至互联网，并通过国家知识产权局、欧洲专利局、美国专利商标局等网站进行普通专利的检索。另外，可以报知识产权部主管审批后，外出使用上级集团的国防专利数据库进行国防专利的检索。

第三节　财务资源

【标准条款5.3】

应设立知识产权经常性预算费用，以确保知识产权管理体系的运行：

a）用于知识产权申请、注册、登记、维持、检索、分析、评估、诉讼和培训等事项；

b）用于知识产权管理机构运行；

c）用于知识产权激励；

d）有条件的装备承制单位可设立知识产权风险准备金。

【理解要点】

本标准5.3条款规定了装备承制单位在财务资源方面的知识产权管理要求。

本条款中"a）用于知识产权申请、注册、登记、维持、检索、分析、评估、诉讼和培训等事项"，是指装备承制单位要设立知识产权经常性预算费用，用于知识产权的申请、注册、登记、维持、检索、分析、评估、诉讼和培训等事项，并保障经费的及时足额给付。

本条款中"b）用于知识产权管理机构运行"，是指装备承制单位要设立知识产权经常性预算费用，用于知识产权管理机构的日常运行，并保障经费的及时足额给付。

本条款中"c）用于知识产权激励"，是指装备承制单位要设立知识产权经常性预算费用，用于知识产权创造、运用和保护的奖励和报酬，并保障经费的及时足额给付。

本条款中"d）有条件的装备承制单位可设立知识产权风险准备金"，是指装备承制单位在具备必要条件时，可以设立知识产权风险准备金，以应对可能发生的知识产权纠纷。

【实施要点】

由于知识产权价值的潜在性和战略性，其价值在短期内一般无法体现，部分装备承制单位的管理者因此认为申请各种知识产权保护成本太高，管理费用太大，知识产权是"无用的"。这是一种认识误区。首先，申请一件专利的成本要远远低于无效一件竞争对手专利的花费；其次，对于技术领先型单位，知识产权是保障市场独占的重要手段；最后，如果没有知识产权的先期投入和储备，在面对竞争对手的知识产权诉讼时，单位只能被动挨打，毫无还手之力。

装备承制单位要根据单位的知识产权战略需求，为知识产权管理各项活动开展提供有效的经费支撑。对于有研究开发能力的制造型单位，知识产权工作经费投入一般要达到单位研究开发总经费投入的5%～10%，才能有效支撑单位知识产权管理体系的运行。经费预算要与单位的知识产权获取、运用和保护的规划相一致。例如，申请商标注册、申请专利、著作权登记等，都需要向国家有关部门缴纳相关费用，还要支付中介机构各种咨询费、检索费、代理费等，获得权利后，还要支付维持权利的费用。尤其是申请外国专利和商标，费用更高。此外，收集知识产权信息、开展知识产权战略研究都需要较多的经费。如发生知识产权纠纷，还要支付高昂的律师代理费、诉讼费用等。因此，知识产权工作的开展和深入，每一步都离不开经费支撑。财务周期结束后，单位还要对预算完成情况进行分析，以便及时调整下一周期的预算。

风险准备金制度是很多上市公司财务制度的一部分。装备承制单位要根据自身情况，确定是否设立风险准备金。如果单位未来发生知识产权纠纷的可能性较大并且单位经费充足，可以考虑设立知识产权风险准备金，以便在发生纠纷时能有充足的经费来处理协商、诉讼等事宜。

【案例分析】V 公司的年度知识产权预算

V 公司当时持有有效中国专利 9 件，2018 年计划提交 5 件中国专利申请（含 1 件外观设计专利），并提交 2 件中国商标注册，另外有 1 件中国专利当时正处于无效请求审查阶段。

据此，V 公司 2018 年知识产权经费预算如表 5.2 所示。

表 5.2　V 公司 2018 年知识产权经费预算

序号	预算科目	金额（元）	备注
1	知识产权申请费	5 万	3 件中国专利申请，2 件中国商标注册官费及代理费等
2	知识产权维持费	5 万	9 件有效中国专利年费，1 件中国专利无效审查代理费等
3	知识产权培训费	2 万	培训计划中所列 4 项培训的授课费、场地费、差旅费等
4	知识产权激励费	5 万	3 件中国专利申请的奖励，2 件中国专利实施的报酬等
5	知识产权机构运行费	10 万	1 名知识产权工程师工资，1 个专利数据库年费等
6	知识产权风险准备金	10 万	1 件中国专利被无效后可能导致的侵权诉讼代理费等

第四节　信息资源

【标准条款 5.4】

> 应编制形成文件的程序，以规定以下方面所需的控制：
>
> a）建立信息收集渠道，及时获取所属领域、竞争对手的知识产权信息；
>
> b）对信息进行分类筛选和分析加工，并加以有效利用；
>
> c）在对外信息发布之前进行相应审批；
>
> d）装备承制单位应建立知识产权信息数据库，并有效维护和及时更新。

【理解要点】

本标准 5.4 条款规定了装备承制单位在信息资源方面的知识产权管理要求。

本条款中“a）建立信息收集渠道，及时获取所属领域、竞争对手的知识产权信息”，是指装备承制单位要建立渠道，及时收集所属技术领域、竞争对手的专利、商标、著作权等信息。

本条款中“b）对信息进行分类筛选和分析加工，并加以有效利用”，是指装备承制单位要对收集到的信息，进一步筛选和分析，提取出其中有用信息，并传递给相关业务部门。

本条款中“c）在对外信息发布之前进行相应审批”，是指装备承制单位在对外发布各类信息之前，要对拟发布的信息进行审批，确保不泄露商业秘密，同时不侵犯他人的知识产权。

本条款中“d）装备承制单位应建立知识产权信息数据库，并有效维护和及时更新”，是指装备承制单位要建立符合自身实际的知识产权信息数据库，并确保数据的及时性和准确性。

【实施要点】

装备承制单位要尽快建立文件化的程序，对知识产权收集、分析、利用及对外信息发布等进行规范管理。知识产权信息的收集、分析和利用，贯穿武器装备全寿命周期，涵盖从预先研究、装备研制、生产制造和维修保障等各环节，有利于单位的管理层把握行业技术发展趋势，及时调整单位的经营发展战略，制订新技术和新产品开发计划；有利于对单位的知识产权风险进行及时预警，提前制定相应的预防措施，以避免侵犯他人知识产权。同时，对外信息发布前的审批，既有利于确保不泄露国家秘密、商业秘密，也有利于避免侵犯他人的知识产权。

1. 知识产权信息的收集

装备承制单位开展知识产权管理活动的一切有用信息统称为知识产权信息资源。信息收集的主要目的是掌握技术发展的趋势，了解关键技术的专利分布和申请态势，识别竞争对手；了解可能对单位未来发展有潜在威胁的知识产权因素，规避竞争风险等。

装备承制单位内部，对于知识产权信息的需求，大致分为以下四个层级。[1]

一是管理决策者。主要包括单位的管理层和最高决策层。其需要了解行业最新发展战略、最新政策和前沿技术等信息，希望看到战略分析、武器装备体系研究、作战模式研究、技术谱系及发展路线研究等方面的总结研究报告，以便在宏观战略规划决策和顶层设计时作为参考。

二是专家顾问。主要包括各相关专业领域的技术领导者和带头人。需要了解本专业领域的关键技术发展动向、前沿技术进展及应用情况等方面的总结研究报告，以便在制定本专业领域的技术谱系和技术发展路线、专业技术方案的论证工作时作为参考。

三是科研人员。科研人员主要关注装备设计、研发、测试等方面的技术解决方案，需要了解大量技术细节、具体技术参数等方面的原始文献和研究报告，以便在装备研制中作为参考。

四是生产和制造人员。生产和制造人员主要关注装备制造技术以及国

[1] 王娜，等．国防军工科研单位科技情报工作思路和框架探索［J］．情报理论与实践，2019（5）：58-61.

内外先进生产线技术、先进工艺等方面的技术解决方案，需要了解相关原始文献和研究报告，以便在装备生产和制造中作为参考。

信息收集的渠道主要包括专利文献、学术期刊、学位论文、学术会议、国内外展会、行业资讯网站。根据信息收集的渠道不同，单位可以指定不同部门，分别负责收集相关信息，以确保信息收集及时性、准确性、完整性。例如，军工集团下属的部分装备承制单位，建立有科技情报部门，可结合科技情报工作，探索开展知识产权信息的收集、分析和利用工作。

2017 年 9 月，国防知识产权信息综合服务平台正式上线运行。该平台依托全军武器装备采购信息网，面向武器装备建设各级单位，提供国防知识产权政策法规、国防专利申请和授权，军用计算机软件著作权登记、国防专利转化项目和转化需求信息，以及国防关键技术领域专利分析报告，国防专利年度统计分析报告等，信息全面、系统，有利于解决长期以来国防专利信息交流和共享渠道不畅等问题，促进国防科技成果的转移转化。经审批合格的单位，可以就近在指定城市的涉密查询站点，登录该平台，方便、快捷地检索查阅。

2. 知识产权信息的筛选、分析、应用

繁杂的信息只有经过消化梳理、分析研究和总结提炼后，才能变成有用的信息。单位可以建立分析与识别模型，利用统计工具进行分类和汇总，通过定性和定量分析相结合，提取出其中有用的信息。例如，单位对某关键技术的专利信息进行定量分析，按专利权人、年度、国别等信息进行统计，得出该技术发展的趋势和潜在市场、竞争对手的技术开发和市场情况、该技术和相关产业的生命周期等信息，供管理层决策是否进入该技术领域时作为参考。

2012 年起，国防知识产权局开始支持各军工集团知识产权研究部门联合型号研制单位，开展国防领域专利态势分析工作，在一些型号项目的技术路线选择、先进技术方案借鉴等方面发挥了一定作用。部分军工企业开始认识到专利信息的重要作用，专门划拨一定经费支持科研项目开展专利分析工作。

3. 知识产权信息数据库的建设

装备承制单位要建立覆盖装备科研设计各系统各专业的特色专题数据库，消除装备承制单位由于保密问题造成的“信息孤岛”现象，确保信息资源深度共享和充分利用。专题数据库的建设，以知识产权工作人员为主、专业技术人员为辅，以重点型号工程和关键技术领域为服务对象，及时更新、以提高知识产权信息服务的针对性和效率。不仅为科研人员提供信息利用和共享平台，也为知识产权工作人员开展知识产权信息服务工作提供良好的资源保障。

例如，单位可以针对各产品类型，分别建设产品专题数据库；再针对每个专业技术领域，分别建设技术专题数据库。根据单位的具体需求，有选择地建设图片库、视频库、动态资讯库；对于无法从数据供应商处批量采购的会议文集、科技报告等重要零星资料，可以通过专业技术人员从各种渠道收集、获得，及时补充到专题数据库中，以实现信息共享和共同积累。

4. 对外信息发布前的审批

单位对外发布的信息主要包括新闻稿、宣传册、学术论文、专利申请文档等。对外信息发布的途径一般包括单位网站、微信公众号、新闻媒体、学术期刊、展会论坛、专利申请等。无论哪种信息，单位在对外发布之前，都要由相关责任部门对拟发布信息进行审批，确保其内容既不会泄露单位的商业秘密，也不会侵犯他人的知识产权。

例如，单位在制作产品宣传册前，审查宣传册中技术方案的文字描述是否有泄露本单位的技术秘密的风险；宣传册的封面设计、文字、表格、图案、版式等方面是否有侵犯他人著作权的风险；对产品的功能和效果的文字描述是否有虚假宣传的不正当竞争风险等。

【案例分析】张某与 W 研究所的离职纠纷

张某于 1994 年进入 W 研究所工作。2015 年 3 月起，张某担任低温推进剂发动机某型号副主任设计师。在此期间，张某参与了多项低温发动机研究项目的论证工作。

2018 年 3 月，张某向该研究所提出辞职申请。W 研究所与张某进行了多次沟通和挽留，但是张某离职意向坚决，并在研究所未批准的情况下自行离所。该研究所认为，张某自行离所，对保守国家秘密和单位技术秘密带来了较大隐患。因张某为国家重要涉密人员，根据保密法和研究所相关规定，离职前必须在研究所内非密岗位脱密，脱密期为 2 年。因此，研究所向劳动争议仲裁委员会提起仲裁申请，要求张某按规定返回研究所进行脱密。

2018 年 4 月，为达到让张某尽快回研究所脱密的目的，研究所人力部门组织撰写了《张某参与研究所型号研制情况》材料。但是，该材料未履行正常发文审批手续，在未经研究所内保密部门、法律部门和主管领导三级审批的情况下，就由人力部门提交给仲裁机构，导致材料内容存在较大偏差。该材料经张某在个人朋友圈发布后，扩散到网络上，引起社会较高关注和一些误解误读，产生不良影响。

为防止出现类似问题，单位要按照本标准 5.4 条款的要求，在对外信息发布之前进行审批。

第六章 基础管理

本章主要介绍本标准正文“6 基础管理”章的内容。

装备承制单位要对知识产权的全寿命周期实施管理，包括专利、商标、著作权和技术秘密等各类知识产权，在获取、维护、运用、保护以及保密等过程中，实施全方位的管理。

知识产权获取方面，单位要制订各类知识产权获取策略和计划，在获取前实施必要的检索分析，建立职务发明登记制度，保护发明人的合法权益，并有效维护获取过程中的各项记录。

知识产权维护方面，单位要加强各类知识产权的日常管理，实施分级管理，及时在权利放弃和变更前进行必要的风险和价值评估，防止单位非预期的知识产权的权利丧失。

知识产权运用方面，单位要积极促进各类知识产权的实施，权利对外许可、转让、投融资前以及单位重组、参加标准化或联盟前，及时进行必要的调查以及风险和价值评估。尤其对于涉及国防安全的知识产权（含国防专利），单位要对权利许可和转让、投融资以及单位重组等进行必要的限制，确保不影响装备下达方的知识产权权益，不影响国防和军队建设。

知识产权保护方面，单位要将知识产权风险纳入单位风险管理体系，有效识别、评测各类知识产权风险，并采取必要的控制措施，降低涉外贸易等活动中侵权风险，维护自身权益。

保密方面，单位要对涉密信息、人员、设备、区域等实施有效管理，并结合武器装备科研生产的保密要求，确保单位的国家秘密和商业秘密等不被泄露。

知识产权的基础管理，为实现装备承制单位知识产权的全方位管理、全寿命周期管理制定了基本框架，体现了知识产权对单位经营发展的全面、持续、有效的支持和促进作用，有利于发挥知识产权管理的绩效，实现知识产权价值的最大化。

第一节　获取

【标准条款 6.1】

应编制形成文件的程序，以规定以下方面所需的控制：

a）根据知识产权目标，制订知识产权获取的工作计划，明确获取的方式和途径；

b）在获取知识产权前进行必要的检索和分析；

c）保持知识产权获取记录；

d）开展职务发明内部登记，记录职务发明名称、发明日期、技术内容、发明人信息等；

e）保障发明创造人员的署名权及其他合法权益。

【理解要点】

本标准 6.1 条款规定了装备承制单位在知识产权获取方面的管理要求。

本条款中"a）根据知识产权目标，制订知识产权获取的工作计划，明确获取的方式和途径"，是指装备承制单位要根据单位已制定的知识产权获取类分解目标，制订详细工作计划，明确专利、商标、著作权、技术秘密等各类知识产权的具体获取方式和获取途径。

本条款中"b）在获取知识产权前进行必要的检索和分析"，是指装备承制单位要在专利、商标、著作权等各类知识产权获取前，进行必要的检索和分析，以获得合理、稳定的知识产权。

本条款中"c）保持知识产权获取记录"，是指装备承制单位要妥善保管与知识产权获取过程相关的各类记录，以便对知识产权的获取过程以及权利归属等进行追溯。

本条款中“d）开展职务发明内部登记，记录职务发明名称、发明日期、技术内容、发明人信息等”，是指装备承制单位要建立职务发明内部登记制度，明确记载各项职务发明的名称、发明日期、技术内容、发明人等重要信息，以便对职务发明的权属、发明人等进行追溯。

本条款中“e）保障发明创造人员的署名权及其他合法权益”，是指装备承制单位要采取措施，保障发明人的署名权、获得奖励和报酬等合法权益，保护员工发明创造的积极性。

【实施要点】

装备承制单位要根据自身发展的需要和获得知识产权的方式，建立文件化的程序，明确不同类型的知识产权获取的管理要求，规范和记录相关知识产权获取的过程。例如，国防专利和普通专利的专利申请过程有较大差异，单位要分别规定两者的专利申请流程。

1. 制订获取计划，明确获取的方式和途径

装备承制单位要结合单位自身发展的需求和项目开发计划，根据知识产权目标分解结果，判断相关知识产权的获取，能否为单位竞争力的提升做出贡献，合理制订知识产权获取的计划，避免知识产权获取的随机性和随意性；并随着单位所处竞争环境的变化，及时调整工作计划。

知识产权获取工作计划一般包括：知识产权的数量；保护类型是专利、商标还是著作权；获取途径是自主开发还是交易取得；获取计划的进度时间表（包括研发开始前知识产权规划、研发过程中技术成果的产出和评审、技术交底书的撰写、专利申请前检索等主要时间节点）；寻求保护的国家或地区；商标的注册，是仅适用于目前所处行业和在研产品，还是适当拓展到相关行业和类似产品等。单位在制订专利获取的工作计划之前，至少要考虑以下几个因素。

第一，是否每项创新都要自主开发。对单位而言，为了形成产品差异化，树立竞争优势，自主创新仍然非常重要。自主创新可以是在开放式创新基础上的再创新。单位要善于吸收他人创新成果，通过委托第三方开发或者与第三方合作开发、共享技术平台、许可或者受让第三方专利、单位

合并或并购等方式进行再创新，避免重复开发，使新产品更快、更好地投入市场。

第二，是否每项创新都要申请专利。在高科技领域，尤其是市场竞争较为充分的领域，专利对单位的发展至关重要，对于核心专利还需要适当布局外围专利。但在某些仅需要简单技术的领域，申请专利保护的意义不大，通过技术秘密保护效果会更好。对于很难被反向工程或者很难获知第三方侵权证据的技术方案，同样不宜采用专利保护。如果涉及国防利益或者对国防建设具有潜在作用，并被确定为绝密级国家秘密的技术方案，不得申请国防专利。

关于技术秘密保护和发明专利保护的区别，如表6–1所示。

表6–1 采用商业秘密与发明专利保护创新技术的区别

类型	保护客体	保护期限	地域性	保护成本	公开性	申请	排他性
商业秘密	非常广泛，无特别限制	理论上无期限	无限制	采取保密措施费用	无须公开	无须向官方申请	无排他性
发明专利	产品或技术方案	20年	地域性	申请费、维持费	必须公开（国防专利除外）	需向专利行政部门递交申请	有排他性

第三，何时申请专利。由于装备研制生产的周期较长，对于某些单一来源采购的单位，延期申请专利更为有利。例如，对于技术和产业寿命周期较长、市场潜力较大并且第三方在短期内很难完成研究开发的技术方案，可以先在试验和研制阶段采取技术秘密方式保护；在使用一段时间后，待批量生产阶段之前，再选择适当的时机申请专利，有效延长专利的保护期限，增加创新的实施收益。同时做好专利申请前的保密工作。尤其是在技术交流、研讨、评审、鉴定、展览等过程中，不能公开发明创造的内容。

第四，何种途径申请专利。专利具有地域性的特点。装备承制单位要掌握主要竞争对手的研发、制造、销售的主要国家和地区，根据具体市场的知识产权保护水平，有针对性地布局专利。同时，根据专利的重要程度，采取不同的申请策略。例如，对于一般专利，可以由发明人和知识产权工作人员撰写；而对于核心专利或者在国外申请专利，可以委托外部代理机构中具有丰富经验的代理人撰写，保证专利撰写质量。

2. 知识产权获取前的检索和分析

根据知识产权获取方式和途径不同，检索和分析的要求也有所不同。检索流程控制点的设置，检索和分析的质量和水平，是装备承制单位的知识产权管理水平的重要体现。例如，在专利申请前，对专利文献以及非专利文献中现有技术的检索和分析，有利于发明人撰写出高质量的专利技术交底书；根据上述检索分析结果，专利代理人适当修改权利要求和说明书的内容，有利于单位获得合理、稳定的专利保护范围。

对于自主开发取得的知识产权，单位可以按照本标准中“8.1 立项”“8.2 研究开发”条款的要求，结合研发项目立项、研发过程中跟踪监控、研发成果后评估等过程，及时进行检索和分析，确定相关技术方案的合理保护方式和保护范围。

对于单位与他人合作开发或委托开发取得的知识产权以及通过许可或转让、单位合并或并购等方式取得的知识产权，单位要按照本标准中“7 合同管理”以及“6.3.3 单位重组”等条款的要求，通过尽职调查，首先对其在相关技术领域的知识产权背景进行检索和分析，以避免产生知识产权纠纷，确保交易取得的知识产权的稳定性。

3. 保持知识产权获取的各种记录

一方面，知识产权的获取通常需要较长周期，涉及的文件种类繁多，因此，单位需要对申请文件质量和申请时限进行监控，因此要建立一套完整的申请流程和文档管理方案。例如，对于专利，单位要管理的文档一般包括提交专利提案、专家评审、撰写交底书、确定保护范围、申请文件定稿、申请文件提交及缴费、审查意见答复、授权办理登记及缴费等。

另一方面，如果未来单位发生专利权属纠纷（含职务发明认定、发明人署名或奖励报酬等纠纷）、专利无效纠纷、专利侵权纠纷等纠纷时，各种过程记录可以作为强有力的证据，有利于单位维护自身权益。这些过程文档可能包括相关会议纪要、往来邮件、技术交底书、检索分析报告、审查意见答复等。

4. 开展职务发明内部登记，保障发明创造人员的合法权益

装备承制单位要建立职务发明内部登记制度，明确记载各项职务发明的名称、发明日期、技术内容、发明人等重要信息，既有利于单位全面掌握职务发明的整体情况，也有利于单位对职务发明的权属、发明人等进行追溯。同时，单位要采取适当措施，保障发明人的署名权以及获得奖励和报酬等合法权益，保护员工发明创造的积极性。例如，某些单位建立的职务发明前审批制度就是一种有效的方式，即由相关责任部门对职务发明的发明日期、技术内容、发明人等信息进行审批确认，避免发明人在相关发明是否为职务发明、发明人署名权等方面产生纠纷。

【案例分析】杨某与 X 研究所的职务发明纠纷❶

杨某是 X 研究所一名高级技术人员。1991~2001 年，杨某参加重点项目“某控制装置研究”课题的研究开发，并担任该课题组技术负责人。该项目在数十名科研人员努力下，历经近十年才研制完成，并取得了一系列研究成果。由于该研究所并未对上述技术成果及时提交专利申请，也未按照本标准 6.1 条款的要求，建立职务发明内部登记制度，导致参与该课题研究开发的人员对于该集体攻关项目是否属于职务发明的认识有误。

1999 年，杨某在该课题组向上级主管部门提交成果报告前，私自提交了一件以“某电极控制装置”为名的非职务发明专利申请，该项专利申请的技术方案与“某控制装置研究”课题的技术内容密切相关。随后，多家企业想实施该项专利，但是与杨某谈及专利申请权时，企业对如此重大的技术为个人所有产生怀疑，其中诸多试验项目诸如风洞试验等，需要由具备该项试验设施的航天某集团才有能力完成，因此谈判多次均未果。此时，杨某也想以该技术与“磁悬浮列车”等大型项目合作，但最终均未达成协议。

为防止出现类似问题，单位要按照本标准 6.1 条款的要求，开展职务

❶ 吴伟仁. 国防科技工业知识产权案例点评［M］. 北京：原子能出版社，2003：205-206.

发明内部登记，以避免科研人员私自将职务发明申请专利而导致单位专利权利流失的情况。

第二节　维护

【标准条款6.2】

应编制形成文件的程序，以规定以下方面所需的控制： a）建立知识产权分类管理档案，进行日常维护； b）知识产权评估； c）知识产权权属变更； d）知识产权权属放弃； e）装备承制单位应对知识产权进行分级管理。

【理解要点】

本标准6.2条款规定了装备承制单位在知识产权维护方面的管理要求。

本条款中“a）建立知识产权分类管理档案，进行日常维护”，是指装备承制单位要按照分类管理的原则，建立知识产权管理档案，对知识产权进行日常维护和有效管理。

本条款中“b）知识产权评估”，是指装备承制单位要根据自身经营发展的需要，在适当时间点，采取有效措施，对单位的知识产权进行全面的风险和价值评估。

本条款中“c）知识产权权属变更”，是指装备承制单位要在变更知识产权前，谨慎决策，全面衡量，经确认其对单位确实已无太大价值时，才能变更该权利。

本条款中“d）知识产权权属放弃”，是指装备承制单位要在放弃知识产权前，谨慎决策，全面衡量，经确认其变更有利于实现价值的最大化时，才能放弃该权利。

本条款中“e）装备承制单位应对知识产权进行分级管理”，是指装备承制单位应当按照分级管理的原则，合理划分不同级别，实现对知识产权的有效管理。

【实施要点】

知识产权是装备承制单位重要的无形资产。单位要建立文件化的程序，明确知识产权维护制度，形成动态管理机制，防止人为疏忽导致权利丧失。单位要指定专人，定期对单位已拥有知识产权情况、知识产权评估、知识产权实施、许可和转让、知识产权纠纷等进行分析，并且在知识产权的管理及实施运用等方面，向单位管理层提出建议。

1. 知识产权的分类、分级管理

装备承制单位要建立知识产权的分类管理制度，根据不同类型知识产权的特点，制定相关的管理流程和制度，实施差异化管理。单位可以根据自身实际需要，确定适当的分类原则。例如，单位可以按照知识产权的类型，初步划分为专利、商标、著作权、集成电路、商业秘密等大类；对于专利，还可以按照专利类型进一步划分为发明、实用新型、外观设计等，或者按照专利保密要求划分为普通专利和国防专利；对于商标，还可以进一步按照商标注册国家和地区，划分为中国商标和外国商标；对于著作权，还可以进一步按照作品所记载的内容，划分为文字作品、美术作品、计算机软件著作权等，其中，计算机软件著作权还可以再划分为普通计算机软件著作权、军用计算机软件著作权等类型。

单位还要建立知识产权的分级管理制度，根据不同级别知识产权的特点，制定相关管理流程和制度，实施差异化管理。单位可以根据自身实际需要，确定适当的分级原则，并为单位后续知识产权维持、实施及其收益、发明人奖酬等提供依据。例如，根据知识产权所属的研发项目或技术的重要程度，单位可以将专利划分为核心专利、重要专利和普通专利等；对于核心专利，要及时缴纳专利年费，一般不对外转让或许可；如确需对外许可，则采用普通许可。

2. 知识产权的变更、放弃管理

为了维持权利的一致性和有效性，由于装备承制单位名称变更、与其他单位合并或并购、知识产权转让或者其他情况需要，单位要及时到行政主管部门，对知识产权的权利人名称或者其他信息进行变更。在变更前，单位必须全面评估其维护成本和效益，并由管理层最终决策。

由于知识产权的权利维持通常需要一定的成本（如专利缴年费、商标续展缴费等），因此，如果其对于单位确实无太大价值时，即使该权利仍在法定的保护期限内，单位也可以主动放弃该权利。由于知识产权的权利放弃通常是不可逆的，因此要谨慎决策。在权利放弃前，必须全面评估其维护成本和效益，并由管理层最终决策。

如果经评估后要继续维持的，知识产权工作人员要及时办理缴纳专利年费手续，保留办理缴费审批记录、沟通邮件、缴费凭证等档案；如果经评估后可以放弃或变更的，要保留好评估记录、沟通邮件、审批记录、权利变更或者放弃证明等重要档案，以便事后追溯。

3. 知识产权的风险、价值评估

知识产权的评估对于人员的要求比较高，需要熟悉相关技术领域发展情况，熟悉知识产权价值评估，熟悉知识产权法律的人员才能完成，因此，单位可以由知识产权管理部门牵头，组织技术人员、市场人员、法务人员等，每年定期或不定期地组织评审会，对单位拥有的各类知识产权逐项进行评审，当然也可以委托外部机构进行评估。评估的程序、内容、权限都非常关键，因此，单位评估要保留评估相关档案（如评估报告、评估会议纪要等），以便事后追溯。

（1）知识产权风险评估。

装备承制单位要建立知识产权定期评估制度，通常在以下情况时需要开展知识产权评估：知识产权相关法律发生变化时；单位规划新产品、新技术、新项目、新业务时；单位主营业务或关键业务所处行业出现重要的新技术、新标准、新趋势时；单位对外投融资、合并或并购、计划上市时；单位有侵权或者被侵权疑虑时；知识产权的权利稳定性受质疑（如专利权被请求无效、商标权被请求撤销）时；知识产权对外许可或转让时；拟变更或放弃知识产权时等。根据评估的目的不同，知识产权风险评估的内容也有所不同。

以专利放弃前的风险分析为例，通常需要考虑以下三个方面因素。

第一，技术发展状况。如果相关的技术已经淘汰，有了更好的替代技术，使得原有技术的市场需求非常小，可以考虑通过不缴纳年费的方式终止专利权。但是对于尚未完全失去价值的专利，则要慎重考虑。如果这些专利技术可能是未来核心技术的基础，则暂时不要放弃专利权，否则很可能会失去未来参与新技术新产品竞争的机会。

第二，市场竞争状况。如果市场前景不明朗，此时单位为了率先抢占市场，需要进行专利战略储备，而不是尽快开发专利产品投入市场，因此单位着重考虑的是潜在的市场前景而不是现实的市场。但是，如果发现专利所保护的产品或工艺的潜在市场和最初的估计有较大差距，或者失去投资价值时，单位就没有必要再继续维持这些专利有效了，可以主动放弃这些专利。

第三，单位经营状况。如果单位由于突发原因，资金紧张，此时单位的经营战略以节流为主要目标，其研发投入和知识产权费用会被缩减，单位被迫放弃一些不那么重要的专利。

（2）知识产权价值评估。

知识产权价值评估是一种预测性评价，建立在对相关市场情况分析和预测的基础上，从商业、技术、财务、税务等各层面，对知识产权的市场价值的估计和判断。知识产权的价值评估包括确定知识产权现在的价值，以及通过未来市场应该或可能得到的价值。知识产权价值评估中，最常考虑的因素包括知识产权本身，以及相关方进入该市场的知识产权壁垒。对知识产权价值评估时，了解与知识产权相联系的各种权利及其利用方式，是十分重要的。

例如，对于专利，要确定专利稳定性，专利保护范围，是否为标准必要专利，是否为该领域的基础专利，专利可应用的产品范围（某些基础专利可应用的产品可能不止一个），产品的生命周期，专利对该产品的贡献度，产品的利润空间，产品的当前市场规模和竞争环境，专利保护有效期内的潜在市场空间等。综合考虑上述因素，给出一个相对合理的评估价值。

目前，对知识产权价值评估基本沿用了有形资产评估的方法，即市场法、成本法和收益法。但是知识产权价值强调未来利益，对知识产权价值的评估应是基于其最具潜力的使用，而不是评估时它被实际使用的情况。因此，对知识产权进行评估应以收益法为主，在适当的条件下也可以采用市场法，而成本法则不宜作为评估知识产权的方法。具体的评估准则可以参考《企业会计准则第 6 号　无形资产》（财会〔2006〕3 号）、《知识产权相关会计信息披露规定》（财会〔2018〕30 号）、《资产评估准则——无形资产》（中评协〔2017〕37 号）等文件。

【案例分析】Y 研究所的知识产权评估

Y 研究所目前将专利划分为核心专利、重要专利和普通专利三个级别。其中，对于核心专利、重要专利每年进行一次评估，确认是否维持其权利有效。而对于普通专利，则在每月初对 3 个月内即将缴纳年费的普通专利进行评估，以确认是否维持其权利有效。

2018 年 6 月，成果和科技办公室根据普通专利的历年实施率和实施效益的统计结果，初步筛选出 40 件普通专利，建议放弃其专利权，并提交至科技委员会进行审批。科技委员会通过对上述专利的创新性、技术前景、市场价值和其他用途等要素进行综合评估，最终有 19 件普通专利的综合分数低于 20 分，并在研究所内部进行初步公示。但是其中 1 件专利的原专利申请部门提出异议，认为该专利仍有一定市场价值，建议保留，最终由科技委员会评审后同意继续维持该专利有效。根据评审结果，单位放弃了其余专利，降低了维护成本。

第三节　运用

本标准 6.3 节，规定了装备承制单位在知识产权运用方面的管理要求。

一、实施、许可与转让

【标准条款 6.3.1】

应编制形成文件的程序，以规定以下方面所需的控制：

a）促进和监控知识产权的实施，装备承制单位应评估知识产权对装备承制单位的贡献；

b）知识产权实施、许可或转让前，应分别制定调查方案，并进行评估；

c）涉及国防安全的知识产权（含国防专利），禁止以独占许可方式许可他人实施，涉及转让、权属放弃的，应履行相关审批手续；向境外许可、转让，或在境外实施的，应当确保国家秘密不被泄露，保证国防和军队建设不受影响，并履行相关审批手续。

【理解要点】

本标准 6.3.1 条款规定了装备承制单位在知识产权实施、许可和转让方面的管理要求。

本条款中“a）促进和监控知识产权的实施，装备承制单位应评估知识产权对装备承制单位的贡献”，是指装备承制单位要采取措施，积极促进知识产权适时实施；对于已实施的知识产权，单位要定期对其实施效果进行监控，并评估其实施对单位的贡献。

本条款中“b）知识产权实施、许可或转让前，应分别制定调查方案，并进行评估”，是指装备承制单位在实施、许可和转让相关知识产权前，要适当开展背景调查，对实施、许可和转让的相关风险和价值进行全面评估，确定知识产权的合理估值，降低单位的经营风险。

本条款中“c）涉及国防安全的知识产权（含国防专利），禁止以独占许可方式许可他人实施，涉及转让、权属放弃的，应履行相关审批手续；向境外许可、转让，或在境外实施的，应当确保国家秘密不被泄露，保证国防和军队建设不受影响，并履行相关审批手续”，是指对涉及国防安全的知识产权，装备承制单位要限制其实施、许可、转让，包括其禁止独占许可，其权利转让、放弃或在境外实施、许可、转让前要审批，确保不泄密，不影响国防和军队建设。

【实施要点】

知识产权运用是指将知识产权作为资产，通过自身实施以及对外运营等方式，实现其商业价值的各种行为。知识产权运用是知识产权的价值在市场端的重要体现。知识产权对外运营的具体方式一般包括许可、转让、质押贷款、作价入股、合并并购等。

《国家知识产权战略纲要》提出要促进国防知识产权有效运用，包括完善国防知识产权保密解密制度，在确保国家安全和国防利益的基础上，促进国防知识产权向民用领域转移；鼓励民用领域知识产权在国防领域运用。2015 年，国防科工局发布《关于促进国防科技工业科技成果转化的若干意见》，推动国防科技工业的成果转化。随后，各军工企业纷纷开始探索，航天科工集团在贵州建立专利产业化试点基地；航天科技集团全面推进知识产权转化应用促进工程，基本建立了知识产权转化激励机制。

根据国防知识产权的归属和收益分类管理的需要，国防知识产权可以划分为三大类。❶

一是禁止交易类国防知识产权，包括与战略武器、高技术装备、核心部组件、关键材料、关键元器件等有关的设计、制造和试验技术。这些国防知识产权涉及国家安全，具有战略性、全局性和关键性，应当作为国家绝密级军用技术，严格集中统一管控。

二是限制交易类国防知识产权，包括与武器装备主要分系统、重要部组件、二级以上配套产品等有关的设计、制造和试验技术。这些国防知识产权通常属于国家机密或者秘密级军用技术，由军队或者政府进行管控。

三是自主交易类国防知识产权，包括与武器装备三级以下配套产品等有关的设计、制造和实验技术。这些国防知识产权通常具有军民两用的特点，政府和军队无须对其进行管控。

---

❶ 章明浩，等. 装备维修保障领域知识产权管理体系研究［J］. 价值工程，2019（19）：54-56.

装备承制单位要建立文件化的程序，建立知识产权运用策略。知识产权运用的管理，包括对运营、维权和保护等相关过程的运作和管理，尤其是对知识产权风险和价值的评价。单位要定期对知识产权资产进行分析，对各知识产权的风险和价值进行评价，探讨能够最大限度从中获取价值的方式。例如，在现有专利中，哪些应当被放弃，哪些应当被维持，哪些可以继续进行专利申请，哪些可以许可使用、转让、技术入股或质押等，通过多种运营模式，实现知识产权运用的利益最大化，并将知识产权战略融入单位整体运营战略。

1. 要积极促进、有效监控知识产权的实施

目前，装备承制单位自身实施的知识产权占大多数。单位要根据自身实际，在研发、采购、生产、销售、人事、财务等环节，充分推动知识产权实施。对于已实施的知识产权，单位要定期对其实施效果进行监控，适时评估其对单位的贡献，使全体员工理解知识产权对单位的价值。这里所说的贡献，既包括显性的贡献（如提高生产效率、降低废品率、单位在专利对外许可中获得较大收益等），也包括隐形的贡献（如提升单位竞争力，单位在重点项目中标等）。对于知识产权实施后为单位创造较大贡献的，单位除可以给予发明人一定报酬外，还可以在职务晋升、职称评定等方面予以适当优先等，并且及时督促人事、财务等部门将上述措施落实到位。

对于暂时不具备实施条件的知识产权，单位要积极创造条件，推动其在适当时机时实施。一方面，单位可以通过参加各种成果展览会、学术交流会，运用国家技术交易平台、军民融合创新平台等技术转移平台，将具有市场价值的知识产权推向市场，促成知识产权许可和转让；另一方面，单位还可以将知识产权管理延伸到知识产权的关键专利交叉许可、技术标准制定、专利池构建、实施许可、产业化等领域，最大限度地实现知识产权的市场价值与经济价值。

另外，单位不能仅关注其实施结果对单位的贡献，还要关注其实施过程是否符合法律法规的要求。例如，涉及商标的对外许可使用，单位作为权利人，要按照《商标法》及其实施细则的要求，关注被许可方是否在许

可合同规定的范围内，合法合规地使用该商标；如发现被许可方有违反许可合同或违法违规使用的情况，单位要及时采取警告、终止许可等方式处理。

2. 知识产权实施、许可或转让前调查和评估

装备承制单位在实施、许可和转让相关知识产权前，要适当开展背景调查，对实施、许可和转让的相关风险和价值进行全面评估，确定知识产权的合理估值，降低单位的经营风险。单位在对外许可、转让知识产权前，根据单位在许可、转让活动中法律地位不同，分别设定适当的调查内容，同时对知识产权的价值，以及其许可和转让的风险进行评估。

（1）知识产权实施前的调查和评估。

单位在实施自有的知识产权前，要结合自身实际，通过调查和评估，确认是否具备实施的现实条件。例如，对于预研技术暂不具备商用化条件、国防专利暂未解密等不具备实施条件的知识产权，单位要及时跟踪相关技术的发展状况，积极创造内外部条件，待自身具备实施条件时，及时主动实施；如单位在短期内很难具备实施条件，也可以考虑采取独立实施、合作实施或者许可第三方实施等适当方式，在适当时机推动其实施。

（2）知识产权许可前的调查和评估。

知识产权许可是指许可方将知识产权授予被许可方使用的活动。知识产权许可包括多种方式。其中，普通许可、独占许可、排他许可、强制许可属于单向许可。在某些情况下，权利人允许被许可方再次许可第三方以普通许可方式实施知识产权，称为分许可。交叉许可和专利联盟许可属于双向许可，通常是在双方都需要使用对方的专利时，相互有条件或无条件地允许对方使用己方的专利。

知识产权许可不涉及知识产权所有权的转移，仅是使用权的转移，但是其对于许可方而言，仍然存在一定的风险。因此，在许可或被许可前，单位仍然要进行调查和评估，综合考量许可或者被许可的风险及其价值，包括对该知识产权的技术替代性、市场前景、法律状态、权利稳定性、转让方式和转让价格等进行调查和评估等。

（3）知识产权转让前的调查和评估。

知识产权转让是指出让方将知识产权权利转移给受让方的活动。在知识产权转让前，单位不管是作为出让方还是受让方，都要进行调查和评估，综合考量许可或被许可的风险及其价值，包括对该知识产权的技术替代性、市场前景、法律状态、权利稳定性、转让方式和转让价格等进行调查和评估等。但是，单位作为转让方或受让方时，其调查和评估侧重的内容有所不同。

根据相关法律法规，某些知识产权许可和转让，只有到相关行政管理部门备案后才能发生效力。2018 年，国务院发布《知识产权对外转让有关工作办法（试行）》，规定中国单位或个人将其在境内知识产权（含申请权）转让或者独占实施许可给外国个人或组织的，相关行政管理部门要依法对其转让或独占实施许可对我国国家安全以及对我国重要领域核心关键技术的创新发展能力的影响等进行审查，经批准后方可对外转让或者独占实施许可。

3. 对涉及国防安全的知识产权实施、许可和转让的限制

《国家知识产权战略》提出，“建立国防知识产权安全预警机制，对军事技术合作和军品贸易中的国防知识产权进行特别审查”。由于涉及国防安全的知识产权基本都涉及国家秘密，如果装备承制单位擅自将此类知识产权对外许可、转让给其他单位或者推广应用到民用行业的，都可能危及国家安全和国防利益。因此，此类知识产权的实施、许可和转让都受到一定限制。这也是装备承制任务特殊性的重要体现。

需要注意，这里所述“涉及国防安全的知识产权”，不仅包括国防专利、军用软件著作权、军用集成电路布图设计权等与国防建设直接相关的各类知识产权，也包括普通专利、著作权、集成电路布图设计权、技术秘密等与国防建设间接相关的各类知识产权。

（1）对涉及国防安全的知识产权放弃的限制。如装备承制单位拟放弃涉及国防安全的知识产权权属的，需要履行相关的审批手续，确保该权利放弃后，不会导致相关装备采购任务存在知识产权侵权风险，不会影响装

备采购任务的正常实施，保证国防和军队建设不受影响。例如，如单位与第三方有专利交叉许可的情况，则要考虑在单位放弃该专利权后，第三方是否会终止对本单位的专利许可，导致已使用该专利权的装备的研制、生产过程及其装备产品，有可能侵犯第三方专利权。

（2）对涉及国防安全的知识产权实施的限制。对于涉及国防安全的知识产权，即使装备承制单位作为权利人，其实施活动也会受到一定限制。如涉及国防安全的知识产权准备在境外实施的，尤其是与境外技术合作的，装备承制单位作为权利人，要依法履行审批手续，确保其不会泄露国家秘密，也不会影响装备采购任务的正常实施，保证国防和军队建设不受影响。

（3）对涉及国防安全的知识产权许可的限制。对于涉及国防安全的知识产权，如果采取独占许可方式，由于仅独占许可的被许可人可以实施该知识产权，而专利权人以及任何第三方都不得实施该知识产权，因此，装备采购方只能从独占许可的被许可人这个单一来源采购相关装备，增加装备采购的风险，因而是被禁止的。由于涉及国防安全的知识产权基本都涉及国家秘密，如装备承制单位拟向境外许可使用该知识产权，单位要依法履行审批手续，确保其不会泄露国家秘密，也不会影响装备采购任务的正常实施，保证国防和军队建设不受影响。

（4）对涉及国防安全的知识产权转让的限制。由于涉及国防安全的知识产权基本都涉及国家秘密，如装备承制单位拟转让该知识产权，尤其是涉及向境外转让的，单位要依法履行审批手续，确保其不会泄露国家秘密，也不会影响装备采购任务的正常实施，保证国防和军队建设不受影响。

【案例分析】A 研究院与 B 公司的专利许可❶

2017 年 3 月，3000 余件国防专利集中解密，其中包括 A 研究院一件名称为“一种大功率 MOS 管高速驱动电路”专利。此专利是 A 研究院精心布局、培育的高价值专利，主要用于伺服电机的调速控制，具有简单可靠、功耗低、开关速度快、含死区保护等优点。

---

❶ 崔静思，等．知识产权军民融合花开中原［N］．中国知识产权报，2019-03-27.

河南B公司是一家从事民用无人机控制系统研发的民营高科技企业。在了解到上述专利解密信息后，经技术评估和初步试验，该公司认为此专利有利于提升该公司的民用无人机在飞行安全性、可靠性、控制灵活性等方面的性能，并有望带来巨大的市场需求和经济效益。该公司很快和A研究院取得联系。该专利许可的商业谈判、合同签订等工作，由当地知识产权服务机构全程参与。2018年，A研究院与B公司签订专利许可合同，首期合同金额就超过40万元。该专利成为全国第一件签订许可合同并在国家知识产权局备案的解密国防专利。

二、投融资

【标准条款6.3.2】

应编制形成文件的程序，以规定以下方面所需的控制： a）投融资活动前，应对相关知识产权开展尽职调查，进行风险和价值评估。在境外投资前，应针对目的地的知识产权法律、政策及其执行情况，进行风险分析。 b）涉及国防安全的知识产权（含国防专利）参与境外投融资的，应当确保国家秘密不被泄露，保证国防和军队建设不受影响，并履行相关审批手续。

【理解要点】

本标准6.3.2条款规定了装备承制单位在投融资方面的知识产权管理要求。

本条款中"a）投融资活动前，应对相关知识产权开展尽职调查，进行风险和价值评估。在境外投资前，应针对目的地的知识产权法律、政策及其执行情况，进行风险分析"，是指装备承制单位投资、融资活动前尽职调查要关注知识产权；在境外投资前，要对投资对象所在地的知识产权法律、政策和执行情况进行调查，并分析投资活动涉及的知识产权风险和价值。

本条款中"b）涉及国防安全的知识产权（含国防专利）参与境外投

融资的，应当确保国家秘密不被泄露，保证国防和军队建设不受影响，并履行相关审批手续”，是指在境外投资、融资中，如果有涉及国防安全的知识产权（含国防专利）的，装备承制单位要采取措施，确保该投资、融资活动不会泄露国家秘密，不会影响国防和军队建设。

【实施要点】

目前，装备承制单位的整体资产中，知识产权等无形资产的比例正在逐年递增。知识产权作为无形资产，除了转让和许可第三方使用等收益化手段之外，还可以用货币估价进行投资或融资。目前主要的投融资方式包括知识产权出资、知识产权质押贷款、知识产权融资租赁等。例如，按照《公司法》规定，股东可以用知识产权等可以用货币估价并可以依法转让的非货币财产作价出资，并取消了对知识产权出资比例的限制。《物权法》规定，可以用来出质的权利范围包括可以转让的注册商标专用权、专利权、著作权等知识产权中的财产权。

1. 投资前的知识产权尽职调查

装备承制单位作为出资方，在对外投资前，通常会对拟投资对象进行尽职调查。其目的是通过调查拟投资方的相关信息并发现问题和潜在风险。为尽可能全面可靠地掌握拟投资对象的知识产权状况，尽职调查通常由单位组织技术、市场、法律、知识产权、财务等部门人员共同完成，或者委托外部专业调查机构完成。尽职调查的内容主要包括以下几个方面。

一是对知识产权所有权的调查。重点关注拟投资对象的权利稳定性、合同有无瑕疵和法律风险等。不仅要关注已授权的知识产权，还要关注尚处于申请/注册过程中的知识产权以及商业秘密等。不仅要关注权利证书上登记的权属关系（如共有权、质押、担保等）、权利的保护范围、权利有效期限等，还要关注知识产权权属关系是否明确，是否有过知识产权权属、侵权、无效/撤销等纠纷。如果为共有知识产权，或与第三方签订有合作开发或委托开发合同，还要关注合同中对于知识产权权属的约定是否清楚，权利行使是否有限制、许可和利益分配等。

二是对知识产权使用权的调查。重点关注拟投资对象与第三方签订的知识产权许可使用合同有无瑕疵和法律风险等，合同中被许可使用的权利范围、使用费的支付条件等，防止第三方权利人由于破产或将相关权利转让给债权人时，拟投资对象无法行使许可使用权的情况。如果具有专利、商标的在先使用权，还要关注该专利、商标的原有使用范围，拟投资对象是否在原有使用范围内合理使用等。

三是对知识产权实施情况的调查。重点关注拟投资对象拥有哪些正在实施的知识产权及其实施效果。如果是拟投资对象自行实施，要关注其实施后的收益情况。如果已经许可第三方实施，要关注其许可使用的类型（是否独占许可、排他许可、普通许可、强制许可、交叉许可、分许可等）、许可使用的地域范围、许可使用期限、许可使用费率等，为后续对该知识产权的价值评估提供参考依据。

四是知识产权风险分析和价值评估。重点关注拟投资对象的知识产权的权利稳定性风险、知识产权价值波动的风险、知识产权变现的风险、评估机构的风险等。还要关注拟投资对象在职务发明、商业秘密保护方面的制度，涉及核心知识产权员工的动向，是否有发明人奖酬纠纷，是否有离职员工泄露商业秘密等。以专利稳定性分析为例，主要调查内容包括：对于已授权或未决的专利的新颖性、创造性分析；专利的维持费是否需要缴纳；是否有侵权指控或有侵权的威胁；专利的撰写以及审查过程是否有瑕疵等。

需要注意的是，由于尽职调查有一定局限性（如发明专利即使在调查期间是有效的，也会因发现新的证据证明其缺少新颖性和创造性，而被法院判定为无效）。因此，尽职调查要尽量选择重要的或者潜在重要的知识产权，作为重点进行调查。

尽职调查中，最常使用的方式是 FTO（Freedom To Operation）报告。在某些国家或区域内，FTO 报告具有一定的法律效力。例如，在美国，如果被控侵权人在事前由专利律师出具了 FTO 报告，可避免后续被法院认定为故意侵权而加重赔偿额度。FTO 是一把双刃剑。如果被控侵权人出具了 FTO 报告，但仍未采取有效措施防止侵权的，也有可能被法院认为是故意侵权。

2. 融资前的知识产权尽职调查

目前，知识产权的融资方式主要包括知识产权质押、知识产权融资租赁等方式。装备承制单位要了解不同融资方式对知识产权权利、未来经营风险的影响。以知识产权质押为例，单位作为出质人，要充分认识到质押的风险，谨慎决策，如尽量选择非核心知识产权用于出质等。单位要考虑，如果单位到期不能偿还债务，届时质权人（如银行、租赁机构等）对该知识产权进行处置是否会影响单位正常的经营活动（如基础专利被出质，导致改进专利无法转让、许可）。

3. 涉及国防安全的知识产权在境外投融资的限制

由于涉及国防安全的知识产权（含国防专利）基本上都涉及国家秘密，如装备承制单位在参与境外投融资中涉及国防安全的知识产权的，需要履行相关审批手续，确保不泄密，也不会影响单位自身所承担的装备采购任务，确保国防和军队建设正常进行。

【案例分析】 C公司上市科创板遭遇“专利门”❶

作为科创板首批“准考生”，C公司于2019年3月21日向上交所提交科创板上市申请。5月10日，重庆某公司在重庆市第一中级人民法院向C公司提起了8项专利侵权诉讼，公司积极应诉，于5月28日向重庆市第一中级人民法院对某公司提起“因恶意提起知识产权诉讼损害责任纠纷”的诉讼，同时于6月20日向国家知识产权局对涉案全部8项专利提出无效宣告请求。针对媒体对公司科研创新实力的质疑，7月22日，C公司在回复上交所问询函时，强调称，保证公司本次公开发行股票并在上交所科创板上市不存在任何欺诈发行的情形。

2019年10月23日，C公司以相关专利诉讼涉及公司主营业务且诉讼周期较长，需要等待专利无效宣告请求的处理决定后再判断专利侵权诉讼的审理结果，预计无法在上市审核时限内彻底解决上述诉讼事项为由，向

❶ 王颖. 科创板专利纠纷第一案［EB/OL］.（2019－11－25）［2019－12－21］. http：//www.iprdaily.cn/news_ 23261.html.

上交所提交了主动撤回科创板 IPO 申请。2019 年 11 月 20 日，C 公司收到国家知识产权局对全部 8 项涉案专利发布的《无效宣告请求审查决定书》，其中 6 项涉案专利被宣告专利全部无效，另外 2 项涉案专利被维持专利权有效。11 月 25 日，上交所决定终止 C 公司的发行上市审核。

为防止出现类似问题，单位需要按照本标准 6. 3. 2 条款的要求，投融资活动前，对相关知识产权开展尽职调查，进行风险和价值评估。

三、单位重组

【标准条款 6. 3. 3】

装备承制单位重组工作应满足以下要求：

a）合并或并购前，应开展知识产权尽职调查，根据合并或并购的目的设定对目标单位知识产权状况的调查内容；装备承制单位应进行知识产权评估；

b）出售或剥离资产前，应对相关知识产权开展调查和评估，分析出售或剥离的知识产权对本单位未来竞争力的影响；

c）对于装备采购任务下产生的知识产权，装备承制单位应采取措施，确保重组、合并活动不影响装备采购任务下达方的相关知识产权权益。

【理解要点】

本标准 6. 3. 3 条款规定了装备承制单位在单位重组方面的知识产权管理要求。

本条款中“a）合并或并购前，应开展知识产权尽职调查，根据合并或并购的目的设定对目标单位知识产权状况的调查内容；装备承制单位应进行知识产权评估”，是指装备承制单位在重组前，根据重组目的，确定针对目标单位（拟重组对象）的知识产权调查的具体内容，开展知识产权尽职调查，并对目标单位的知识产权风险和价值进行评估。

本条款中“b）出售或剥离资产前，应对相关知识产权开展调查和评估，分析出售或剥离的知识产权对本单位未来竞争力的影响”，是指在出售或剥离与知识产权有关的资产前，装备承制单位要开展尽职调查，分析该知识产权所有权的转移，是否会影响单位的市场竞争力。

本条款中“c）对于装备采购任务下产生的知识产权，装备承制单位应采取措施，确保重组、合并活动不影响装备采购任务下达方的相关知识产权权益”，是指如装备承制单位重组，单位要采取措施，确保重组活动不影响装备采购任务下达方的相关知识产权权益。

【实施要点】

企业重组包括合并、并购、分立等多种方式。近年来，越来越多的装备承制单位，通过企业重组，获取被合并方或并购方的技术、知识产权，同时吸纳相关研发、技术人员。尤其是对高新技术、研究开发类或者掌握特殊制造工艺的单位进行重组时，知识产权作为核心资产，更是受到重组方的重点关注。知识产权管理，贯穿合并或并购的整个过程。包括合并或并购前的知识产权尽职调查，合并或并购谈判中知识产权条款的约定，合并或并购后知识产权管理等。

1. 单位重组前的知识产权调查和评估

装备承制单位重组前，要根据重组目的，确定针对目标企业（拟重组对象）的知识产权调查的具体内容，开展知识产权尽职调查，并且对目标企业的知识产权风险和价值进行评估。此时，知识产权尽职调查的要求，与上述投融资前知识产权尽职调查的要求基本相同。

（1）并购其他单位前的调查和评估。

本单位并购其他单位时，单位要在制定和完善单位发展战略的过程中，确定单位并购活动的知识产权策略；在面向具体企业的并购实施过程中，要实现有价值知识产权的转移和许可。

一是要确定单位的并购策略是以知识产权为主，还是以知识产权为辅。单位要在充分调查和研究技术发展趋势、产业竞争态势和格局的基础上，确定单位并购活动的知识产权目标。主要分为两类：一类是以获取知识产权为主的并购策略，此时单位大多以推动产业转型升级为目标，单位要根据产业竞争格局、拟购知识产权与本单位协同利益的程度等，初步形成并购目标企业名单，然后开展相关并购谈判。另一类是以获取知识产权为辅的并购策略，此时单位大多将知识产权资产范围、获取方式、可支付成本、资产整合利用等知识产权并购策略，作为单位并购策略整体的一部分予以考虑并付诸实施。

二是在面向具体目标企业的并购实施过程中，单位要采取适当形式、合理价格、较小风险，实现有价值知识产权的转移和许可。通过分析本单位掌握拟购知识产权的难易程度、知识产权配置可能成本、知识产权相关风险、拟购知识产权与本单位利益协同程度等，确定两者在战略融合、形成高价值专利组合、提高市场竞争力的可能性，确定拟购知识产权清单。在并购谈判过程中，单位要分析其知识产权清单是否清晰、准确和完整，是否有限制本单位进行后续技术改进、知识产权保护和应用的条款，拟购知识产权导致法律纠纷的责任承担是否约定明确等。

三是在对并购目标的知识产权资产接管整合过程中，单位要及时对并购后企业的技术发展和知识产权发展规划进行调整，如在已有知识产权基础上的二次开发、对知识产权的二次布局、重新制定知识产权应用策略、控制并购所附带的知识产权风险、完善知识产权管理制度等。

（2）被其他单位并购前的调查和评估。

本单位被其他单位并购时，单位要重点分析自有知识产权的市场作用和价值评估，以避免“贱卖”和“错卖”。首先，无论并购方的目的是以知识产权为主，还是以知识产权为辅，本单位均要结合单位发展战略，选择出售后对本单位参与市场竞争不造成威胁的知识产权资产，形成可以出售或许可的知识产权资产清单。其次，要基于利益最大化的考虑，从技术、市场、法律三个维度分析，确定本单位知识产权被并购的最优商业模式和运作方式，形成被并购方案。最后，在完成知识产权资产并购交割后，要及时调整本单位的知识产权管理方向，将其聚焦到更有价值的事务上。

2. 出售或剥离知识产权前的评估

装备承制单位重组中，可能会发生分立（或分割）的情况，不可避免地会涉及资产（包括无形资产）的出售或剥离。因此，单位要事先对拟出售或剥离的资产开展尽职调查。尤其注意分析出售或剥离的知识产权带来的相关风险，包括是否影响单位的未来竞争力、影响的程度有多深等。通过对并购方及其供应商和客户的市场竞争策略和竞争实力分析，确认清单中知识产权在被收购后，不会影响本单位的市场份额和利润空间。

3. 单位重组不能影响装备采购任务下达方的权益

由于装备采购任务的特殊性，某些基于装备采购任务所产生的知识产权，分别由装备采购任务下达方、装备承制单位所有。双方也可以签订协议，另行约定相关知识产权的权属、后续改进的权属和使用、许可和利益分配等。如果装备承制单位发生单位重组（包括合并、并购和分立），单位要采取措施，确保不影响装备采购任务下达方的相关知识产权权益。

例如，并购双方可以在并购协议中约定，在并购后对知识产权实施共同管理，如知识产权的权利转移、权利回授、权利有效性的维持、限制向第三方许可和实施、被侵权的监控和应对等。但是，上述约定不得限制或者排除国务院有关主管部门、中国人民解放军有关主管部门，根据《国防专利条例》的规定，允许其指定的单位实施本系统或者本部门内的国防专利，以及经批准指定实施本系统或者本部门以外的国防专利的权利。

【案例分析】航天科工集团并购 IEE 公司❶

2012 年，在汽车安全电子领域享有世界声誉的卢森堡 IEE 公司拟出售全部股权。同年，航天科工集团（以下简称“航天科工”）正式启动并购卢森堡 IEE 公司的项目，知识产权分析评议势在必行。

航天科工迅速组建知识产权专业团队开展知识产权分析评议工作，内容主要包括三部分。

（1）对 IEE 公司知识产权总体情况进行摸底。IEE 公司提供的专利清单中的专利数量为 200 余件，但经检索发现，IEE 公司在 1992 年以后的全球专利申请总数为 800 余件，这也是其能够保持竞争优势的重要原因；专利清单中大部分专利的有效期在 10 年以上，未列入清单的大部分专利均处于未交费、视为撤回等无效状态。另外，IEE 公司提供的商标清单中也存

---

❶ 贺化．评议护航——经济科技活动知识产权分析评议案例启示录［M］．北京：知识产权出版社，2014：18-26.

在已被局部转让、被拒绝注册、已被无效、漏报的情况。IEE 公司还有很多版权、商业秘密等。据此，航天科工及时向 IEE 公司提出，对争议内容进一步提供证据，如 IEE 公司对所转让的专利享有全部权利的声明等。

（2）对 IEE 公司知识产权实际价值的分析。经分析发现，IEE 公司共有 16 个产品系列，其在美国和德国获得授权的专利最多，相关产品在美国市场的专利覆盖范围最广，但在美国和德国有较强的竞争对手，有侵犯第三方专利权的可能性。其在日本的许多专利因未缴年费已失效，在过去几年中也未在日本进行专利布局。其在中国的授权专利仅有 14 项，未授权的专利获权希望不大并且这些专利仅能对 6 个产品系列进行保护；其余产品因缺乏专利保护，在进入中国后，很可能侵犯第三方专利权或被随意仿制，有一定的市场风险。另外，IEE 公司还有大量的计算机软件版权和技术秘密。据此，航天科工决定以合理价格全面收购其全部有效专利、计算机软件版权及技术秘密等知识产权，并且针对其未保护的产品开展专利布局，针对竞争对手的专利进行产品规避设计，作为后续经营的知识产权储备，以便为未来的发展打好基础。

（3）有关知识产权法律诉讼的分析，包括与该公司专利和商标相关的已发生或正在发生的诉讼事宜，是否存在潜在的诉讼风险，是否收到侵权警告函，是否会面临反垄断调查等，对知识产权风险进行预警评估。经过分析发现：IEE 公司正处于一些专利诉讼案件之中。一是美国某公司起诉 IEE 公司侵权，IEE 公司也进行了反诉；IEE 公司若败诉，将承担赔偿高额赔偿金、诉讼费以及附加的数额未知的专利侵权许可费。二是 IEE 公司有 2 项欧洲专利被提出无效申请，但即使这 2 项专利被无效，也不会对其商业活动产生过多影响。三是 IEE 公司起诉中国某公司专利侵权。据此，一方面，航天科工对专利侵权诉讼进行密切跟踪；另一方面，制定相应的风险应对方案。如果在收购合同签订时，这些案件不能终结，则需要设定相关协议条款，评估最大可能的损失，待案件清晰后再处理。随后，在整个并购谈判过程中，航天科工时刻跟踪最新信息，对潜在的风险逐一排除，采取审慎而快速的决策。

经过艰苦谈判，2012 年 12 月，航天科工联合其他两家投资方，与 IEE 公司的股东签署股权收购协议，拉开了航天科工国际化经营的序幕。

四、标准化

【标准条款 6. 3. 4】

参与标准化工作应满足以下要求： a）参与标准组织前，了解标准化组织的知识产权政策，在将包含专利和专利申请的技术方案向标准化组织提案时，应按照知识产权政策要求披露并做出许可承诺； b）牵头制定标准时，应组织制定标准工作组的知识产权政策和工作程序。

【理解要点】

本标准 6. 3. 4 条款规定了装备承制单位在标准化方面的知识产权管理要求。

本条款中“a）参与标准化组织前，了解标准化组织的知识产权政策，在将包含专利和专利申请的技术方案向标准化组织提案时，应按照知识产权政策要求披露并做出许可承诺”，是指装备承制单位参加标准化组织前，要了解该组织的知识产权政策，评估其政策对本单位的利弊；在参与标准制修订过程中，如果单位提出的标准提案中含有专利和专利申请的技术方案时，要及时主动披露并做出许可承诺。

本条款中“b）牵头制定标准时，应组织制定标准工作组的知识产权政策和工作程序”，是指装备承制单位牵头制定标准时，要按照标准化组织的知识产权政策的要求，为单位所在的标准工作组制定标准化工作程序和相关知识产权政策。

【实施要点】

根据标准的形成过程可以将标准分为以下两类：一是法定标准，指那些经过标准化组织的法定程序确定、建立、公告并管理的标准，如 ISO、IEC 或区域标准化组织建立的国际标准，政府标准化组织或政府授权的标准化组织建立的标准；二是事实标准，指那些没有经过任何官方或准官方标准设定的机构批准，仅通过企业的“私有协议”或多个企业的“联合声明”的方式，使产业界接受自己的技术而形成的标准，这类标准一般由私有标准化组织进行管理，如DVD技术中的6C和3C联盟形成的技术标准。

标准制定的目的是促使市场统一，便于货物与服务的流通、使用；而知识产权目的在于权利的垄断性及其背后巨大的经济利益。从传统的观念来看，两者是相互对立、相互排斥的。早期的标准化组织在制定标准时，也尽量避免涉及知识产权（主要是专利技术）。但是，随着科学技术的发展，专利技术对标准的影响越来越大，某些国际标准化组织也改变了最初的立场。同时，不同标准化组织的知识产权政策也不同。例如，自2015年以来，国际标准化组织ISO/ITU/IEC、行业标准化组织IEEE、区域标准化组织ETSI和CEN/CENELEC以及国家标准化组织ANSI和BSI皆对其知识产权政策进行了修订。

1. 参加标准化组织前，要了解其知识产权政策

装备承制单位参与标准化活动（如标准的制定、修订、参与讨论等），通常是以参加标准化组织为前提。在参加标准化组织前，单位首先要了解该组织的知识产权政策，评估其利弊。标准化组织的知识产权政策主要包括商标权政策、版权政策以及专利政策。

专利是标准问题的核心。许多标准背后都隐藏着专利技术。一方面是由于专利权人为占领世界市场，不断将其技术进行推广，主动将专利技术渗入标准之中；另一方面是由于专利技术的大量存在，标准制定组织难以逾越专利权人所布下的“地雷阵”，不可避免地需要在标准中采用某些专利技术。因此，许多企业将知识产权战略与标准战略结合起来，将专利技术成功地结合于标准之中，使二者成为一个不可分离的整体，将技术许可战略巧妙构建在技术标准许可战略之中，形成一条“技术专利化—专利标准化—标准许可化”的链条。这实际上是知识产权借标准的“外衣”，行知识产权专有之实，最终实现利润最大化。

总体来看，国际标准化组织、政府标准化组织的知识产权政策简明扼

要，其知识产权政策中的重点在于允许专利技术加入技术标准中，但不负责专利技术的许可谈判，而是通过专利权人自己的许可使用声明来确定在标准使用中所发生的权利与义务关系。但是事实标准的知识产权政策要复杂得多，其知识产权政策中相当多的内容是解决专利技术的许可问题，如“WinTel 标准”的管理主要是权利人以“私有协议”的方式单独同专利技术的使用者谈判。目前，主要的国际标准化组织都建立了标准必要专利数据库，供公众查询使用。

目前，部分国际标准化组织的知识产权政策，如表 6-2 所示。

表 6-2　部分国际标准化组织的知识产权政策❶

标准化组织	知识产权范围	披露义务	披露义务性质	披露时间	许可条款❷
ITU/ISO/IEC（国际电信联盟/国际标准化组织/国际电工委员会）	ITU：专利；IEC/ISO：专利、商标和版权	有	鼓励性	从标准制定开始	RAND 或 RF
美国电气和电子工程师协会（IEEE）	专利	有	鼓励性	标准批准前	RAND，RF，NA（可选）公开最大费率
欧洲电信标准协会（ETSI）	专利	有	强制性	及时	FRAND，即使专利人拒绝许可也可能采纳
欧洲标准化委员会（CEN/CENELEC）	专利	有	参与：强制性；未参与：鼓励性	从标准制定开始	RAND（所有使用者）或 RF
美国国家标准学会（ANSI）	专利	有	鼓励性	及时	RAND 或 RF
英国标准协会（BSI）	专利	有	鼓励性	及时	FRAND 或 RF

2013 年 2 月，国家标准化委员会、国家知识产权局发布《国家标准涉

❶ 张俊艳．国际标准化组织知识产权政策及我国借鉴［EB/OL］．（2018-08-31）［2019-12-21］．http：//www.sipo.gov.cn/gwyzscqzlssgzbjlxkybgs/zlyj_ zlbgs/1131611.htm.

❷ RAND（reasonable，and non-discriminatory）意即“合理、无歧视”；FRAND（fair，reasonable，and non-discriminatory）意即“公平、合理、无歧视”；RF（Royalty-Free）意即“免费授权许可”；NA（Non Assertion）意即“不主张”。

及专利的管理规定（暂行）》，明确规定了我国的标准化组织政策，并于2014年1月1日起实施。2017年，国家标准化管理委员会开始启用标准中专利信息管理功能，用于国家标准制修订过程中专利信息的披露、报送、公示及已发布国家标准涉及专利信息的补录等。

2. 参加标准化组织活动中，要遵守其知识产权政策

（1）牵头组建标准工作组时，要制定其知识产权政策。

某些标准化组织，允许其成员在牵头组建标准工作组时，可以在遵守该标准化组织的知识产权政策的前提下，为该工作组单独制定知识产权政策和工作程序。例如，ISO由一个技术管理委员会管理着若干技术委员会和联合技术委员会（JTC1）的技术性工作。其中，委员会的工作可以进一步授权给一些工作组。工作组可以根据所处技术领域的特点，在遵守ISO知识产权政策的前提下，为该工作组制定单独的知识产权政策和工作程序。

（2）向标准化组织提案时，要遵守其知识产权政策。

单位要建立专利申请与标准提案的互动机制，形成标准制定的参与策略。单位要监督其他标准制定者是否在标准提案中隐藏了专利。另外，单位在提交标准提案时，还要注意保密，禁止国际标准、国家标准、非涉密军用标准提案中包含涉及国家秘密的专利和专利申请。

单位在向标准化组织提案时，首先判断该提案是否涉及本单位专利或专利申请的技术方案，如果有，还要进一步评估将该技术方案纳入拟制标准对单位的利弊，以最终确定是否将该技术方案写入标准提案。如果确认要将该技术方案纳入拟制标准，单位在提交标准提案的同时，还要进行专利信息披露和提案选择，提交独立评估材料和专利风险分析报告。如果该专利或专利申请还要依赖于第三方专利许可方可实施，则要获得专利许可，并提交书面专利许可实施声明。

3. 国防科技工业标准涉及专利的问题

标准化是国防科技工业实施行业管理的重要手段。目前，标准化军民融合在加紧推进，包括推动标准化军民资源共享，提升军民标准通用化水平，积极推动在国防和军队建设中采用先进适用的民用标准，并将先进适

用的军用标准转化为民用标准等。

国防科技工业标准，一般包括国家标准、军用标准以及航天、兵器、船舶等行业标准。以军用标准为例，军用标准与国家标准相比有其自身特点，主要包括：一是军用标准包括涉密军标和非密军标，其中涉密军标属于国家秘密，不能公开发布；二是军用标准的实施范围限制在国防和军队建设领域；三是军用标准在制定、审批上均独立于国家标准管理体系，包括《国防科技工业标准化工作管理办法》《军用标准化管理办法》等。

军用标准中涉及的专利，可以分为普通专利和国防专利。军用标准管理办法中没有关于必要专利的规定，在标准制定程序上也没有披露专利信息的环节。军用标准具有强制性、军用性等特点。由于军用标准多采用成熟稳定的技术方案，并不能像国家标准在遇到标准必要专利问题时，采用其他技术方案进行替代，因此其知识产权政策必然不同于国家标准。

由于国防专利的保密属性，其并不能直接进入军用标准中。当军用标准涉及国防专利时，如果该专利是装备研制时产生的，并且其经费来源于国家军费，专利权并不完全属于研制单位，该专利实施许可费不能完全按照国家标准涉及专利的许可方式确定。如果其研制经费来源于单位自筹资金，虽然该专利权属于研制单位，但由于该专利涉及国家秘密，只能进入涉密军标，而不能直接进入非密军用标准中，只能待该专利解密后，方可进入非密军用标准中实施。

如果国家军用标准中涉及的是普通专利，并且该专利是在装备研制时产生的，其经费来源于单位自筹资金，则其专利权属于单位，该专利实施许可费可以按照国家标准涉及必要专利的通常方式执行。如果其经费来源于国家军费，由于专利权人的发明创造已经得到了一定补偿，因此，在确定该专利实施许可费时，还要酌情考虑这种补偿，合理确定许可费用。

例如，E 研究院在参与制定某项军标时，引用了该研究院申请的某项普通专利。F 厂认为此专利已纳入军标中，意味着 E 研究院已经同意该专利免费实施许可，因此实施了该专利。随后 E 研究院向 F 厂提出收取专利许可费。F 厂经调查发现，该专利是 E 研究院在研制某型号武器装备时产

生的，其经费来源于国家军费。最终 E 研究院同意 F 厂无偿实施该专利技术。❶

【案例分析】西电捷通与索尼公司的标准必要专利纠纷❷

目前全球的无线局域网安全技术主要有两大标准。一个是由美国主导的 Wi-Fi；另一个是 WAPI，这是中国通信领域自主创新的一个先驱。相比 Wi-Fi，WAPI 在双向身份鉴别、防范非法接入、防钓鱼、防假热点等方面具有明显优势，弥补了 WLAN 技术标准中的安全缺陷。但是，国外已经提前布局 Wi-Fi 无线局域网，因此 WAPI 从诞生之初就开始遭遇围追堵截。中国企业在美国申请 WAPI 专利一度受阻。2004 年，中国要实施 WAPI 标准时，美国企业威胁对中国实施芯片禁运。WAPI 问题更是连续 4 届成为中美贸易联委会的议题，直到 2013 年才得到解决。目前，在我国公安、地铁、机场和海关等某些关键基础设施领域，WAPI 获得大范围应用。

西电捷通参与全国信标委组织的国家标准《无线局域网媒体访问控制和物理层规范》和《无线局域网媒体访问控制和物理规范：2.4GHz 频段较高速物理层扩展规范》（上述两项标准统称为涉案标准）的起草工作。西电捷通向全国信标委出具《关于两项国家标准可能涉及相关专利权的声明》，承诺愿与任何将使用该标准专利权的申请者，在合理、无歧视的条件下，协商专利授权许可。2003 年，GB 15629.11—2003《信息技术 系统间远程通信和信息交换 局域网和城域网 特定要求 第 11 部分：无线局域网媒体访问控制和物理层规范》发布，标志着 WAPI 标准正式成为中国国家标准。2006 年，修订后的 GB 15629.11—2003/XG 1—2006 标准正式发布。

2009 年 3 月至 2015 年 3 月，西电捷通与索尼移动通信产品（中国）有限公司（以下简称“索尼公司”）就涉案专利许可问题进行了协商，但最终未达成许可协议。随后，西电捷通向法院起诉称索尼公司生产、销售

❶ 范威．浅谈军用标准涉及必要专利存在的主要问题以及对建议［J］．中国金属通报，2018（2）：73-74.

❷ 李秀中．大战索尼苹果——西电捷通揭秘 WAPI 背后的中美知识产权暗战［N］．第一财经，2018-05-13（3）.

的手机侵犯西电捷通的 WAPI 专利。2018 年 3 月，北京市高级人民法院做出终审判决，驳回上诉，维持一审原判，判令索尼公司停止侵权，并赔偿西电捷通经济损失及维权合理支出共 900 余万元。该案也被业界称为“中国标准必要专利第一案”。

为防止出现类似问题，单位要按照本标准 6.3.4 条款的要求，在实施相关标准的过程中，了解该标准化组织的知识产权政策，以及该标准涉及专利的专利权人的许可政策，并遵照执行。

五、联盟及相关组织

【标准条款 6.3.5】

> 参与或组建知识产权联盟及相关组织应满足以下要求：
>
> a）参与知识产权联盟或其他组织前，应了解其知识产权政策，并进行评估；
>
> b）组建知识产权联盟时，应遵循公平、合理且无歧视的原则，制定联盟知识产权政策；主要涉及专利合作的联盟可围绕核心技术建立专利池。

【理解要点】

本标准 6.3.5 条款规定了装备承制单位在联盟及相关组织方面的知识产权管理要求。

本条款中“a）参与知识产权联盟或其他组织前，应了解其知识产权政策，并进行评估”，是指装备承制单位参加联盟或其他组织前，应了解该组织的知识产权政策，并评估其利弊。

本条款中“b）组建知识产权联盟时，应遵循公平、合理且无歧视的原则，制定联盟知识产权政策；主要涉及专利合作的联盟可围绕核心技术建立专利池”，是指装备承制单位在组建知识产权联盟时，要制定联盟的知识产权政策，并遵循公平、合理且无歧视的普遍原则；如果联盟的主要目的是进行专利合作，单位要组织联盟成员，围绕核心技术，建立专利池。

【实施要点】

在很多技术领域，单个企业很难独霸核心技术，往往是实力相当的企业在竞争中逐渐联合，进行专利的交叉许可，形成产业知识产权联盟，对外共同发布专利联合许可声明，从而构成对整个行业的技术垄断。目前，知识产权联盟主要表现为专利联盟。知识产权联盟的出现，标志着知识产权竞争已从单个专利为特征的战术竞争，转向以专利组合为特征的战略竞争。例如，微软公司利用其霸主地位在行业领域内，推行强制性的知识产权防御政策。1993 年，微软公司在所有合伙伙伴和 OEM 制造商中推出所谓的不主张专利（NAP）条款，所有签署协议的企业将不得因为专利侵权而诉讼微软公司，更不能相互诉讼，这是一种消极的结盟行为。后来，在微软公司自身专利积累达到一定程度后，微软公司旋即废除了 NAP 条款，转而与合伙伙伴和 OEM 制造商签订知识产权的授权和交叉许可协议，这就是一种积极的结盟行为。

知识产权联盟是以知识产权为纽带、以专利协同运用为基础的产业发展联盟，是基于知识产权资源整合与战略运用的新型产业协同发展组织，通常是由产业内两个以上利益高度关联的市场主体自愿结盟形成的联合体。根据联盟的目标和任务不同，可分为联合创新型、标准共建型、共同防御型、专利池构建型等。知识产权联盟多采取企业法人制和社团法人制。目前，国内大部分知识产权联盟是社团法人形式，在组织架构和管理机制等方面的设置均较为明确。截至 2018 年 1 月，国家知识产权局备案的产业知识产权联盟达 105 家，大多集中在信息技术领域。

1. 参与知识产权联盟前的调查和评估

装备承制单位在参加知识产权联盟前，要重点了解该联盟的成立目的、成员情况，了解其知识产权政策的制定背景、执行情况等，是否遵循公平、合理且无歧视的原则，根据单位自身实际，对单位参加该联盟的利弊进行合理评估。知识产权联盟章程是知识产权联盟设立、建设、运行与发展的重要文件，其中包括联盟的知识产权政策。例如，“深圳市 LED 专利联盟”章程明确该联盟的知识产权政策是：以联盟名义集体进行知识产权谈判，降低企业费用支出；搭建国内首家 LED 专利数据库；搭建信息共享平台，提供知识产权平台服务等。

2. 组建知识产权联盟时，要制定其知识产权政策

知识产权联盟则可以通过一定的专利组合，汇集某一行业的专利技术，对外进行一站式许可。很多知识产权联盟成立的目的之一就是在联盟内部构建专利池，共同运营知识产权，共建行业标准，提高联盟成员的创新转化能力，形成共同抵御外来知识产权风险的能力。相比于传统的单一许可模式，知识产权联盟进行专利运营具有诸多优势。一方面，联盟内各成员可围绕产业链上下游核心技术，依托联盟内独有的产业链资源优势，以项目合作、技术引入等手段，培育高价值专利，构建核心专利池。另一方面，通过综合运用市场情报分析、专利分析等手段，联盟能够掌握产业市场活动涉及的知识产权竞争态势，识别技术创新方向和技术需求领域等，通过专利收购、许可，完善全产业链的专利布局，形成联盟各成员的产业专利价值一体化连接，占据产业核心专利组合的最高点，保障并促进产业长期健康有序地发展。[1]

目前，知识产权联盟常见的专利许可方式主要包括以下几种。

一是独立个体许可。某些专利联盟是由其中的许多专利权人另外成立一个独立个体，并且将成员的专利权统一移转或许可给该个体，独立个体再将所有的专利权许可给成员，并且由独立个体负责所有专利权对联盟外成员的许可活动。这是一种较为传统的许可方式。

二是交叉许可。在某些产业内（如半导体产业），联盟成员将各自的整体专利组合打包，互相进行许可。这种许可方式适合联盟成员之间的专利权交叉的情况，因此既可能存在于竞争者间，也可能存在于不同产业内的成员间。交叉许可有利于避免不同专利权人之间的牵制性专利以及互补性专利的问题，确保联盟成员在设计和运营上的自由度，有助于技术流通，促进产业技术发展。此外，交叉许可也可以避免潜在的专利诉讼或解决现

---

[1] 李俊霖．产业知识产权联盟：搬走企业发展的“绊脚石”［N］．中国知识产权报，2016-11-24（9）．

存的专利纠纷。

三是混合许可。许多专利权人也可彼此相互交叉许可，因此他们各自皆可使用彼此的专利权。然后，再由其中一个专利权人统一许可给第三方，即由联盟成员签署契约将集中的专利移转给一个许可人，由其负责对外的许可。这种专利联盟的模式是对交叉许可模式的拓展，在交叉许可的基础上，由其中一个成员负责对外的许可活动。

装备承制单位在组建知识产权联盟时，要遵守国家法律法规，贯彻执行国家相关产业政策，制定联盟的知识产权政策。联盟要遵循公平、合理且无歧视的原则，制定联盟的专利许可政策。联盟不得滥用专利权，实施垄断和不正当竞争行为，阻碍市场良性竞争和产业健康发展。

【案例分析】中国稀土企业抱团反击日立金属专利滥用❶

日立金属是全球最大的生产、销售烧结钕铁硼的企业。通过并购和自行研发，其获取了众多烧结钕铁硼的专利。日立金属采取专利许可的形式，广泛授权被许可人生产和销售烧结钕铁硼磁体，取得了巨大收益。2012年8月，日立金属及其在美关联公司，就4件“烧结钕铁硼”工艺专利，在美国提出针对包含4家中国公司在内的全球29家公司的“337调查”。随后8家中国企业获得了日立金属的专利许可。此后，日立金属宣布不再给其他中国企业发放专利许可，意味着其他中国企业无法进入美国、欧洲、日本等市场。

2013年，7家中国企业成立“稀土永磁产业技术创新战略联盟”，意图打破日立金属的专利封锁。该联盟章程第7条确定，该联盟的主要任务之一，就是切实保护技术创新联盟内各成员的专利、著作权、商标、商业秘密等知识产权。为此，联盟聘请了美国的专业律师团队，找到大批稀土和专利的专家和律师，仔细梳理和分析了日立金属在全球的600余件专利（含大量不同地区的重复专利），并对比了目前中国企业拥有的140余件专利。经过分析发现，相比20年前，日立金属所谓600余件有效专利，其技

---

❶ 苏杰．稀土联盟抱团反击专利权利滥用［N］．中国知识产报，2015-08-26（9）．

术并未有革命性的创新。但是，日立金属通过搭售、针对性申请、诉讼恐吓等手段，将本该属于公有或者他人的技术申请为专利，并通过将专利打包捆绑等方式，导致其在原始专利过期后，仍然获得专利保护。

经过一年多准备后，联盟在美国向美国专利商标局提交了日立金属2件核心专利无效的宣告请求。为全面遏制日立金属滥用专利非法垄断的行为，2014年10月，联盟中4家企业向宁波市中级人民法院起诉日立金属搭售以及拒绝许可滥用市场支配地位垄断的侵权行为。经过两年多的努力，2016年2月，美国专利商标局裁定日立金属的上述2件专利无效，这也为中国稀土企业拓展海外市场顺利扫清了知识产权障碍。

第四节　保护

本标准6.4节，规定了装备承制单位在知识产权保护方面的管理要求。

一、风险管理

【标准条款6.4.1】

应编制形成文件的程序，以规定以下方面所需的控制： a）采取措施，避免或降低生产、办公设备及软件侵犯他人知识产权的风险； b）定期监控产品可能涉及的他人知识产权的状况，分析可能发生的纠纷及其对装备承制单位的损害程度，并提出防范预案； c）装备承制单位应将知识产权纳入装备承制单位风险管理体系，对知识产权风险进行识别和评测，并采取相应风险控制措施。

【理解要点】

本标准6.4.1条款规定了装备承制单位在风险管理方面的知识产权管理要求。

本条款中“a）采取措施，避免或降低生产、办公设备及软件侵犯他人知识产权的风险”，是指装备承制单位在生产、办公设备及软件的采购、使用过程中，要采取相应风险控制措施，防范侵犯第三方知识产权的风险。

本条款中“b）定期监控产品可能涉及的他人知识产权的状况，分析可能发生的纠纷及其对装备承制单位的损害程度，并提出防范预案”，是指装备承制单位要建立风险预警机制，对自身产品可能涉及的第三方知识产权的风险进行定期监控、及时分析，根据可能发生的纠纷及其对单位的损害程度，提出相应的风险防范预案，防范侵犯第三方知识产权的风险。

本条款中“c）装备承制单位应将知识产权纳入装备承制单位风险管理体系，对知识产权风险进行识别和评测，并采取相应风险控制措施”，是指装备承制单位要将知识产权纳入单位的风险管理体系，有效识别知识产权风险，及时对知识产权风险进行评测，如果经过评测后认为风险较大的，还要及时有效地采取相应风险控制措施。

【实施要点】

目前，国外在我国国防工业领域的专利申请尚不致严重影响军品科研生产，但若听任其自由进行知识产权布局，势必制约军工先进技术的转嫁和辐射，遏制军工优势产业及新兴产业的发展，削弱国防科研投入的民用产业带动能力。《国家知识产权战略》提出，“建立国防知识产权安全预警机制，对军事技术合作和军品贸易中的国防知识产权进行特别审查”。在此背景下，装备承制单位要建立知识产权风险预警机制，确保不侵犯第三方的知识产权。

装备承制单位建立文件化的程序，明确知识产权风险预警机制。通过对第三方在知识产权布局的动态监控，及时发现单位可能侵犯第三方知识产权的风险，判断其对单位造成的损害及其威胁的潜在可能性，有针对性地采取风险防范措施。当第三方提起侵权指控时，单位能够及时采取有效的应急措施。这也是建立知识产权预警机制的主旨所在。

1. 要防范设备及软件侵犯第三方知识产权的风险

装备承制单位在采购、使用有关的生产、办公设备及软件时，要采取措施，降低侵犯别人的知识产权的风险，降低对单位正常经营生产带来的负面影响。例如，单位采购办公设备前，要对拟采购设备的知识产权状况进行背景调查，了解其是否涉及侵权纠纷，尽量从经过设备制造商合法授权的渠道采购，并在采购合同中明确约定侵权责任承担及赔偿责任等条款；单位在设备日常使用过程中，通过设备使用权限控制、定期对使用情况进行监控等方式，防止员工在未授权的情况下，私自在设备上安装盗版软件等。

2. 要防范自身产品侵犯第三方知识产权的风险

装备承制单位要对第三方在具体技术领域的知识产权布局进行动态监控。一方面，这样做可以防范国外知识产权布局对我国国防相关技术的封锁控制，避免或降低单位知识产权侵权和被侵权的风险。另一方面，还可以紧密跟踪有关领域的技术发展水平，提高研发起点，及时校准研发方向，避免重复研发，促进国防科技工业自主创新。❶

单位可以结合单位日常的知识产权信息收集和分析，开展相关知识产权风险的监控工作。如果单位监控发现存在可能侵犯第三方知识产权的疑虑时，要进一步深入分析，确定侵权风险的潜在可能性，评估风险可能导致的后果。如果经评估存在较大风险，单位还要及时制定防范预案（如采取回避设计、谈判或诉讼准备、对相关知识产权提请撤销、宣告无效或利用公知技术抗辩准备等），积极有效应对，降低单位的侵权风险，减轻对单位的损害程度。例如，微软公司凭借日常分析发现 Web TV Network 公司拥有网络电视的 35 项核心专利；后来该公司发生财务危机时，微软趁机对其展开收购，掌握了上述专利，并占领了网络电视的巨大市场。

3. 要将知识产权纳入风险管理体系

2006 年，国务院国有资产监督管理委员会发布《中央企业全面风险管理指引》，指导中央企业建立内控制度，推行全面风险管理（包括战略风险、财务风险、市场风险、运营风险、法律风险等方面），并在风险管理的基本流程、组织体系、风险评估等方面提供了详细指引，其中知识产权风险被纳入法律风险中。2013 年，原总装备部发布 GJBZ 171—2013《武器装

❶ 温振宁．建立国防科技工业知识产权预警应急机制［J］．中国军转民，2018（11）：32-35.

备研制项目风险管理指南》，要求装备承制单位对武器装备研制过程可能存在的各类风险（见图 6-1）[1] 进行规划、识别、分析、评价、应对、监控措施。

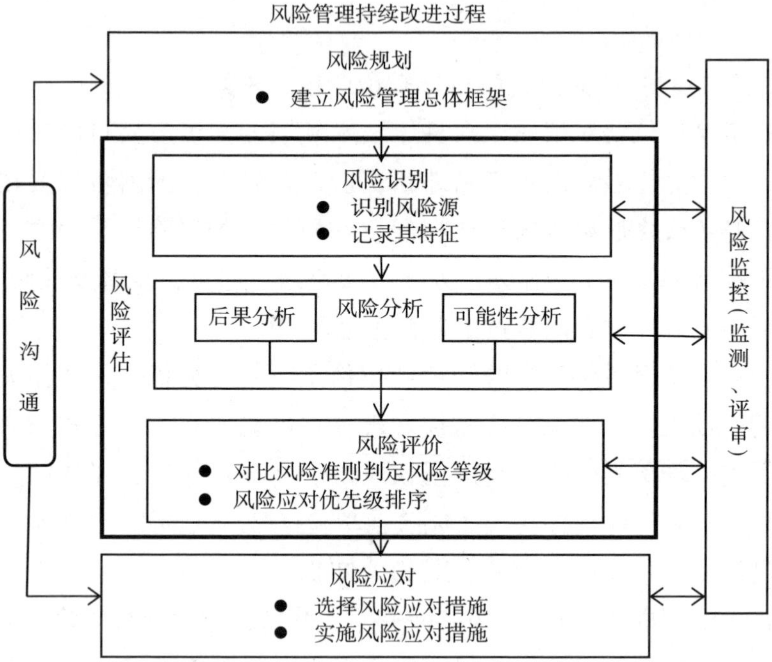

图 6-1　武器装备研制项目风险管理通用框架示意

目前，部分装备承制单位借鉴 ISO 31000：2009《风险管理：原则与实施指南》的方法，在单位内部开始推行全面风险管理体系。对于这些单位而言，需要将知识产权风险管理纳入全面风险管理之中，有效识别在人事、财务、设施等管理过程以及研发、生产、采购、销售等经营环节的知识产权风险源，对其发生的可能性及后果进行评估，并采取适宜的风险控制措施，以提高单位应对各类知识产权风险的能力。

[1] 国防科工局 . GJBZ 171—2013 武器装备研制项目风险管理指南［S］：2.

【案例分析】比亚迪与日本索尼的专利侵权纠纷❶

2003年，日本索尼公司（以下简称“日本索尼”）在事先未进行任何谈判的情况下，向东京地方法院起诉深圳比亚迪股份有限公司（以下简称“比亚迪”）侵犯其特许第2646657号（以下简称“657专利”）等2项日本专利权，而上述专利是锂离子充电电池的基本专利，因此请求法院禁止比亚迪向日本进口、销售最主要的6种型号锂离子充电电池。

面对日本索尼的指控，比亚迪迅速反应，部署应诉战略。一方面，在日本聘请著名律师团队，由公司知识产权部组织技术、市场部门配合应对诉讼，准备了大量的证据材料，证明自己并没有侵犯日本索尼的专利；另一方面，经认真分析，比亚迪认定“657专利”并非有效专利，于2004年向日本特许厅提起“657专利”无效宣告请求，最终将该专利无效。2005年12月，在事实面前，日本索尼不得不向东京地方法院撤销了对比亚迪的所有指控。

实际上，比亚迪早在涉案电池研发设计之初，就对索尼的专利技术进行了专利回避设计，并积极寻求替代性生产技术，突破竞争对手的专利壁垒，避免掉入竞争对手层层布防的专利“陷阱”。例如，“657专利”权利要求之一是电池液容量在0.4毫升之上，比亚迪在设计时就将电池液容量控制在0.4毫升以内。对日本索尼的另外一项专利（电池正负极涂敷物质的厚度及其比例），该专利权利要求是电池极片厚度在80~250微米，比亚迪在设计时就将电池厚度设计在这个范围之外，避免了专利侵权的巨大风险。

为防止出现类似问题，单位要按照本标准6.4.1条款的要求，监控产品可能涉及的他人知识产权的状况，分析可能发生的纠纷及其对本单位的损害程度，并提出防范预案。

二、争议处理

【标准条款6.4.2】

❶ 田力普．中国企业海外知识产权纠纷典型案例启示录［M］．北京：知识产权出版社，2010：51-57.

应编制形成文件的程序，以规定以下方面所需的控制： a）及时发现和监控知识产权被侵犯的情况，适时运用行政和司法途径保护知识产权； b）在处理知识产权纠纷时，评估诉讼、仲裁、和解等不同处理方式对装备承制单位的影响，选取适宜的争议解决方式。

【理解要点】

本标准 6.4.2 条款规定了装备承制单位在争议处理方面的知识产权管理要求。

本条款中“a）及时发现和监控知识产权被侵犯的情况，适时运用行政和司法途径保护知识产权”，是指装备承制单位要建立知识产权纠纷处理机制，采取措施，及时发现第三方侵犯本单位知识产权的情况，采取适当方式，及时有效维护本单位的权益。

本条款中“b）在处理知识产权纠纷时，评估诉讼、仲裁、和解等不同处理方式对装备承制单位的影响，选取适宜的争议解决方式”，是指装备承制单位在处理与知识产权有关纠纷时，要评估不同处理方式对本单位的影响，选取适当的处理方式，及时有效维护本单位的权益。

【实施要点】

知识产权纠纷是经济发展和市场竞争的必然结果。随着装备承制单位与外界交流越发频繁和紧密，知识产权摩擦也越来越多。单位要制定文件，采取有效措施，确保单位能够及时发现和监控自身知识产权被侵犯的情况。

装备承制单位在遇到知识产权纠纷时，既不能置之不理，也不能简单地付之于诉讼。知识产权纠纷的解决方式包括诉讼、调解、仲裁、和解等多种方式。不同的解决方式，各有其优缺点。单位要根据纠纷的具体情况，分析不同处理方式的利弊，最终选取最有利的解决方式。

1. 要建立监控机制，及时发现知识产权被侵权的情况

装备承制单位要建立知识产权被侵权监控机制，并通过市场调查、客户反馈、检索分析等多种方式进行监控，及时发现本单位被侵权的情况。例如，如果销售人员通过客户调查，发现市场上某一产品有侵犯本单位商

标权的嫌疑，应立即收集相关证据并反馈给知识产权部门。根据侵权行为的具体情况，由技术、法务、市场、知识产权部门的工作人员，共同进行侵权分析，判断侵权纠纷发生的可能性、对本单位损害程度等，并据此制定有效的应对措施。

2. 要积极应对知识产权纠纷

由于知识产权是保护装备承制单位自身合法使用，具有垄断性和排他性，会限制竞争者的使用，竞争者往往会想办法提出专利无效宣告请求或者商标撤销申请。知识产权纠纷主要包括知识产权合同纠纷、知识产权权属和侵权纠纷、不正当竞争和垄断纠纷等。因此，单位要做好应对策略，维护自身知识产权的稳定性，为将来知识产权运营打下坚实的基础。

例如，如果单位收到第三方对本单位某专利提出的无效宣告请求，要立即组织知识产权、技术、法务人员，必要时要聘请外部技术专家和律师，认真分析对方提出无效宣告请求的理由及其证据，评估该专利被无效的可能性。如被无效的可能性较小，单位要充分收集证据，积极准备意见陈述书及口头审理答辩材料，即使该专利被无效，还可以利用行政诉讼等救济途径，维护单位的知识产权利益。如被无效的可能性较大，也可以主动放弃该专利权。

3. 要选取适宜方式，解决知识产权纠纷

单位获取知识产权的目的是获取更多收益，提高单位的竞争力。根据知识产权侵权纠纷发生的可能性、损害程度以及侵权方的经济状况，单位可以采取向侵权方发警告函、申请法院临时禁令、向知识产权主管部门申请行政保护、知识产权许可谈判、调解、诉讼等多种方式进行处理，及时有效地维护单位的知识产权权益。

通常情况下，虽然诉讼是一种有效的策略，可以分散对手的精力，在宣传自身声誉的同时获得对方的赔偿，也可作为暗示其第三方不要步侵权人后尘的一种强烈信号。但是，诉讼流程复杂，时间较长，成本较高，尤其是涉外诉讼的律师费用高昂。因此，很多知识产权侵权诉讼最终以谈判和解告终。诉讼更多的是作为迫使对方进入许可谈判的一种重要手段。

我国采用的是司法与行政相结合的知识产权保护体系。我国的知识产权纠纷呈逐年增多的趋势。目前，我国在北京、上海、广州设立了知识产权法院，在南京、苏州、青岛等城市设立跨区域管辖的知识产权专门机构，最高人民法院设立了知识产权法庭，正在全国法院推进知识产权民事、行政和刑事案件审判“三合一”工作。面对目前知识产权诉讼案件持续、快速增长的局面，最高人民法院、国家知识产权局正在统筹建设知识产权纠纷的多元化解决机制，积极推进通过仲裁、调解、和解等方式解决知识产权纠纷，提高纠纷处理效率，减轻当事人负担。2018 年，国家知识产权局办公室、中央军委装备发展部办公厅联合发布《关于开展知识产权军民融合试点工作的通知》，依托知识产权行政管理部门，利用地方知识产权维权力量，组建国防专利纠纷处理专家队伍，开展国防专利纠纷的调查取证及初步审查，联合处理国防专利纠纷，建立军地联合开展国防专利纠纷处理的工作机制。

【案例分析】正泰与施耐德的专利侵权纠纷❶

浙江正泰集团股份有限公司（以下简称“正泰”）与施耐德电气低压（天津）有限公司（以下简称“施耐德”）都是生产电气及电器配件的企业，两家企业之间除在中国以外，在其他国家还有许多诉讼，如同两军对垒，在不同的国家互为原告和被告进行诉讼较量。2006 年，双方之间有遍布全球的 20 多个诉讼纠纷，涉及几万种的产品细目、争点繁多、案情复杂，使双方在诉讼方面也花费了大量的人力、财力、时间，导致双方对立情绪严重。

2006 年，正泰向浙江省温州市中级人民法院起诉称施耐德生产、销售的 5 个型号断路器产品侵犯其 ZL97248479. 5 实用新型专利。随后，施耐德以专利无效以及被诉侵权技术方案属于现有技术等理由，提出了抗辩。一审法院判决认定施耐德构成专利侵权。施耐德不服，向浙江省高级人民法院提起上诉。浙江省高级人民法院受理后，考虑到单独解决本案纠纷必然

❶ 最高人民法院．全国法院十大调解案例［N］. 人民法院报，2012-03-10.

涉及其他诉讼，使双方当事人仍然陷在诉累的泥潭，因此决定开展调解工作。

浙江省高级人民法院首先组织双方拟定了数种调解方案，针对双方全球诉讼的特点，从中选取了最优的全球和解方案，确定了有关调解谈判的原则，并组织双方各自成立由技术、管理、法律人员组成的10人左右的谈判团队进行谈判。同时对双方有争议的问题，通过耐心细致调解，寻找利益契合点与共赢点，以达成共识。在双方初步形成谈判项目意见的基础上，针对双方在一些全局性重大问题上仍未达成一致的现状，邀请正泰董事长、施耐德总裁及首席执行官亲自参与谈判，最终促成双方就本案达成全球和解协议。

这份协议，不仅解决了双方多年、多起纠纷，更重要的是规范了双方之间的良性竞争，促使双方合作双赢，消除多年积怨，使双方不再为纠纷而耗费人力、财力，在公平竞争条件下，各自不断创新发展。基于该和解协议，施耐德在尊重涉案专利基础上，同意向正泰支付补偿金人民币15 750万元，并主动全部履行了调解协议。

为防止出现类似问题，单位要按照本标准6.4.2条款的要求，在处理知识产权纠纷时，评估不同处理方式对装备承制单位的影响，并选取最适宜的争议解决方式。

三、涉外贸易

【标准条款6.4.3】

涉外贸易过程中的知识产权工作包括： a）向境外销售产品前，应调查目的地的知识产权法律、政策及其执行情况，了解行业相关诉讼，分析可能涉及的知识产权风险； b）向境外销售产品前，应适时在目的地进行知识产权申请、注册和登记； c）向境外销售产品前，应开展知识产权谈判，签订知识产权保护条款，明确知识产权使用范围和期限；

d）对向境外销售的涉及知识产权的产品可采取相应的边境保护措施；

e）产品参加国际展览，应开展参展地知识产权分析，做好知识产权保护和保密工作。

【理解要点】

本标准6.4.3条款规定了装备承制单位在涉外贸易方面的知识产权管理要求。

本条款中“a）向境外销售产品前，应调查目的地的知识产权法律、政策及其执行情况，了解行业相关诉讼，分析可能涉及的知识产权风险”，是指装备承制单位要在产品出口前分析出口的知识产权风险，调查目的地的知识产权法律、政策环境及其执行情况、行业相关诉讼等。

本条款中“b）向境外销售产品前，应适时在目的地进行知识产权申请、注册和登记”，是指装备承制单位要在产品出口前，选择适当时机，在出口目的地申请取得相关知识产权。

本条款中“c）向境外销售产品前，应开展知识产权谈判，签订知识产权保护条款，明确知识产权使用范围和期限”，是指装备承制单位要在产品出口前的商务谈判中，开展与知识产权有关的谈判，在进出口合同中约定知识产权保护的相关条款，明确使用范围和期限等。

本条款中“d）对向境外销售的涉及知识产权的产品可采取相应的边境保护措施”，是指根据实际需要，如装备承制单位出口的产品涉及知识产权，可以采取海关备案等边境保护措施。

本条款中“e）产品参加国际展览，应开展参展地知识产权分析，做好知识产权保护和保密工作”，是指装备承制单位要在参加国际展览前，分析参展的知识产权风险，调查参展地的知识产权法律、政策环境及其执行情况、行业相关诉讼等，并采取参展的知识产权保护措施，同时做好国家秘密、商业秘密等保密工作。

【实施要点】

当前国际竞争也越来越多转向技术贸易壁垒（如知识产权、技术标准等）。在这种情况下，利用知识产权维护国际市场地位乃至维持垄断，也日益成为企业优先选择的竞争手段。随着我国在国际军品贸易中地位和影响力的不断提升，知识产权日益成为军品贸易关注的焦点。例如，我国销往国外的 Z9 直升机、Z11 直升机均出现知识产权侵权事件；我国向土耳其出售 WS-1 火箭弹后，土耳其照此研制出自己的火箭弹并出口，与我国形成竞争。[1] 在此背景下，涉及军品出口的装备承制单位，要重视军贸产品出口的知识产权风险。

2013 年，国资委发布《关于加强中央企业国际化经营中法律风险防范的指导意见》，提出要重视境外知识产权管理工作。一是制定并实施企业知识产权战略，根据业务所在国家和地区的法律、相关国际公约的规定，认真开展知识产权创造、应用、管理和保护工作。二是适应企业境外发展需要，适时办理专利申请、商标注册等，明确商业秘密的保护范围、责任主体和保密措施。三是认真组织开展知识产权交易中的查询、检索及分析，严格审查合作方或者目标公司提供的知识产权证明文件并进行合理评估作价。四是重视境外知识产权的预警工作，加强研发、制造、销售、使用、许可使用、转让等各个环节的知识产权管理，既要充分保护本企业知识产权，又要防止侵犯他人知识产权，并注意应对以技术标准、技术联盟、国内法案等形式出现的知识产权壁垒。

目前，装备承制单位参与涉外贸易主要包括产品进出口、服务外包、工程承包、技术引进，技术合作等形式。涉外贸易相关知识产权风险主要涉及产品出口和参展等活动。以专利为例，涉及专利的风险主要包括恶意诋毁商业信誉的风险、法院诉讼的风险（如专利侵权诉讼）、刑事处罚的风险、行政调查（如美国“337 调查”）的风险、海外参展被调查的风险等。

1. 向境外销售产品前的知识产权风险分析

单位实现产品顺利出口到海外市场而没有知识产权风险的前提是，单位在产品出口之前，甚至商务洽谈阶段之前，要对拟出口产品在出口目的

---

[1] 卢太龙，等. 中国军贸知识产权战略对策研究［J］. 航天工业管理，2015（3）：31-34.

地的侵权风险，审慎进行尽职调查与分析，包括出口目的地的知识产权法律和政策环境，知识产权相关法律规定，知识产权侵权判定标准，司法诉讼和行政调查程序，出口目的地在该行业的知识产权相关诉讼情况等。

在尽职调查分析的基础上，单位还要继续评估和确认拟出口产品是否具有知识产权风险。例如，拟出口产品在出口目的地是否具有侵犯他人知识产权风险的可能性；如果存在侵权风险，则考虑进行必要的规避设计，以规避风险；如果难以规避，则考虑与权利人进行专利权转让或许可的谈判，或对其外围产品进行开发和改进并申请专利，以期实现交叉许可；如果上述两种途径都行不通，则放弃实施或者改变产品出口的去向，以规避风险。

如果产品出口中涉及相关技术出口的，还要依法办理审批手续，加强对输出技术或产品的知识产权进行监管。例如，单位要分析拟出口产品在我国是否属于《技术进出口管理条例》《军品出口管理清单》中规定的限制或禁止出口的技术；拟出口产品是否属于目的地禁止或者限制进口的技术，是否需要在目的地对技术进口进行备案；拟出口产品中所使用的软件、电子元器件等零部件是否属于第三国技术管制的范畴，如有，单位是否采取了防破译、防反向工程、防拆卸（如加密、封装、加扰、自毁、防反编译等）保护措施。目前，我国部分军贸公司已专门制定了军贸出口知识产权工作的相关管理规定，在军贸谈判中也制定了相关的知识产权保护预案，并尝试在军贸合同中增加知识产权权利归属、使用范围、权利转让、权利保护、责任义务等知识产权条款，取得了一定成效。

2. 向境外销售产品前的知识产权申请

拟出口产品在出口目的地是否具有专利权，拟出口产品的直接制备方法在出口目的地是否具有专利权；拟出口产品在出口目的地是否具有相应的商标权。如果拟出口产品为软件产品，则拟出口产品在出口目的地是否具有著作权或版权等。同时，单位要考虑拟出口产品相对于现有产品及其生产方法是否有技术上的改进计划。如有计划对于拟出口产品进行持续改进，还要对改进的产品进行专利布局，及时在产品的生产国、出口国、下游产品的生产国进行专利、商标、版权（如果涉及）等知识产权的申请和布局，以防御他人的侵权行为和避免因他人申请专利而导致的不利从而限制扩大生产的情况发生。

3. 境外销售产品合同中知识产权条款

单位在向境外销售产品前，通常要开展商务谈判，协商确定产品出口合同的具体内容。在商务谈判过程中，开展知识产权谈判是防范知识产权风险的一个重要手段。通过谈判，单位要在产品出口合同中明确，涉及的知识产权及其权利归属、使用方法和范围及期限、侵权责任的承担、后续改进成果权属等知识产权条款。例如，如果经过尽职调查分析，仍然难以确定是否有专利侵权可能的，单位可以在合同中约定，由进口商进行尽职调查并对侵权行为承担责任。

4. 采取适当的知识产权边境保护措施

向境外销售产品过程中，与知识产权有关的边境保护措施主要包括知识产品海关备案等。知识产品海关备案是指海关对与进出口货物有关并受法律、行政法规保护的商标权、著作权和与著作权有关的权利、专利权（以下统称知识产权）实施的保护。知识产权权利人应当将其知识产权向海关总署备案，并提供有关知识产权的法律状况、权利人的联系方式及合法使用知识产权的情况。初次备案有效期为 10 年，有效期届满前可申请续展，每次续展备案的有效期为 10 年。如果权利人发现侵权嫌疑货物即将进出口，向海关提出扣留侵权嫌疑货物的申请，并提供嫌疑货物情况、图片或照片等材料，使海关能在日常监管过程中及时发现侵权嫌疑。

5. 在境外参展前的知识产权保护

展会具有以下特点：一是展会上有具体的商品展示；二是展会的时间比较集中，也比较短；三是展会中的客户一般是较关心该行业、购买力较强的优质客户。因此，相比于其他营销方式，展会的针对性和深入性更强。海外参展在帮助企业树立国际形象、开拓海外市场、参与国际竞争等方面发挥了重要作用。展会中的知识产权问题也有其自身的特点。

一是展会中经常会有权利人有针对性地进行维权。由于展会时有具体的产品展示，不论是取证还是初步判断侵权都比较容易，同时会给参展方带来较大的负面品牌效应，更容易逼迫参展方屈服。例如，在德国汉诺威电子展览会上，多家专利池组织就曾多次查扣我国多家企业的产品，使我国的产品一度遭遇出口危机。

二是展会中有可能发生因侵犯知识产权而致刑事处罚的情况。很多国家都有相应的法规和措施对展会知识产权进行专门的规制，尤其是在欧美一些强知识产权保护国家，对故意侵犯知识产权的企业的负责人和责任人有刑事处罚权。展会中，参展方一般会派高级别管理者参展，而权利人通过刑事扣押这些管理者，对侵权参展方实现高压态势，逼迫其就范。

三是展会中更容易被竞争对手盯上。由于展会大多是针对某一行业的，参展方都是同行，各参展方都大显身手，将其产品的优点尤其是技术上的突破全部展示出来，此时也正是竞争对手了解同行产品和技术的大好时机。对于本身就拥有强势知识产权的企业而言，一旦发现有参展方侵犯了其知识产权，必然会积极收集证据，甚至当场进行维权，因此展会成为维权和打击竞争对手品牌的良好战场。目前，由于我国部分企业对海外展会的知识产权风险防范认识不足，以及个别海外主体滥用知识产权保护措施，导致我国不少企业陷入展会知识产权侵权纠纷。

装备承制单位要按照已建立的知识产权预警机制，既要关注本单位在展会中侵犯他人知识产权的风险，也要关注本单位自身的知识产权被他人侵犯的风险，及时、有效地维护自身权益。

对于展会中的知识产权管理而言，装备承制单位要开展以下几个方面的工作。

第一，参展前，单位要开展知识产权尽职调查。展会前的知识产权风险排查是必不可少的，尤其是展会的地点在欧美日等强知识产权保护地区时。调查内容一般包括以下几个方面：

一是调查展会所在地的知识产权法律和政策环境。其包括展会所在地的有关展会知识产权保护的相关法律规定，展会历年知识产权诉讼的情况等。如果该展会曾经有强势的专利池组织参会，而本单位参展产品未获得对方的许可，则在展会中产品遭遇查封的可能性就会比较大。

二是评估本单位的参展方案。针对本单位参展产品的展示方案、参展材料的设计方案等，评估其是否有泄露国家秘密、商业秘密的风险，是否有侵犯第三方专利权、商标权、著作权的风险，尤其要注意标识、外观设计等可视度较高的知识产权，因为其更容易成为维权的目标。

三是准备好证明拥有知识产权的法律文件（如专利证书、专利公告文件、专利登记簿副本及其翻译文本等）；解决潜在知识产权风险的证明材料（如参展所在地律所出具的 FTO 报告、法律意见书等）。如果曾发生知识产权纠纷并已解决，还要提供参展地法院确认不侵权的证明。

第二，在展会现场，单位要及时获得法律支持和援助。展会中，如果遇到知识产权纠纷，要及时获得知识产权律师及知识产权纠纷援助机构的协助和支持，如展会举办方及我国有关行业协会、产业联盟派驻展会的知识产权工作站等。如果自身产品被第三方指控侵权纠纷，要认真评估其纠纷可能性、严重程度等风险，采取适当方式，妥善处置，减轻商誉影响和经济损失。

第三，在展会现场，单位要派出熟悉本单位产品的知识产权律师巡查。主要目的是调查是否有竞争对手侵犯了自己的知识产权。如果发现自身知识产权被侵权，单位要采取发警告函、沟通协商、申请执法、申请禁令、诉讼等方式及时解决。

【案例分析】诺瓦科技的海外知识产权保护之路❶

2011 年，成立仅 3 年的诺瓦科技在国内市场已位列 LED 显示行业三甲，发展势头正好，遂决定开拓美国市场。由于当时处于高速发展期的诺瓦科技并未重视知识产权保护，在 2013 年年底的一个月内就收到了 3 家公司的商标异议和无效通知书。一时间由于海外知识产权问题，诺瓦科技进入了紧张的状态。虽然该公司迅速制定出相应方案，问题得到了解决，但是公司在知识产权保护方面的不足已经凸显，管理层意识到这是公司急需补齐的一块短板。

---

❶ 吴珂．诺瓦科技：知识产权为本 立足国际市场［N］．中国知识产权报，2016-11-15（6）．

随后，根据诺瓦科技的发展状况，企业每年投入近百万元对重要技术在海外提交专利申请，逐步完善国外专利的布局，通过PCT途径提交的国际专利申请已指定进入了美国、英国、法国、德国等国家，全面覆盖产品的海外市场，这是知识产权的“进攻策略”。同时，诺瓦科技还积极进行技术点分析、防侵权分析及产品出口预警分析，作为知识产权的“防守策略”。尤其是对海外市场采用精细化分析，在每一款新产品的预研阶段就会充分分析目标市场的专利情况，对于检索到的相关专利文献，由专利工程师与研发工程师共同研究，能够做规避设计的做规避设计，无法规避的就设计外围专利，实现全方位的专利布局，寻求后期出现诉讼的谈判筹码。由于该公司产品技术先进且拥有自主知识产权，所以海外客户对其信赖度很高，市场占有率不断提高。2014年巴西世界杯开幕式上球形LED显示屏的控制系统就是由诺瓦科技提供的。2015年德国PLS展，该公司的产品和服务吸引了很多观众的驻足。

2015年年初，美国一家公司向诺瓦科技发出警告函，声称诺瓦科技在美国销售的产品使用的技术侵犯了他们的专利权，要求诺瓦科技停止侵权行为，通过赔偿损失或缴纳专利许可费的形式来免除诉讼。在检索该专利文献及其同族专利的情况后，诺瓦科技发现所谓的涉案“专利”在美国的权利已经终止，而在欧盟的一些国家还尚有专利权，但进一步分析比对其权利要求，发现并不存在侵权的可能，并通过邮件发函该美国公司说明情况，这些工作仅用一天就完成了。之后该公司就再也没有收到对方的电函。现在，凭借自主知识产权，诺瓦科技已在海外站稳了脚跟。

第五节　保密

【标准条款6.5】

应编制形成文件的程序，以规定以下方面所需的控制：
a）明确涉密人员，设定保密等级和接触权限；
b）明确可能造成知识产权流失的设备，规定使用目的、人员和方式；

c）明确涉密信息，规定保密等级、期限和传递、保存及销毁的要求；
d）明确涉密区域，规定客户及参访人员活动范围等。

【理解要点】

本标准6.5条款规定了装备承制单位在保密方面的知识产权管理要求。

本条款中“a）明确涉密人员，设定保密等级和接触权限”，是指装备承制单位要确定本单位涉及国家秘密和商业秘密的人员范围和保密等级，不同岗位涉密人员可以接触的涉密信息的范围限制，并确保相关保密措施落实到位。

本条款中“b）明确可能造成知识产权流失的设备，规定使用目的、人员和方式”，是指装备承制单位要确定本单位可能造成国家秘密和商业秘密泄露的设备范围，不同类型涉密设备具体的使用目的、使用人员范围、使用方式限制等，并确保相关保密措施落实到位。

本条款中“c）明确涉密信息，规定保密等级、期限和传递、保存及销毁的要求”，是指装备承制单位要确定本单位涉及国家秘密和商业秘密的信息范围、保密等级和保密期限，不同类型涉密信息的保存、查阅、复制、销毁等管理要求，并确保相关保密措施落实到位。

本条款中“d）明确涉密区域，规定客户及参访人员活动范围等”，是指装备承制单位要确定本单位涉及国家秘密和商业秘密的场所范围，对于外来人员的参观和活动范围进行限制，并确保相关保密措施落实到位。

【实施要点】

装备承制单位要采取保密措施，一方面是单位避免知识产权流失，保护自身核心竞争力的需要；另一方面是在商业秘密侵权诉讼中，单位对相关信息采取了保密措施，也是认定商业秘密必不可少的因素。单位要建立文件化的程序，规定各项保密要求及保密措施，主要包括涉密人员、涉密设备、涉密信息、涉密场所等四个方面。

另外，装备承制单位要注意国家秘密和商业秘密的区别与联系。一般说来，与武器装备科研生产有关的技术秘密，以及装备战略规划、生产计划、保障方案等经营信息，必须按照国家秘密进行管理。除此之外，其他一般性的技术秘密及经营信息，可以按照商业秘密进行管理。

需要注意的是，某些国家秘密经解密后也可以转为普通商业秘密。例如，国防专利在解密前按照《中华人民共和国保守国家秘密法》和有关主管部门的规定进行管理；但是，经批准解密的国防专利，经报送国务院专利行政部门后，可以转为普通专利。

1. 要明确涉密人员的管理要求并落实到位

首先，要明确涉密人员的范围。涉密人员是指在工作岗位上知悉、掌握国家秘密或商业秘密的有关人员。一般包括单位的核心技术人员、主要经营管理人员，主要技术支持人员、关键岗位技术工人，主要市场计划、销售人员，主要财会人员、秘书人员、保安人员等。

其次，要根据涉密人员所在的工作岗位及其在工作中涉及国家秘密、商业秘密的重要程度，对涉密人员划分不同的保密等级，并明确每个涉密人员对涉密信息、场所、设备的接触权限。例如，单位可将全体员工划分为不涉密人员、一般涉密人员、重要涉密人员、核心涉密人员等。

最后，采取有效措施，使涉密人员遵守保密义务。例如，单位可以与涉密人员签订保密协议或竞业禁止协议，明确需要保密的内容和范围，员工的保密义务及泄密责任的承担，必要时也可以约定对保守商业秘密的员工给予何种奖励或补偿等。

2. 要明确涉密设备的管理要求并落实到位

装备承制单位可能导致泄密的设备，包括具有信息存储和处理功能的各种设备，如计算机及存储介质、打印机、传真机、复印机、扫描仪、照相机、摄像机、移动终端等。单位要明确涉密设备的范围、使用人员、目的、方式，建立日常监控和检查机制，确保设备管理落实到位。

例如，单位内部的涉密计算机，要设立分级操作口令，进行加密处理，以防止非正常使用人登录；涉密计算机上网要严格控制，以防止涉密信息通过互联网传输泄露；在建立本单位的局域网系统或进入国际互联网系统时，应当对计算机的外部通信线路采取特别的防护措施，使内外网分离，可以设立识别码和密码认证、防火墙、档案加密等。

3. 单位要明确涉密信息的管理要求并落实到位

装备承制单位要根据涉密信息的重要程度，为其设定相对应的涉密信息的保密等级、保密期限等。按照《保守国家秘密法》的规定，国家秘密分为绝密级、机密级、秘密级三类，保密期限分别不超过30年、20年、10年。对于商业秘密，单位可以自行规定其保密等级、保密期限。例如，单位可将商业秘密划分为一般商业秘密、重要商业秘密、核心商业秘密三类，保密期限可以分别规定为5年、10年、长期。此外，还要规定解密的条件和程序。需要注意的是，解密并不意味着对外公开，某些涉密信息在解密后，仍然要遵守一定程序，才能对外公开。

由于涉密信息是通过文字、图表、音像及其他记录等形式记载，并以公文、书刊、函件、图纸、报表、磁盘、胶片、幻灯片、照片、录音带等为载体，因此单位要明确规定涉密信息的传递、保存及销毁的要求。例如，对于涉及商业秘密的文件，每份涉密文件要明确标注其编号、份数、制作日期等。对涉密文件的阅读权限进行划分，规定不同层次的员工的阅读权限，对涉密人员进行合理限制，必要时可以将涉密信息各关键部分进行分解，限定员工只能接触到其中一部分，使涉密者不能知悉完全的商业秘密。涉密文件的复制必须经过审批并予以登记，涉密文件要有专门的存放场所。当符合销毁条件时，单位要及时清理或者销毁涉密文件。单位通过建立日常监督和检查机制，避免单位所涉及国家秘密、商业秘密发生泄露。

4. 要明确涉密区域的管理要求并落实到位

装备承制单位要明确能够涉密信息的区域范围，确定客户及参访人员的活动范围等。例如，单位将研发中心、档案室、生产车间等涉及商业秘密的办公、生产场所，确定为涉密区域；将该区域与单位生产、办公场所中的普通区域以明显警示标志进行隔离，并规定无关人员不得随意进入涉密区域；建立保安监视系统、门禁系统以及来访人员登记制度，登记来访者的身份信息和来访事由，并由本单位专人陪同方可进入生产、办公场所；严格管理来访者驻留、参观、来访等活动，禁止来访者在涉密区域进行摄影、摄像等活动。

【案例分析】Z研究所的商业秘密管理[1]

Z研究所建所四十年，科研档案数千份，科技成果近百项。2008年，为摸清技术家底，该研究所决定对技术秘密进行清理，确定该研究所商业秘密的具体范围。为此，该所制定了《商业秘密管理办法》，明确了商业秘密的划分标准、分类和管理要求。

首先，由档案室清理出已归档的科研项目700余项，并且发回原来承担该任务的研究室进行整理，其中涉及技术秘密的逐项上报研究所进行评审。

其次，通过专家评审，明确已归档项目中哪些属于核心技术；现有项目中哪些技术可以采取专利保护，哪些项目要采取商业秘密保护；并从市场情况、技术重要程度等角度，确认商业秘密的具体密级。同时，市场部清理出20余个民品项目，作为经营信息进行管理。

最后，该所清理出商业秘密155项，其中技术秘密129项、经营秘密26项。其中，特级商密为2项，一级商密为20项，二级商密为67项，内部商密为47项。在已归档的700余项科研项目中，涉及知识产权的项目有500个，其中一级保护项目9个，二级保护项目199个，内部保护项目292个。随后，该所在内部发布公告，向全所职工明确该所涉及知识产权的项目以及涉及商业秘密的项目列表，提高了全所职工的保密意识。

---

[1] 吴伟仁．国防科技工业知识产权案例点评［M］．北京：原子能出版社，2003：88-91.

第七章　合同管理

本章主要介绍本标准正文“7 合同管理”章的内容。

装备承制单位在经营活动中涉及多种类型的合同，这就要求单位应对合同中有关知识产权条款进行审查，注意防范合同相关知识产权风险。知识产权对外委托业务合同中，要约定知识产权权属、保密等内容。技术开发合同中，要约定知识产权权属、许可及利益分配、后续改进的权属和使用等内容。承担国家重大专项、装备采购任务等政府和军队支持项目，单位要了解项目相关的知识产权管理规定，并按照要求进行管理。

装备承制单位在参与装备采购任务投标中，要分析该任务所在领域的知识产权状况、单位在该领域自有知识产权状况、单位承担该任务的知识产权侵权风险及防范措施、该任务预期达到的知识产权目标等。同时，对于单一来源装备采购任务，单位也要参照开展相关工作。

对于装备预先研究、型号研制、购置、维修保障任务，装备任务下达方与装备承制单位要按照有关法律法规规定，在装备采购合同中约定知识产权条款，包括：该任务预期达到的知识产权目标，知识产权归属、许可使用范围，发明报告义务，全寿命周期的知识产权保障，以及知识产权权利瑕疵保证、责任承担等内容。

第一节　一般要求

【标准条款 7.1】

加强合同中知识产权管理： a）应对合同中有关知识产权条款进行审查，并形成记录； b）对检索与分析、预警、申请、诉讼、侵权调查与鉴定、管理咨询等知识产权对外委托业务应签订书面合同，并约定知识产权权属、保密等内容； c）在进行委托开发或合作开发时，应签订书面合同，约定知识产权权属、许可及利益分配、后续改进的权属和使用等； d）承担涉及国家重大专项、装备采购任务等政府和军队支持项目时，应了解项目相关的知识产权管理规定，并按照要求进行管理。

【理解要点】

本标准 7.1 条款规定了装备承制单位在合同管理方面的一般要求。

本条款中"a）应对合同中有关知识产权条款进行审查，并形成记录"，是指装备承制单位要对单位日常经营活动各类合同中涉及知识产权的条款进行审查。

本条款中"b）对检索与分析、预警、申请、诉讼、侵权调查与鉴定、管理咨询等知识产权对外委托业务应签订书面合同，并约定知识产权权属、保密等内容"，是指装备承制单位要在各类知识产权对外委托业务过程中，签订书面合同，约定知识产权权属、保密等内容。

本条款中"c）在进行委托开发或合作开发时，应签订书面合同，约定知识产权权属、许可及利益分配、后续改进的权属和使用"，是指装备承制单位要在各类技术开发业务过程中，签订书面合同，要约定知识产权权属、许可及利益分配、后续改进的权属和使用等内容。

本条款中"d）承担涉及国家重大专项、装备采购任务等政府和军队支持项目时，应了解项目相关的知识产权管理规定，并按照要求进行管理”，是指装备承制单位在承担政府和军队支持项目时，要了解项目相关的知识产权管理规定，并且遵守其规定，按照其要求进行管理。

【实施要点】

现代社会中，单位之间的经济往来主要是通过合同形式进行的。但是与普通的合同管理不同，知识产权合同管理的专业性、技术性更强。[1] 因此，对合同中涉及知识产权条款的订立、履行、变更、解除、转让、终止进行审查、监督、控制等管理，已成为单位合同管理的一项重要内容。

1. 要对合同中涉及知识产权的条款进行审查

装备承制单位经营活动涉及的合同类别主要包括：人事合同（含劳动合同、劳务合同等）；知识产权对外委托合同（含检索与分析、预警、申请、诉讼、侵权调查与鉴定、管理咨询等）；技术开发合同（含委托开发、合作开发、技术服务等）；采购合同；对外协作合同（含委托加工、来料加工、贴牌生产等）；销售合同以及其他可能涉及知识产权的合同。本标准分别在 6.1.3 条款、7.5 条款、8.3 条款、8.4 条款等，规定了上述合同中涉及知识产权条款的内容。

单位要在各类合同中有关知识产权的条款签订前，要明确审查流程、审查内容、审查部门等事项，并保留好审查记录。审查部门最好是配备有法律或知识产权专业知识的人员，如单位内部的法务部门或知识产权部门，也可以委托外部服务机构代为审查。审查内容主要包括知识产权条款是否符合单位知识产权方针，是否保障了单位的知识产权权益，是否明确约定了合同各方在知识产权权属、保密方面的权利义务以及违约责任、争议解决及法律适用等内容。如果采用单位格式合同的，也可以由审查部门统一对格式合同进行审查后再发给各业务部门执行，审查部门不再审查每一份合同；但是如果在具体合同签订过程中，相关方要修改格式合同的，审查部门要对修改的条款重新进行审查，以确保修改后的合同内容仍然符合单位的利益。

---

[1] 李红军，等．装备知识产权管理［M］．北京：国防工业出版社，2013：182-190.

2. 知识产权对外委托合同中要约定知识产权条款

装备承制单涉及知识产权的对外委托业务，主要包括与专利、商标、集成电路布图设计等相关的检索与分析、申请、预警、申请、诉讼、侵权调查与鉴定、管理咨询等。单位与知识产权服务机构签订书面合同的，既可以就某个项目或某项服务单独签订合同，也可以签订某个时间段长期合同，还可以签订框架协议，以确定双方在知识产权方面的全方位合作。合同中要明确以下事项：委托业务的服务范围、双方权利义务、服务费用及支付条件、时限等权利成果的归属、保密义务及其他争议解决与法律适用等内容。

3. 技术开发合同中要约定知识产权条款

装备承制单位在涉及委托研发、合作研发、技术服务等活动时，要签订书面合同，并明确约定合同各方在技术开发过程中的权利和义务等，避免不必要的知识产权纠纷。目前，科技部已发布了技术开发合同（含委托开发、合作开发）、技术服务合同、技术咨询合同、技术转让合同的范本，单位可参照其中相关内容进行约定。

技术开发合同中的知识产权条款一般包括以下内容：

一是合作双方的背景知识产权在任何时候都是各自专有财产，不因本合同的执行而改变；

二是对于合作过程中产生的知识产权，双方应在平等互利、互相尊重的前提下，协商确定知识产权申请权的归属问题，哪些是一方独享的，哪些是双方共享的，以及所采取的相应知识产权保护方式；

三是对于合作过程中产生的知识产权的使用权、转让权以及利益分配方式，哪些知识产权是可以许可、转让的，以及许可、转让的方式等；

四是在本合同履行完毕后，如果合同各方基于该合同的技术成果，有可能进行后续改进的，还要明确约定后续改进相关技术成果的知识产权归属、许可对方使用的方式和范围、对外转让或者许可的方式和范围、对外许可收益的分配方式等。

五是明确争议的解决方法，一旦双方因知识产权产生争议或纠纷，应采取协商、行政或者法律手段等解决方式。

4. 承担政府和军队支持项目时要了解并遵守相关知识产权管理规定

由于装备采购任务的特殊性，装备预研、研制任务一般都得到政府和军队的资金支持，很多装备承制单位也会涉及承担国家重大专项、国防科技基础研究等政府和军队支持项目。装备承制单位在参与该类项目时，要了解项目相关的知识产权管理规定，并且在项目实施过程中按要求对知识产权进行规范化管理。

对于重大专项、装备采购任务等政府、军队支持项目而言，项目的参与主体通常有很多，包括政府机构、研究院所、大学和企业等。因此，多参与主体以合同方式事先约定知识产权的权属与权利行使的限制，是此类项目知识产权权属管理的主要方式。政府、军队作为项目管理者的特殊身份，决定了政府、军队不仅对项目的科技成果的产出负有责任，同时对整个项目的顺利完成，乃至科技政策目标的实现负有长远的责任，这就要求政府、军队对项目成果知识产权的行使和保护保留必要的监管权力。[1]

2010 年，科技部、国家知识产权局等部门联合发布《国家科技重大专项知识产权管理暂行规定》，对重大专项实施过程中的知识产权的归属和保护、知识产权的转移和运用等方面均做出了明确规定。国防科工局发布《国防科工局科研项目管理办法》，明确规定了国防科技工业科研项目的申报、验收等环节涉及研究成果的知识产权管理要求。另外，一些省市对于由本省财政支持的科技项目的技术成果（含专利、技术秘密等）对省外转让也有一些限制，例如要求项目承担方优先将技术成果转让给本省地域内自然人或法人，如向本省地域外转让要先到省科技厅进行备案等。

---

[1] 王涵．国家科技重大专项的知识产权全过程管理模式研究［J］．科技政策与管理，2018（10）：29-34.

【案例分析】 A 厂与 B 大学的专利权属纠纷[1]

2002 年 3 月，A 厂与 B 大学以联合开发小组的名义出具了一份《X 技术改造可行性报告》，明确以 B 大学为主进行 X 技术的设计与开发及调试、试验工作，A 厂承担部分机械加工工作。随后，双方开始前期研究。同年 5 月，双方对技术方案修改后形成《X 技术改造方案》。8 月，该方案通过军方主持召开的论证评审会，项目转入方案设计阶段。

2002 年 10 月，双方签订《X 技术开发合同》，明确该项目采用甲、乙双方技术合作的方式进行；A 厂作为研制 X 技术改造的牵头单位，B 大学作为技术负责单位；该项目的技术成果的相关专利申请权归双方所有。2004 年，B 大学申请了与该项目有关的"X 装置"等 6 项国防专利，但 A 厂不知情。随后，国防专利局对上述国防专利授权，并发布在《国防专利内部通报》中，A 厂知情后并未提出异议。2006 年，B 大学向上海市国防科技工业办公室申请对 X 技术进行科技成果鉴定时，也将这 6 项国防专利确定为双方上述合作项目所产生的成果。

2007 年 12 月，由于牵扯到另一起诉讼，A 厂向法院起诉称，上述 6 项国防专利是在双方履行《X 技术开发合同》中产生的技术成果，按照合同约定，其专利权应归双方共同所有。法院最终判定，上述 6 项国防专利权为上海 A 厂与上海 B 大学共同所有。

为防止出现类似问题，单位要按照本标准 7.1 条款的要求，在委托开发或合作开发时，应签订书面合同，约定知识产权权属、许可及利益分配、后续改进的权属和使用。

---

[1] 黄婉如．国防知识产权归属问题案例分析与警示［J］．航天知识产权，2012（2）：219-221.

第二节　装备投标书

【标准条款 7.2】

装备采购合同投标书应明确：

a）拥有自有知识产权情况；

b）本领域国内外专利情况、技术缺项及突破口，以及知识产权预期目标；

c）知识产权侵权风险及防范措施。

单一来源装备采购合同订立前，应参照开展相关工作。

【理解要点】

本标准 7.2 条款规定了装备承制单位在装备投标书方面的知识产权管理要求。

本条款中“a）拥有自有知识产权情况”，是指装备承制单位要在装备采购合同投标书中明确，在该装备采购项目所属技术领域，本单位自身所拥有的相关自有知识产权情况。

本条款中“b）本领域国内外专利情况、技术缺项及突破口，以及知识产权预期目标”，是指装备承制单位要在装备采购合同投标书中明确，该装备采购项目所属技术领域的相关国内外专利情况、技术盲点及突破口，本单位承担该项目预期完成的技术成果及其知识产权目标。

本条款中“c）知识产权侵权风险及防范措施”，是指装备承制单位要在装备采购合同投标书中明确本单位承担该项目可能产生的知识产权侵权风险，以及计划采取的风险防范措施。

本条款中“单一来源装备采购合同订立前，应参照开展相关工作”，是指如果该项目采用单一来源采购，装备承制单位在签订装备采购合同前，也要参照上述要求开展相关分析工作。

【实施要点】

相比于《企标》，本条款是本标准新增加的内容，体现了武器装备采购制度的特殊性。

装备采购，是指军队装备机关、有关部门依据国家法律和《装备采购条例》的规定，采购武器、武器系统和军事技术器材等装备的活动。装备采购范围包括经中央军委或装备发展部（原总装备部）批准的战斗装备体制项目、保障装备体制项目、应急装备项目以及其他装备项目。

目前，装备采购相关的法规和制度主要包括：全国人大发布的《中华人民共和国国防法》；军队主管部门发布的《中国人民解放军装备管理条例》《装备采购条例》《装备科研条例》《装备预先研究条例》《装备维修工作条例》《装备采购合同管理规定》《竞争性装备采购管理规定》《装备采购方式与程序管理规定》等；国防科工局发布的《武器装备科研生产备案管理暂行办法》《武器装备科研生产协作配套管理暂行办法》《国防科工局科研项目管理办法》《军品配套科研项目管理实施细则》等。此外，各省（自治区）、直辖市及各大军工集团也相继配套制定了各项政策和制度，推动相关工作的顺利开展。

一般而言，装备采购方式包括竞争性采购和单一来源采购两种。装备任务下达方会根据装备类型、保密要求、采购金额和装备采购市场等情况，选择适宜的装备采购方式。除原有装备采购项目的一致性或者服务配套的要求或在紧急情况下，必须继续从原装备承制单位采购的，或者只能从唯一装备承制单位采购的，采用单一来源方式采购外，其他装备采购项目均采用竞争性装备采购方式。竞争性装备采购包括公开招标采购、邀请招标采购、竞争性谈判采购、询价采购及评审确认等采购方式。其中，采用公开招标、邀请招标方式适用国家有关法律规定的程序，包括《中华人民共和国招投标法》《中华人民共和国招投标法实施条例》等。因此，单位要了解竞争性装备采购的要求，包括知识产权相关要求，以适应装备竞争性采购的需要。

装备承制单位作为投标人，一般要向装备采购任务下达方提交装备采购合同投标书、有关资格证书、技术和质量以及进度承诺、报价等投标文件。一方面，单位可以通过分析该项目的知识产权风险，制定合理的投标技术方案，使装备采购任务下达方全面了解单位在相关领域的知识产权状况，向装备采购任务下达方全方位展示本单位的知识产权实力，提高单位中标的成功率。另一方面，通过平时收集竞争对手在知识产权方面的漏洞，单位也可以利用自身的知识产权优势，在竞标过程中获得一定的市场竞争优势。尤其是对新进入市场的竞争对手，由于其往往缺乏对该领域相关知识产权状况的认知，此时用知识产权作为竞争武器，胜算比较大。

例如，基于某装备任务需要，甲公司欲采购某产品，乙公司和丙公司都来竞标。本来乙公司的产品性价比较高，并有对甲公司较有利的付款条件。但是丙公司在答标时指出，该产品的关键技术专利都在丙公司手中，乙公司尚未与丙公司达成专利许可协议，告诫甲公司如果其采购乙公司的产品，不保证在将来不会遇到专利侵权诉讼。甲公司在考虑将来的运营风险后，割舍了乙公司，最终丙公司中标。

按照装备采购任务下达方要求，单位在装备采购投标书中，一般需要包括以下内容：

一是单位要分析该项目的技术发展现状和知识产权现状，包括：该项目所在领域的技术现状及发展趋势，国内外相关专利情况，本单位在该领域既有的科研成果及其与该项目的相关程度，本单位自有知识产权的情况，分析目前在该领域的技术盲点及技术突破口等。

二是单位要评估本单位承担该项目可能产生的知识产权风险，包括：本单位承担该项目所采用的技术方案成熟度；该技术方案是否来源于本单位其他相关产品或研制项目中，相关项目中是有知识产权限制，是否可能有侵犯第三方知识产权的风险；如有侵权风险，单位计划采取哪些风险防范措施（如采用改变产品结构、增减功能器件、替换原料或器件等开展规避设计）；该项目所预期完成的技术成果及其知识产权目标等。

需要注意的是，为保护装备承制单位的核心技术，单位在投标文件中，要尽量避免过度公开投标方案的核心技术，并在投标文件中注明“该投标文件涉及的技术秘密和商业秘密，未经本单位书面同意，不得披露或提供给第三方使用”；为保护本单位著作权，还可以注明“该投标文件的版权归本单位所有，未经本单位书面许可，严禁复制”等声明。

另外，对于单一来源装备采购项目，虽然装备承制单位并不需要向装备采购任务下达方提交投标文件，但是单位也要参照上述要求，开展知识产权工作，以便对本单位承担该项目时可能产生的知识产权风险进行及时有效的评估和分析。

【案例分析】C研究院的某项目论证❶

2000年，C研究院在X项目的方案论证会上，提出了一项“X技术方案”，击败了其他单位的技术方案，得到广泛认可。会议结束后，该研究院负责人意识到，“X技术方案”在论证会上经过激烈的争论，主要内容已经向参加会议的有关专家公开。虽然会议有明确的保密要求，但是这些专家来自不同的单位，仍然存在泄露技术方案的可能。因此，该研究院决定将“X技术方案”立即申请专利。这也是该研究院第一次将原理技术方案申请专利。后来，该研究院取得了X项目的装备承制任务。随着对X项目研究的不断深入，该研究院在“X技术方案”的基础上产生了许多技术创新，同时利用“X技术方案”专利申请的国内优先权，陆续申请了一系列后续专利。

第三节　装备采购合同

【标准条款7.3】

> 涉及装备预先研究、型号研制、购置、维修保障的合同，应按照有关法律法规规定及装备采购任务下达方的要求，约定知识产权目标、权利归属、许可使用范围，发明报告义务，全寿命周期的知识产权保障，以及知识产权权利瑕疵保证、责任承担等条款。

【理解要点】

本标准7.3条款规定了装备承制单位在装备投标书方面的知识产权管

❶ 吴伟仁．国防科技工业知识产权案例点评［M］．原子能出版社，2003：79-80.

理要求。

本条款中“涉及装备预先研究、型号研制、购置、维修保障的合同，应按照有关法律法规规定及装备采购任务下达方的要求，约定知识产权目标、权利归属、许可使用范围，发明报告义务，全寿命周期的知识产权保障，以及知识产权权利瑕疵保证、责任承担等条款”，是指对装备预先研究、型号研制、购置、维修保障任务，装备任务下达方与装备承制单位要按照有关法律法规规定，在装备采购合同中约定该项目的知识产权目标，知识产权归属、许可使用范围，发明报告义务，装备全寿命周期的知识产权保障，知识产权权利瑕疵保证、责任承担等内容。

【实施要点】

相比于《企标》，本条款是本标准新增的内容，强调了装备采购合同中必须约定的事项，体现了武器装备采购制度的特殊性。

装备采购合同中知识产权管理，既包括条款完备、价值评估、权利归属和利益分配等约定，也包括装备采购任务下达方对合同的履行情况进行监督。在装备采购合同中明确约定知识产权条款，有利于合同各方确认自身的权利和义务，避免产生知识产权纠纷。同时，也为装备采购任务下达方对装备承制单位在合同履行过程中的各项知识产权管理工作，及时有效进行相应的监督管理，提供了重要的法律依据。

装备采购合同文本应当符合国家和军队的有关要求。装备采购任务下达方与装备承制单位协商形成装备采购合同草案文本后，经装备采购主管部门审查后正式签订装备采购合同，经装备采购主管部门确认后生效，并按照规定统一编号，确定密级。按照装备采购合同的审批权限，分为重要合同和一般合同。装备采购合同标准文本由中央军委装备发展部（原总装备部）制定。按照有关法律法规的规定以及装备采购任务下达方的相关要求，装备采购合同中约定知识产权条款一般包括以下内容：

一是装备承制单位在承担该装备采购项目中，所预期完成的技术成果及其知识产权目标，知识产权归属及其许可使用范围。例如，本项目的研究成果归国家所有，上级部门及甲方（装备采购任务下达方）有权决定在指定单位实施，乙方（装备承制单位）享有专利申请、使用、转让等权利。预研成果向合同约定范围以内的型号研制、现役武器装备改造或生产及其他预研项目转化应用，一般不再收取使用费，但可酌情收取技术服务费；向约定范围以外推广应用可收取一定数额的成果使用费等。

二是装备承制单位在承担该装备采购项目中，有义务将本单位所完成的技术成果及相关专利、技术资料、软件著作权等产生和使用状况，及时报告给装备采购任务下达方。

三是装备承制单位在装备全寿命周期所负有的知识产权保障义务，不能以保护知识产权为由拒绝提供售后服务，影响装备维修保障的实施。

四是装备承制单位的知识产权权利瑕疵保证、责任承担等。装备采购合同中涉及的知识产权，既包括承包商履行合同时产生的知识产权，也包括承包商事先已有的、用于履行合同的知识产权。❶ 在装备采购项目过程中，如果装备承制单位所采用的技术方案侵犯了第三方知识产权，单位应承担侵权责任，并且要采取措施，确保不影响该装备采购任务的正常进行，也不影响装备采购任务下达方的相关知识产权权益。

装备采购合同订立后，不得擅自变更、中止或者解除。但是如果装备采购计划被修改或者被取消的，或者装备采购合同继续履行将损害国家和军队利益的，或者装备采购合同履行条件发生重大变化使主要条款无法履行的，经批准后，可以办理装备采购合同变更、中止或者解除事宜，并将办理情况报中央军委装备发展部（原总装备部）备案。其中，由于装备承制单位的过错而变更、中止或者解除装备采购合同而给军队造成损失的，装备采购任务下达方依法向装备承制单位提出索赔要求。

装备采购任务下达方对于装备承制单位履行装备采购合同的情况实行监督管理，包括装备生产进度、质量信息、经费使用、知识产权目标及完成情况等。依据装备采购合同和验收技术条件，装备采购任务下达方对装备承制单位提交的产品认真进行检验验收，确认合格后方能接收。装备承

❶ 李志新，等．对装备采购合同知识产权利益平衡问题的思考［J］．电子知识产权，2010（2）：55-59.

制单位应当制订装备技术服务计划，健全售后服务保障机制，在装备服役期限内及时提供技术服务保障，协助解决装备在运输、贮存、使用和维修中出现的问题。

【案例分析】我国引进西屋核电技术决策始末❶

2004 年，我国已经具备二代及二代+核电的批量建设能力，但在技术及设备产业链上仍有一些关键环节被国外垄断，面临设计、材料、关键设备“卡脖子”问题。

2004 年，我国计划从美国西屋电气公司（以下简称“西屋电气”）引进第三代核电技术 AP1000，确定要在核电技术上走一条“引进、消化、吸收、再创新”之路。为此，我国专门成立国家核电技术公司（以下简称“国核电”），作为引进吸收 AP1000 技术以及中国自主化发展第三代核电技术的主体。

西屋电气是压水堆技术的鼻祖，法国、德国、日本等压水堆技术都是从其引进的。在国核电与西屋电气谈判过程中，知识产权问题是双方争议比较激烈的一个问题。国核电坚持在合同中写明中方在 AP1000 基础上做出重大改进和再开发的堆型，拥有自主知识产权。西屋电气提出折中方案，如果中方自己开发的非能动大型压水堆功率超过 135 万千瓦，则中方拥有自主知识产权，可以对第三国出口，但对美国和日本出口，须与西屋电气合作出口。最终国核电同意了此方案。随后，国核电与西屋电气就技术和设备转让的全部清单达成一揽子协议，西屋电气承诺在核电设备采购方面，采取分级供货制度；同时承诺分阶段向中方转让全部技术资料，以帮助中方尽快掌握 AP1000 核定设备的生产技术。随后，国核电获得了重达 20 吨的 AP1000 技术资料和 260 个软件包，是当时我国对外技术引进中规模最大的一次。这也为我国在大型非能动压水堆核电站的自主创新和知识产权保护奠定了基础。

2007 年，国务院确定“大型先进压水堆核电站”为重大专项，在引进

❶ 陈肇博，等．亲历中国引进三代核电技术 AP1000 始末［J］. 中国经济周刊，2014：13-16.

AP1000的基础上，开发出具有自主知识产权的大型先进压水堆核电技术。当前，中国的两条自主核电技术线，“国和一号”“华龙一号”的国产率均超过85%。其中，“国和一号”（CAP1400）更是超越了之前我国在引进美国西屋AP1000技术合同中所设置的135万千瓦技术门槛，取得多项创新，并获得自主知识产权。“华龙一号”则在设计技术、设备制造和运行维护技术等领域的核心技术具有自主知识产权，在成熟性、安全性和经济性等方面满足三代核电技术要求，也是我国目前唯一可以自主出口的核电机型。

第八章　实施和运行

本章主要介绍本标准正文“8 实施与运行”章的内容。

本章除规定装备承制单位在经营活动各环节对知识产权管理的一般要求外，还规定了在装备采购任务项目各环节对知识产权管理的特殊要求，使知识产权管理工作贯穿装备全寿命周期，真正融入装备承制单位的经营活动中，成为装备科研生产体系的有机组成部分。

装备承制单位知识产权管理的一般要求包括以下环节的内容：立项环节，包括立项前的知识产权检索分析、市场调查、知识产权风险评估等内容；研发环节，包括研发过程中知识产权规划、持续跟踪监控和风险分析、研发成果的评估和保护、研发记录保管等内容；采购环节，包括采购前的供方知识产权背景调查、采购风险分析、采购档案保管、采购合同中的知识产权条款约定等内容；生产环节，包括生产过程中技术改进的评估和保护、生产记录保管、委外加工合同中的知识产权条款约定等内容；销售和售后环节，包括产品上市前的知识产权审查、市场营销前的知识产权审查、知识产权风险的市场监控、产品重大升级后的知识产权保护等内容。

装备采购任务各环节知识产权管理的特殊要求包括以下方面：预研项目，在立项阶段、合同订立阶段、合同履行阶段的知识产权管理要求；型号研制项目，在论证阶段、合同订立阶段、方案阶段、工程研制阶段的知识产权管理要求；装备生产项目，在合同订立阶段、生产阶段、装备交接阶段的知识产权管理要求；装备维修保障项目的知识产权管理要求等。

第一节　一般要求

本标准8.1节规定了装备承制单位在经营活动各环节的知识产权管理要求。

一、产品全生命周期知识产权管理的一般要求

产品生命周期理论是美国人雷蒙德·弗农于1966年首次提出，他将产品从投入市场到更新换代和退出市场所经历的全过程分为导入（进入）期、成长期、成熟（饱和）期、衰退（衰落）期四个阶段。近年来，很多企业在上述理论基础上，进一步将产品生命周期划分为七个部分，即产品战略、产品市场、产品需求、产品规划、产品开发、产品上市、产品市场生命周期管理。

本标准结合我国企业管理实践，从立项、研究开发、生产、销售和售后等五个阶段，规范知识产权管理活动，使知识产权管理真正融入装备承制单位的产品全生命周期中，成为单位经营管理的有机组成部分。

1. 立项阶段

立项阶段一般涉及可行性分析（含技术可行性分析、市场需求分析等）、立项评审、研究开发计划的制定等内容。立项阶段的知识产权管理主要包括：分析该项目所涉及的知识产权信息，包括各关键技术的专利数量、地域分布和专利权人信息等；通过知识产权分析及市场调研相结合，明确该产品潜在的合作伙伴和竞争对手；进行知识产权风险评估，并将评估结果、防范预案作为项目立项与整体预算的依据。

2. 研究开发阶段

研究开发阶段一般涉及产品概念设计、方案设计、研究开发等内容。研发阶段的知识产权管理主要包括：对该领域的知识产权信息、相关文献及其他公开信息进行检索，对项目的技术发展状况、知识产权状况和竞争对手状况等进行分析；在检索分析的基础上，制定知识产权规划；跟踪与

监控研究开发活动中的知识产权，适时调整研究开发策略和内容，避免或降低知识产权侵权风险；督促研究人员及时报告研究开发成果；及时对研究开发成果进行评估和确认，明确保护方式和权益归属，适时形成知识产权；保留研究开发活动中形成的记录，并实施有效管理。

3. 采购阶段

采购阶段一般涉及供方背景调查、采购评审、采购合同订立等内容。采购阶段的知识产权管理主要包括：收集与拟采购物料相关的知识产权信息，以避免采购知识产权侵权产品，必要时应要求供方提供知识产权权属证明；做好供方信息、进货渠道、进价策略等信息资料的管理和保密工作；在采购合同中应明确知识产权权属、许可使用范围、侵权责任承担等。

4. 生产阶段

生产阶段一般涉及产品生产合同订立、加工制造（包括委外加工）等内容。生产阶段的知识产权管理主要包括：及时评估、确认生产过程中涉及产品与工艺方法的技术改进与创新，明确保护方式，适时形成知识产权；在委托加工、来料加工、贴牌生产等对外协作的过程中，应在生产合同中明确知识产权权属、许可使用范围、侵权责任承担等，必要时应要求供方提供知识产权许可证明；保留生产活动中形成的记录，并实施有效的管理。

5. 销售和售后阶段

销售和售后阶段一般涉及产品上市前分析、销售方案制订、市场监控、售后服务等内容。销售和售后阶段的知识产权管理主要包括：产品销售前，对产品所涉及的知识产权状况进行全面审查和分析，制定知识产权保护和风险规避方案；在产品宣传、销售、展会等商业活动前制定知识产权保护或风险规避方案；建立产品销售市场监控程序，采取保护措施，及时跟踪和调查相关知识产权被侵权情况，建立和保持相关记录；产品升级或市场环境发生变化时，及时进行跟踪调查，调整知识产权策略和风险规避方案，适时形成新的知识产权。

二、立项

【标准条款 8.1.1】

立项阶段的知识产权管理包括：

a）分析该项目所涉及的知识产权信息，包括各关键技术的专利数量、地域分布和专利权人信息等；

b）通过知识产权分析及市场调研相结合，明确该产品潜在的合作伙伴和竞争对手；

c）进行知识产权风险评估，并将评估结果、防范预案作为项目立项与整体预算的依据。

【理解要点】

本标准 8.1.1 条款规定了装备承制单位在立项环节的知识产权管理要求。

本条款中“a）分析该项目所涉及的知识产权信息，包括各关键技术的专利数量、地域分布和专利权人信息等”，是指装备承制单位要在立项阶段的技术可行性分析中，重点分析该产品涉及关键技术的专利数量、专利地域分布和专利权人信息等方面的知识产权背景信息。

本条款中“b）通过知识产权分析及市场调研相结合，明确该产品潜在的合作伙伴和竞争对手”，是指装备承制单位要在立项阶段的市场可行性分析中，结合知识产权分析与市场调研的情况，综合评估识别出该产品潜在的市场竞争对手，以及有可能开展技术合作的对象。

本条款中“c）进行知识产权风险评估，并将评估结果、防范预案作为项目立项与整体预算的依据”，是指装备承制单位要在立项阶段的立项评审中，根据知识产权风险评估的结果、知识产权风险防范预案及其所需费用，综合评估确定是否立项，并在制定项目预算中予以考虑。

【实施要点】

加强产品开发过程中的成果管理，强化并保持这种竞争力是企业的生存根本。但是大部分企业在产品开发过程中注重成本、技术、质量等管理，而忽视对知识产权的管理。如何将知识产权管理贯彻到研发过程中是很多企业面临的课题。

立项阶段进行技术、市场信息收集和评审，通过知识产权调研分析可以更好地、更全面地了解市场和技术，全面地评估项目风险，其中包括知识产权风险，最终决定是否立项。

装备承制单位可以在本单位目前已有的立项管理流程中，嵌入知识产权管理的工作内容。通过借助传统的立项管理流程，将知识产权工作纳入立项管理各流程环节。

1. 基于知识产权的技术可行性分析

立项前的知识产权分析是立项阶段不可缺少的重要工作。通过立项前对专利文献与非专利文献的分析，装备承制单位可以对该技术领域的现有技术发展状况、知识产权状况和竞争对手状况进行分析，判断当前的研究热点和难点，技术发展演进的当前阶段，未来技术发展的方向及竞争焦点，避免重复立项和研究，提高研发起点，站在巨人的肩膀上进一步研究和开发，缩短研发时间，节约研发费用。据世界知识产权组织统计表明，如果充分有效利用专利文献，可以为研究单位节省60%的研发时间和40%的研发经费。

立项前的知识产权分析，主要是调查该项目所涉及的各关键技术的知识产权信息，包括各关键技术的专利数量、地域分布和专利权人信息等。专利数量分析，从宏观上可以显示出专利技术在时间上的活跃度，微观上则可以显示出技术发展动向、专利布局动向和专利发展动向。通过分析专利在不同区域的专利分布情况，可以掌握专利聚集的国家或地区，在企业进入相应国家或地区时，要根据各国专利法规进行深入的专利分析。专利申请人的研究能够反映出某一领域专利申请人的技术活跃度情况及其专利布局策略。

2. 基于知识产权的市场可行性分析

通过市场调研，装备承制单位可以初步确认产业内重点关注的国内外主要竞争对手。通过对竞争对手的专利分析，结合其专利布局情况和关键专利，可以弄清竞争对手的最新研究进展，本单位目前所处形势和地位，综合获得一手产业竞争情报。同时，本单位还可以通过专利分析，在竞争对手之外，适当选择该产品潜在的合作伙伴，通过产学研合作等方式，发挥合作各方的技术优势，避免重复研究和资源浪费，提高研发起点，缩短研发时间，节约研发费用。

3. 立项评审中的知识产权风险评估

知识产权风险评估主要是分析由于知识产权侵权导致产品在开发、生产、销售过程中可能带来的知识产权风险，判断由此产生的损失。通过立项前的知识产权风险评估，装备承制单位可以及时有效制定风险防范预案，为如何降低侵权风险提供更为精确的指导和方向，通过提前进行专利转让或许可、产品开发过程中规避设计等方式，绕过在先专利的“地雷”，避免单位投入大量资源开发的新产品在投入市场销售后由于侵犯第三方知识产权给单位带来损失。

立项阶段一般以立项评审为终点。装备承制单位可以在立项报告或者项目申请书中，结合技术可行性分析、市场可行性分析结果，更加全面地评估项目风险，其中包括知识产权风险，使决策者更好地、更全面地了解市场和技术的现状及趋势，最终决定是否立项。同时，装备承制单位也要考虑在项目预算费用中增加适当费用，用于知识产权风险防范预案的实施，如专利转让费、专利许可费、规避设计导致开发测试费用的增加、研发成果中重要专利的组合布局费用等。

【案例分析】重庆直升机技术引进中的知识产权分析❶

2011年年初，重庆直升机产业投资有限公司（以下简称“重庆直投”）准备在全球范围内寻找合作伙伴，引进国外直升机先进技术。重庆直投花费了3个月时间，搜索了13 000多项国外专利，对其中筛选出的5000多项专利进行逐一分析，对包括波音、贝尔、欧直等在内的8家全球主要直升机公司的技术实力、专利布局状况等进行摸底。在对意大利阿古

❶ 张艺筑．重庆直升机无中生有的秘笈［N］．重庆日报，2013-05-29（5）．

斯塔公司专利的分析中，发现其323项专利中有89项无效或失效。换言之，这89项专利可以直接使用，而不用缴纳高昂的专利费。通过知识产权评议，在纷繁复杂的直升机制造技术中选择了合适的技术，解决了困扰已久的“找哪家企业合作最合适，引进哪些技术最有利”等技术合作难题。

2011年9月，重庆直投与阿古斯塔公司签署直升机合作框架，计划在重庆两江新区设立合资公司，共同制造民用直升机，阿古斯塔公司将携其技术入驻重庆。重庆直投又先后与美国霍尼威尔等零部件及整机制造商签署了合作协议，又收购了美国恩斯特龙直升机公司完善了产业链条，增强了国际竞争力。

三、研究开发

【标准条款8.1.2】

研究开发阶段的知识产权管理包括：

a）对该领域的知识产权信息、相关文献及其他公开信息进行检索，对项目的技术发展状况、知识产权状况和竞争对手状况等进行分析；

b）在检索分析的基础上，制定知识产权规划；

c）跟踪与监控研究开发活动中的知识产权，适时调整研究开发策略和内容，避免或降低知识产权侵权风险；

d）督促研究人员及时报告研究开发成果；

e）及时对研究开发成果进行评估和确认，明确保护方式和权益归属，适时形成知识产权；

f）保留研究开发活动中形成的记录，并实施有效的管理。

【理解要点】

本标准8.1.2条款规定了装备承制单位在研究开发环节的知识产权管理要求。

本条款中“a）对该领域的知识产权信息、相关文献及其他公开信息进行检索，对项目的技术发展状况、知识产权状况和竞争对手状况等进行分析”，是指装备承制单位要在研发阶段，针对所确定的具体技术方案，对其所涉及领域的知识产权信息、相关文献及其他公开信息进行检索，进一步分析其技术发展状况、知识产权状况和竞争对手状况等。

本条款中“b）在检索分析的基础上，制定知识产权规划”，是指装备承制单位要在研发阶段，针对具体技术方案进行知识产权检索分析的基础上，制定该项目的知识产权规划。

本条款中“c）跟踪与监控研究开发活动中的知识产权，适时调整研究开发策略和内容，避免或降低知识产权侵权风险”，是指装备承制单位要在研发阶段，针对具体技术方案，对其所涉及领域的知识产权信息、相关文献及其他公开信息进行持续地跟踪与监控；根据检索分析结果，适时调整产品开发策略和技术方案，避免或降低研发过程中的知识产权侵权风险。

本条款中“d）督促研究人员及时报告研究开发成果”，是指装备承制单位要在研发阶段，根据产品开发进度，督促研究人员及时将产品开发过程中形成的创新成果进行报告。

本条款中“e）及时对研究开发成果进行评估和确认，明确保护方式和权益归属，适时形成知识产权”，是指装备承制单位要在研发阶段，针对产品开发过程中形成的创新成果，及时组织专家评审，明确其知识产权的权利和利益归属，并采取适当方式，及时保护其知识产权。

本条款中“f）保留研究开发活动中形成的记录，并实施有效的管理”，是指装备承制单位要在研发阶段，对产品开发过程中形成的各项档案和记录，及时、有效、规范地进行管理。

【实施要点】

研究开发活动是一种创新活动，需要创造性的工作，需要投入大量的人力、物力。在知识产权作为市场商业手段的今天，有效利用知识产权信息尤其是专利文献，可以节省研发成本，缩短研发周期。如果在研究开发过程中不进行知识产权分析、评估以及布局，未经知识产权考量的产品，将在未来产品生产、市场销售过程中面临极大的知识产权侵权风险。

装备承制单位可以在本单位目前已有的研发管理流程中，嵌入知识产权管理的工作内容。通过借助传统的研发项目管理流程，将知识产权工作纳入研发项目管理各流程环节。另外，研发活动中的知识产权管理，可以由知识产权部与技术部配合实施，确保各项工作有序开展。

1. 针对具体技术方案的知识产权分析

在研发阶段，装备承制单位在明确研发所采用的具体技术方案后，要对该技术方案所涉及的知识产权信息、相关文献及其他公开信息进一步检索，分析其技术发展状况、知识产权状况和竞争对手状况等，深入了解不同技术方案的优势、风险和难度，最终确定合理的技术方案。

需要注意的是，立项阶段的知识产权分析与研发过程中的知识产权分析，其重点有所不同。立项阶段往往只确定研发方向，但是并未明确具体的技术方案，此时的知识产权分析主要是针对所要立项的研究领域，范围相对较广泛，其目的在于全面了解相关领域的研究现状和趋势。而研发阶段，随着研发工作的推进，相关的技术方案已经初具雏形或者基本完成，此时的知识产权分析是针对所要采用的具体技术方案，范围相对较具体，其目的一方面是开拓研发思路，充分借鉴和合理利用其他人已有的研究成果，避免重复开发，提高开发效率，缩短开发周期；另一方面是避免技术方案侵犯第三方知识产权，降低侵权风险。因此，应注意把握其分析重点。

2. 制定研发项目的知识产权规划

研究开发过程中会产生大量的技术方案，因此在研发工作开始之初，装备承制单位就要在针对具体技术方案的知识产权分析的基础上，对研发项目所涉及的知识产权进行整体规划。在制定研发项目的知识产权规划时，要综合考虑技术、市场、时间、费用等因素，根据单位所处行业、产品特点等情况，合理制定知识产权规划。

在技术方面，要根据研发成果的类型、技术本身的特点等，确定采取何种方式进行保护。对于某些复杂的机械结构、电路设计等，一般需要进行专利保护。对于某些即使通过反向工程也无法获得的技术方案，就可以考虑采用商业秘密这种形式进行保护。对于软件，既要进行软件著作权登记，也要考虑其构思可否通过专利保护。另外，产品的商标设计也要及时进行注册。

另外，在专利规划方面，要根据潜在市场进行专利布局，明确专利申请的技术方向、申请国家或地区、申请时机、申请类型、申请方式等。通过对主要竞争对手的专利地域布局、技术领域申请布局、各地域申请量随时间的变化等进行深度分析，可以获知竞争对手的主要市场、研发所在地及潜在市场所在地，也可以避免因为缺乏专利战略规划而使产品缺乏核心竞争力，为未来的产品市场化留下隐患，实现“花相对较少的钱、达到相对较大的保护效果”。例如，以 LCD 设备为例，虽然美国的专利保护水平很高，但是其实并无必要在美国布局过多 LCD 专利；因为 LCD 设备近九成的消费地域是我国台湾地区和韩国，从 LCD 的市场格局以及专利的地域性这两个角度分析，专利的布局应以我国台湾地区和韩国为主。

3. 研发过程中知识产权信息的持续监控

在研发阶段，装备承制单位要建立知识产权信息的动态跟踪机制。定期或在项目中期检查等关键节点，对于该项目所确定的具体技术方案，尤其是关键技术方案的知识产权信息、相关文献及其他公开信息进行持续跟踪，监控其技术发展趋势及竞争对手动态。根据检索分析结果，要适时调整产品开发策略，采取规避设计等方式，避免或降低研发过程中的知识产权侵权风险，为研究开发的阶段性评审提供依据。

以专利跟踪分析为例，单位可以建立专题专利信息数据库并持续不断更新，实现专利信息的动态追踪。项目组可以指定一名知识产权专员，定期收集、整理相关专利信息，并通过会议和内部资料共享的方式传达给项目组成员。如果发现与本项目的技术方案相关度高的重要专利文献，还要进行重点分析，并与知识产权部相关人员共同判断专利侵权风险，制定相应的防范策略。目前，某些知识产权服务机构提供有针对具体技术领域的专利信息监控服务，可以根据竞争对手、主要发明人、某一产品、某一技术等进行相关专利信息的监视和跟踪，以协助研发人员实现有关专利信息的动态追踪。

4. 研发成果的及时报告、评审和保护

装备承制单位要在研发阶段，根据产品开发进度，督促研究人员，及时将产品开发过程中形成的研发成果进行报告。单位要组织专家评审、确认。对于其中重要的研发成果，还要组织进行专题检索和对比分析，制定知识产权保护方案。知识产权保护方案中要明确该研发成果的技术和市场价值、知识产权的权利归属和利益归属、建议的知识产权保护方式和申报时间表等，及时通过专利申请、计算机软件著作权登记、集成电路布图设计登记、技术秘密认定等方式保护。另外，单位还要结合对外信息发布审批制度，向研发人员明确研发成果对外发布前的审批要求，避免因研发人员提前发表论文等原因，导致研发成果泄密或者无法申请专利保护。

5. 研发档案和记录的管理

研发档案和记录主要包括两类：一类是管理档案，包括项目研究的可行性报告、立项报告、研制任务书、项目组成员任命、项目计划、评审会议记录等；另一类是技术档案，包括设计图纸、技术说明、工艺文件、测试报告、软件源代码等。其中既包括纸质文件，也包括电子文件。

研发记录包含装备承制单位重要的技术秘密和管理信息，需要采取适当的保密措施。研发记录使研发活动具有可追溯性；还可以准确界定研发成果的知识产权权利归属，为将来一旦发生知识产权权属纠纷、发明人署名权和奖励报酬纠纷、侵犯商业秘密纠纷等提供有力证据。因此，单位要对研发记录进行妥善管理，并做好保密工作。

实践中，单位可以按照本标准“6.5 保密”条款的要求，对研发记录进行加密管理，或者使用产品数据管理（Product Data Management，PDM）系统或者产品生命周期管理（Product Lifecycle Management，PLM）系统进行统一管理。

【案例分析】“华龙一号”项目研发中的知识产权管理[1]

“华龙一号”（ACP1000）项目立项之初，中核集团就明确要通过全过程的知识产权工作来保护自己创新成果，同时为项目后续在国内外工程的实施保驾护航。一方面，集团组织专家对核心技术进行梳理分析，明确技

[1] 中国核电扬帆出海，知识产权保驾护航［EB/OL］.（2015-04-27）［2019-12-21］. http://www.sastind.gov.cn/n127/n214/c6043426/content.html.

术路线，并相应开展了知识产权调查、分析及相应的对策研究，围绕技术路线确定知识产权工作目标。另一方面，该项目实行知识产权专员制度，知识产权专员协助项目总设计师组织落实项目的知识产权基本目标和原则，构建项目知识产权工作体系，组织开展专项知识产权策划，在项目立项论证、研发过程、验收等各阶段开展具体工作。项目实施过程中，还构建了专业服务机构、企业知识产权管理者、项目组人员共同参与的工作体系，通过专题会、科研/设计例会、培训等多种方式，共同推进知识产权工作的开展。

项目在研发过程中，建立健全预警机制，始终跟踪监视相关技术发展动态，分析相关技术的专利状况，及时调整科研方向。集团组织项目各成员单位，明确对项目成果保护的基本原则：对需要对外交付的创新方案且符合专利申请条件的技术方案，要先行申请专利；对主要在企业内部进行设计、分析使用的方案，以及项目研发过程中新产生的各类分析报告、设计图纸、各种工艺参数、开发的软件等，以技术秘密的方式进行保护；对外交付的文件、资料均通过保密协议/条款明确其保密责任。上述措施对于保护该项目成果的知识产权保护起到了重要作用。

四、采购

【标准条款 8.1.3】

采购阶段的知识产权管理包括： a）在采购涉及知识产权的产品过程中，收集相关知识产权信息，以避免采购知识产权侵权产品，必要时应要求供方提供知识产权权属证明； b）做好供方信息、进货渠道、进价策略等信息资料的管理和保密工作； c）在采购合同中应明确知识产权权属、许可使用范围、侵权责任承担等。

【理解要点】

本标准 8.1.3 条款规定了装备承制单位在采购环节的知识产权管理

要求。

本条款中“a）在采购涉及知识产权的产品过程中，收集相关知识产权信息，以避免采购知识产权侵权产品，必要时应要求供方提供知识产权权属证明”，是指装备承制单位在采购前的供方选择过程中，如果拟采购物料涉及知识产权，单位要收集与拟采购物料相关的知识产权信息，避免采购侵权产品；必要时，单位应当要求供方提供与拟采购物料相关的知识产权权属证明或者经合法授权许可使用的相关证明。

本条款中“b）做好供方信息、进货渠道、进价策略等信息资料的管理和保密工作”，是指装备承制单位要对采购相关的信息资料进行妥善管理，包括供方信息、进货渠道、进价策略等，确保不会泄露本单位的商业秘密。

本条款中“c）在采购合同中应明确知识产权权属、许可使用范围、侵权责任承担等”，是指装备承制单位要在采购合同中明确约定知识产权条款，包括与拟采购物料相关的知识产权权属、许可使用范围、侵权责任承担等内容。

【实施要点】

采购是企业尤其是制造型企业的重要业务流程，广义上属于生产过程中的一个特定环节。一般分为供方选择、供方管理、招标、采购、合同履行、追责等模块。采购过程的管理，重点在风险的预防上。目前，装备承制单位在采购环节，通常更多地考虑法定合格供方名录、价格、交货期、质量等风险，而忽视知识产权风险。但是如果不在采购环节重视风险应对工作，往往会导致单位整体的知识产权风险应对工作不力。

采购环节的知识产权风险主要包括采购产品的侵权风险以及追责不善带来的财务风险。一方面，如果企业采购的产品侵犯了第三方的知识产权，则会给企业自身产品带来侵权风险，即使能够免责，也会带来不能按时交付产品、市场开拓受阻等风险。另一方面，如果企业自身产品侵权是由于采购的元件侵权导致的，但是由于采购合同中对侵权责任约定不明，或者即使约定明晰但由于企业内部管理不善而导致未能有效追责，致使企业独自承担了侵权赔偿责任。

装备承制单位可以在本单位目前已有的采购管理流程中，嵌入知识产权管理的工作内容。通过借助传统的采购管理流程，将知识产权工作纳入采购管理各流程环节。另外，采购活动中的知识产权管理，可以由知识产权部与采购部门配合实施，确保各项工作有序开展。

1. 采购前要对供方进行知识产权背景调查

一般说来，单位采购的物料种类繁多，包括原材料、零部件、软件、设备等，但是并非都涉及知识产权。因此，单位首先要识别出其中涉及知识产权的物料类别。通过对其进行知识产权风险分析，对于侵权风险概率比较大的供方，应该放弃或者减少采购量。

采购活动中，装备承制单位要关注知识产权风险。采购前对供方的知识产权背景调查，有助于提前发现知识产权风险。采购前对供方的知识产权调查，一般包括以下几个方面。

第一，调查该供方的知识产权诉讼历史。在调查时，并非仅仅以该供方为单一调查对象，而是要对行业内与该供方有关的竞争对手一起调查。通过这一调查，采购方可以大体上了解该供方的知识产权风险概况；也可以摸清在该行业中，谁是知识产权强者，谁是弱者，谁将来有可能发动知识产权诉讼，即高风险供方。另外，有些高风险供方有特殊的背景，例如是专利池管理者或者专利运营机构，这种情况需要采购方特别注意。

第二，调查拟采购物料上的知识产权的合规性。典型的是软件和标识。如果是软件采购，往往会涉及专利和版权两方面的风险。标识有很多种类，包括注册商标、非注册商标、版权标识、认证标识等。采购方要调查这些标识的权利所有人及该供方是否得到授权，以及供方是否按照相关商标许可协议进行规范性使用。如果有必要，采购方也可以要求供方说明该软件和标识的合法性和合规性使用来源，并提供该软件和标识的自有版权或者合法使用的证明。

第三，调查拟采购物料的关键技术点的专利权分布。一件产品上的专利可能会很多，但是风险比较大的专利可能不到 20% 。采购方可以首先让供方说明其产品的关键技术点、该技术点上的自身专利分布，然后再通过自行专利检索来进行调查验证。如果有必要，采购方也可以要求供方提供一份拥有关键技术专利权的保证声明，用来证明采购方已经尽到注意义务，为将来一旦发生侵权诉讼时的免责或减责，提供有力证据。

2. 采购合同中要约定知识产权条款

甲方（采购方）、乙方（供方）和第三方之间的知识产权之间有以下几种关系：①甲方获得了第三方的许可证，但乙方并未获得；②乙方获得了第三方的许可证，但甲方没有获得；③甲、乙双方都未获得第三方的许可证；④甲、乙双方都获得了第三方的许可证。其中，①、③两种情况对于采购方的风险最大。在具体采购工作中，甲方不可能对每份合同都去尽职调查，因此甲方要求乙方承担保证责任就是必须的。

采购合同有很多种类型，有框架性的采购合同，也有具体的采购合同。对于知识产权条款而言，最好是放在框架性的采购合同中。既好管理，也有利于分清责任。采购合同中的知识产权条款，按照供方的责任可以划分为以下三类。

一是背靠背条款。这种条款中供方的责任也最重。这种条款是供方要为其产品提供完全的、毫无保留的知识产权保证。对于采购方而言，这是采购方位于完全的强势地位时愿意采用的条款；而对于供方而言，这是一般是对自己产品的知识产权风险有绝对的信心时愿意采用的条款，也不排除其中存在人为的忽视或者认为知识产权风险的影响和发生概率较低的可能性。在实践中，竞争充分甚至惨烈、知识产权保护力度比较弱的国家的供方更愿意接受这样的条款。

二是免责条款。这种条款与背靠背条款相反，供方声明不为任何知识产权纠纷事宜担保，甚至有供方拒绝在合同中出现知识产权条款。这种情况一般发生在垄断供应领域，因供方没有竞争对手而是独家供货。对于采购方而言，由于供方的产品往往包括第三方知识产权，但是靠采购方的单方面审核，往往不能发现全部风险。在这种情况下，采购方为了减轻将来的知识产权风险损失，要么也与自身客户签订不担责条款，要么就将这部分供方列入高风险供方名单中，在采购合同履行的后续管理中加大风险管理力度。

三是公平条款。这种条款将知识产权责任划分得比较清晰，而且谈判空间也比较大。一般包括知识产权范围的划定、知识产权侵权责任的划定、知识产权责任地域的划定、知识产权侵权纠纷发生后的配合责任划定、赔偿责任及其限额划定、免责事由划定等。其中，常见可接受的免责理由包括与第三方结合后的侵权、非直接侵权、采购方生产行为侵权、按采购方定制侵权、符合国家强制性法规的侵权等主要是由第三方或采购方承担责任的侵权可免责理由；不可接受的免责理由包括事先不知的侵权、采购方未通知的侵权、符合技术标准的侵权等减轻供方注意义务的免责理由。实践中，这种条款是最常见的，也是甲、乙双方都愿意接受的条款。

需要注意的是，由于在供方供货过程中甚至供货若干年后，都有可能发生知识产权风险，其中不仅包括侵权风险，也包括诸如供方突然被诉或者加入某联盟、或者供方被收购等情况。因此，采购方还要对采购合同履行过程中及履行后的知识产权风险进行监控。采购方可以通过以下方式进行监控：一是在采购方内部制订风险预案，一旦风险出现，则可以按预案行动。二是在发生上述情况时，采购方要求供方第一时间通知到采购方，出具事由解释和风险评估结果并派人配合工作，同时采购方要迅速定位代替性采购方案。三是发生上述情况时，采购方要回溯与供方的接触过程，找出所有与知识产权相关的调查结论、相关条款等，寻找风险漏洞；并在最短时间内与供方见面，要求供方提供风险保证、担保，或者补充签署知识产权条款。

3. 采购档案的管理

采购档案包括供方信息、进货渠道、进价策略等内容，是装备承制单位重要的商业秘密。根据对装备承制单位采购信息的分析，竞争对手可以获知该单位的研发方向、产品成本、制造工艺、采购策略等重要信息，其一旦泄露，可能会造成难以估量的损失。因此，单位要对采购档案进行妥善管理，并做好保密工作。

实践中，单位可以按照本标准“6.5 保密”条款的要求，对采购档案进行加密管理，例如使用 ERP 系统或者 SAP 系统等进行统一加密管理。

【案例分析】采购合同引发的知识产权侵权纠纷❶

凯勒公司拥有“X-core”注册商标，该商标被用于某元件上，并且该元件采用了 X 技术，该技术的专利权也为凯勒公司所有。D 公司与凯勒公司达成了关于 X 技术的专利许可协议和“X-core”商标使用权的许可协议。

D 公司向 E 公司采购一批电子元件，该元件上有“X-core”标识。但是 E 公司并未与凯勒公司签署任何专利或商标许可协议。由于 D 公司在采购前对 E 公司进行背景调查时，未将知识产权列入调查内容中，而是想当然地认为既然自己已经与凯勒公司签署了许可协议，那么即使 E 公司侵权，凯勒公司也不会威胁到自己。

这批元件在 D 公司向 E 公司供货一年后，凯勒公司向美国法院起诉称 E 公司侵犯其专利权和商标权，并追查到有侵权产品被销售到 D 公司，随即在美国 M 海关查扣了 D 公司的采用了该元件的某款产品，导致 D 公司无法按时向客户交付这款产品，承担了合同违约责任。

为防止出现类似问题，单位要按照本标准 8.1.3 条款的要求，在采购合同中明确约定知识产权权属、许可使用范围、侵权责任承担等。

五、生产

【标准条款 8.1.4】

生产阶段的知识产权管理包括：
a）及时评估、确认生产过程中涉及产品与工艺方法的技术改进与创新，明确保护方式，适时形成知识产权；
b）在对外协作的过程中，应在生产合同中明确知识产权权属、许可使用范围、侵权责任承担等，必要时应要求供方提供知识产权许可证明；
c）保留生产活动中形成的记录，并实施有效的管理。

❶ 中知（北京）认证有限公司．知识产权管理体系内审员培训教材［Z］，2016：172.

【理解要点】

本标准 8.1.4 条款规定了装备承制单位在生产环节的知识产权管理要求。

本条款中“a）及时评估、确认生产过程中涉及产品与工艺方法的技术改进与创新，明确保护方式，适时形成知识产权”，是指装备承制单位要在生产阶段，对生产过程中涉及产品与工艺方法的技术改进与创新的成果，及时组织专家评审，明确其知识产权的权利和利益归属，并采取适当方式，及时保护其知识产权。

本条款中“b）在对外协作的过程中，应在生产合同中明确知识产权权属、许可使用范围、侵权责任承担等，必要时应要求供方提供知识产权许可证明”，是指装备承制单位在生产阶段，如果生产过程有对外协作的，要在外协生产合同中明确约定知识产权条款，包括与拟外协生产物料相关的知识产权权属、许可使用范围、侵权责任承担等内容。

本条款中“c）保留生产活动中形成的记录，并实施有效的管理”，是指装备承制单位要在生产阶段，对生产过程中形成的各项档案和记录，及时、有效、规范地进行管理。

【实施要点】

装备承制单位的生产过程中也会产生一些有价值的成果，但是这一阶段往往会忽略知识产权问题。因此，单位要在生产评审流程中，嵌入知识产权的评估、确认环节。另外，在生产过程中，单位通常会涉及对外协作生产的情况，此时也要在外协生产合同中明确约定知识产权条款。另外，生产记录中包含装备承制单位重要的技术秘密和经营信息，要进行及时、有效、规范地进行管理。

装备承制单位可以在本单位目前已有的生产管理流程中，嵌入知识产权管理的工作内容。通过借助传统的生产管理流程，将知识产权工作纳入生产管理各流程环节。另外，生产活动中的知识产权管理，可以由知识产权部与生产部门配合实施，确保各项工作有序开展。

1. 生产过程中的知识产权保护

生产过程中，相关人员可能根据设计要求对生产工艺进行改进，或者在生产过程中被发现设计方案不合理而需要对设计方案进行改进。因此，与研发阶段一样，单位要组织专家评审、确认。对于其中重要的研发成果，还要组织进行专题检索和对比分析，制定知识产权保护方案。知识产权保护方案中要明确该研发成果的技术和市场价值、知识产权的权利归属和利益归属、建议的知识产权保护方式和申报时间表等，及时通过专利申请、计算机软件著作权登记、集成电路布图设计登记、技术秘密认定等方式保护。

2. 外协生产合同中要约定知识产权条款

生产过程中，装备承制单位通常会涉及对外协作生产的情况。对外协作一般包括委托加工、来料加工和贴牌生产等几种方式。有时单位是作为委托方，有时单位是作为生产方。

与采购阶段一样，如果外协加工合同中知识产权条款的约定不明，也会导致侵权风险和违约风险。此外，由于外协加工过程涉及委托方和受托方的专利、商标、技术秘密等知识产权，可能导致在委托加工、来料加工过程中本应当由委托方享有的知识产权被生产方获得，或者在贴牌生产过程中导致本应当由受托方享有的知识产权被委托方获得，造成知识产权流失。在未经权利人许可的情况下，以生产经营为目的制造、使用专利或者相同或者相似商标的行为均属于侵权行为，无论是委托方还是生产方均适用。因此，不管单位作为委托方还是生产方，都应该重视合同的签署及谈判，在外协生产合同中明确约定知识产权条款。

外协生产合同中的知识产权条款一般包括：外协生产涉及产品的知识产权的权属及其许可使用范围；后续改进的知识产权权属及其利益分配；双方各自承担的知识产权侵权责任等。

需要注意的是，对于贴牌生产而言，加工方生产过程中应考虑标识的合规性问题。由于在生产过程中需要在很多零部件上都要打上委托方的商标。因此，为避免侵犯第三方的商标权，除在外协生产合同中明确贴牌生产涉及产品的知识产权状况外，生产方还要注意事先对标识进行知识产权尽职调查，确保该标识具有合法来源，可以在生产过程在被正常使用。

3. 生产记录的管理

生产相关的记录主要包括两类：一类是管理档案，包括生产计划、生产任务分配表、生产过程记录、外协生产合同、生产管理会议纪要等；另一类是技术档案，包括工艺规程、加工作业指导书、生产设备操作记录、产品检验记录等。其中既包括纸质文件，也包括电子文件。

与其他环节一样，生产记录中包含装备承制单位重要的技术秘密和管理信息，需要采取适当的保密措施。另外，由于在专利申请日前已经制造相同产品、使用相同方法或者已经做好制造、使用的必要准备，并且仅在原有范围内继续制造、使用的，不视为专利侵权行为。因此，生产记录，既使生产活动具有可追溯性，还可以准确界定在生产过程中技术改进成果的知识产权权利归属，为将来一旦发生专利权属纠纷、发明人署名权和奖励报酬纠纷、侵犯商业秘密纠纷、专利侵权纠纷等提供有力证据。因此，单位要对生产记录进行妥善管理并做好保密工作。

实践中，单位可以按照本标准“6.5 保密”条款的要求，对生产记录进行加密管理。

【案例分析】委托加工合同引发的知识产权纠纷❶

F 公司与 G 公司签署了某芯片的供货协议，其中包括知识产权保证条款。双方约定如果因 G 公司供货的产品导致知识产权纠纷，由 G 公司负责处理并赔偿，并约定了若干限制条件。

后来，F 公司向客户 H 公司供货，并且承诺如果出现知识产权纠纷，则由 F 公司负全责。半年后，J 公司诉 H 公司专利侵权，H 公司按照合同约定，令 F 公司负责。

F 公司介入后，经调查发现是供应商 G 公司提供的芯片侵权。但是，由于 F 公司并未认真调查 F 公司与 G 公司的供货协议中知识产权保证条款，而且怠于向 G 公司请求履行侵权责任，最终 F 公司在财务上承担了本该由 G 公司承担的侵权赔偿责任。

---

❶ 中知（北京）认证有限公司．知识产权管理体系内审员培训教材［Z］，2016：173.

为防止出现类似问题，单位要按照本标准 8.1.4 条款的要求，在委托生产合同中明确知识产权权属、许可使用范围、侵权责任承担等，必要时应要求供方提供知识产权许可证明。

六、销售和售后

【标准条款 8.1.5】

> 销售和售后阶段的知识产权管理包括：
>
> a）产品销售前，对产品所涉及的知识产权状况进行全面审查和分析，制定知识产权保护和风险规避方案；
>
> b）在产品宣传、销售、展会等商业活动前制定知识产权保护或风险规避方案；
>
> c）建立产品销售市场监控程序，采取保护措施，及时跟踪和调查相关知识产权被侵权情况，建立和保持相关记录；
>
> d）产品升级或市场环境发生变化时，及时进行跟踪调查，调整知识产权策略和风险规避方案，适时形成新的知识产权。

【理解要点】

本标准 8.1.5 条款规定了装备承制单位在销售和售后环节的知识产权管理要求。

本条款中“a）产品销售前，对产品所涉及的知识产权状况进行全面审查和分析，制定知识产权保护和风险规避方案”，是指装备承制单位要在产品上市前开展知识产权审查，对与该产品相关的自有知识产权情况、侵权风险等进行全面分析，制定知识产权保护和风险规避方案。

本条款中“b）在产品宣传、销售、展会等商业活动前制定知识产权保护或风险规避方案”，是指装备承制单位要在具体的市场营销活动前（包括产品宣传、销售、展会等），对该营销活动涉及的自有知识产权情况、侵权风险等进行分析，并制定知识产权保护和风险规避方案。

本条款中“c）建立产品销售市场监控程序，采取保护措施，及时跟踪和调查相关知识产权被侵权情况，建立和保持相关记录”，是指装备承制单位要建立产品销售的市场监控机制，及时跟踪和调查与该产品相关的自有知识产权是否被侵权，并且及时采取处理措施，保护自有知识产权的权益，同时保持上述跟踪、调查、处理等过程的相关记录。

本条款中“d）产品升级或市场环境发生变化时，及时进行跟踪调查，调整知识产权策略和风险规避方案，适时形成新的知识产权”，是指如果产品升级或者市场环境发生较大变化时，装备承制单位要及时跟踪和调查相关产品的自有知识产权情况、侵权风险等情况，调整该产品的知识产权保护和风险规避方案；如果在此过程中形成新的创新成果，也要适时予以保护。

【实施要点】

一般而言，在装备承制单位内部价值链中，位于前端的研发设计、预研、市场调查、采购，甚至生产，是嵌入知识产权风险预防的重点区域；而销售处于价值链后端，对于风险控制应对有着天然的需求。销售环节是知识产权风险爆发的首要环节，但这些风险很多时候并非在销售环节产生的，而仅是在此爆发而已。但是，这并不意味着销售环节不需要知识产权风险预防。如果销售中风险意识缺乏，仍然会在销售时滋生一些知识产权风险。销售中的知识产权管理，不仅是单纯的知识产权风险防控和应对，而且是可能关系到竞争企业之间生死存亡的竞争。

1. 产品上市前的知识产权审查

产品上市前的知识产权审查是对产品相关知识产权状况及其风险的全面分析，是产品销售前最重要的一个知识产权风险控制环节。产品上市前的知识产权审查的主要内容一般包括以下两个方面：

一是对该产品相关的知识产权情况进行全面梳理，查漏补缺。将在研发过程中形成的有较大价值的但在研发阶段尚未进行保护的创新成果，及时通过专利、商标、技术秘密、软件著作权等方式进行保护，避免由于产品上市销售导致相关技术方案公开而成为现有技术。

二是对该产品所涉及的侵权风险进行全面分析，并制定知识产权保护和风险规避方案。在某些装备承制单位，产品的研发阶段结束与产品上市销售之前，这中间可能会间隔较长时间。因此，单位要在产品上市销售之前，对该产品所涉及的知识产权风险进行最终分析和确认。如果发现有相关知识产权风险，则要详细评估其导致知识产权纠纷的可能性、严重程度等，并按照单位已有的知识产权风险管理制度，有针对性地制定知识产权保护和风险规避方案。

2. 市场营销前的知识产权审查

市场营销中最常见的方式是广告、展会和投标等。其中，广告是客户产品最直接、最直观的方式。广告实际上是一种许诺销售行为，我国民法、广告法、合同法、专利法中均有相关条款对广告行为进行规范。在广告宣传过程中，常见的知识产权问题主要包括以下几个方面：

一是广告的虚假宣传问题。例如，将本来没有专利的产品宣传为专利产品，将本来已经过期的专利还当作有效专利来宣传，将本来不是驰名商标的宣传为驰名商标等。这些宣传本身不仅违规，而且违法，是要被追究行政和民事责任的，甚至会涉及刑事责任。

二是广告可能涉及著作权或商标。一方面，立意新颖、音效特别的广告宣传语往往能深入消费者的潜意识中，为品牌宣传立下汗马功劳，甚至这些广告语都被申请了商标。另一方面，如果设计广告宣传语时不谨慎，则可能会侵犯别人的著作权权，也可能在委托设计或公开征集设计时，未明确著作权所属而引起著作权纠纷。

三是广告可能透露一些产品的技术特性，可能泄露单位的技术秘密。同时，由于这些技术特性往往是一些专利要点，因此很多产品往往卖了很长时间都没有权利人前来维权，一旦做广告，专利权人就立即获知专利权被侵犯，马上就有人来维权。另外，用户手册虽然属于随商品的附属品，够不上严格意义上的广告，但用户手册中技术要点最多，最容易被权利人盯上。

单位要对广告宣传过程中的知识产权风险进行控制，具体包括以下几个方面：

一是在广告设计节点，单位要指定专人对广告设计中的知识产权风险进行分析，评估其是否有侵犯他人知识产权的情况，是否采用了第三方知识产权而未声明等，是否有必要将广告语申请商标或如何进行版权保护等。

二是在用户手册设计节点，单位要指定专人对用户手册中的知识产权风险进行分析。用户手册中，除必须要标明的技术点外，尽量不要放置过多的技术点，并且最好也声明这些技术的相关专利已被企业申请。另外，涉及第三方标识的，单位要查清使用方式，避免非合规使用。尤其是涉及专利池组织运营的技术和标识的，务必要标明这些标识的著作权归属，本单位是否获得了授权或认证。如果是从第三方采购的，单位还要查明第三方是否合法使用。

另外，装备承制单位还要关注销售合同中的知识产权风险。在某些情况下，销售人员常采用客户的格式合同，而其中的知识产权条款一般都是背靠背条款，即客户将来由于该批产品遭遇任何知识产权纠纷都由供方负责，并承担因此而带来的任何损失。因此，在销售合同签订过程中，单位要尽量避免客户在销售合同中将过重的注意义务和责任强加于本单位。基本原则是：背靠背条款坚决不签，免责条款可以签，尽最大可能签署公平条款，以有效保护自身权益。

3. 知识产权风险的市场监控

在产品市场销售过程中，装备承制单位仍要指定专人持续跟踪和调查市场销售情况，了解本单位的相关知识产权，尤其是重要的专利、商标、技术秘密等，是否有被侵权的情况。这样一方面可以防止本单位自身的知识产权被侵权，另一方面可以关注可能的技术升级方向。但对于销售人员而言，发现侵权容易，但是侵权取证难，判断侵权难。因此，如果发现第三方侵害本单位的知识产权，销售人员要及时将相关情况反馈至单位内技术、法务、知识产权等相关部门，并协助相关部门收集侵权证据。单位要按照已有的知识产权风险控制和争议处理制度，采取谈判、调解、仲裁、诉讼等方式，及时、有效地维护本单位的知识产权权益不受损害。

4. 产品升级后的知识产权保护

每个产品都有其自身的生命周期。随着技术更新换代的速度不断加快，产品的生命周期也在逐渐缩短，尤其是技术密集型的通信、电子行业，产品升级换代正变得越来越频繁。这既是企业自身发展的需求，也是企业应对外部不断变化的市场竞争环境、技术发展趋势的必然要求。因此，装备承制单位要结合自身产品特点、所在行业的技术发展状况，如果遇到市场竞争环境、技术标准等发生较大变化时，市场人员要及时将相关情况反馈至单位内部相关部门，以便单位决策层在综合评估后，及时调整市场竞争策略、知识产权保护策略，及时实现产品升级换代，并对此过程中形成的新的技术创新成果，采取适当方式，及时、有效地进行保护。

【案例分析】 K 公司征集广告引发的知识产权纠纷[1]

K 公司为推出其空调产品，特向社会公开有偿征集广告语。最终，王某设计的广告语“不舍春夏，横跨冬秋”，由于阐明了该空调产品的一年四季都可适用的特性而成功入选。但是，该公司未向王某支付任何费用，便在电视以及平面媒体上，采用该广告语，大量宣传其空调产品，并且该公司一直未与王某商谈版权使用费的事宜。

王某在其律师的帮助下，先向该公司通过传真，发函询问该广告语是否被采用。随后，该公司在该来函（传真）上书面回复“您的广告语已被我公司采用，感谢您的参与”后传真给王某。王某凭借该证据，向该公司索要 50 万元的版权使用费，该公司不同意支付。随后，王某将该公司诉至法院。最后，经调解，该公司同意向王某支付 20 万元的版权使用费。

为防止出现类似问题，单位要按照本标准 8. 1. 5 条款的要求，在产品宣传、销售、展会等商业活动前，分析可能涉及的知识产权风险，并制定知识产权保护或风险规避方案。

第二节 装备采购各阶段知识产权管理

本标准 8. 2 节规定了装备承制单位在装备采购各阶段的知识产权管理

[1] 中知（北京）认证有限公司．知识产权管理体系内审员培训教材［Z］，2016：180.

要求。

一、装备全寿命周期知识产权管理的特殊要求

由于武器装备系统结构复杂，研制生产周期长，服役使用年限长，为使武器装备全寿命周期内各阶段的工作互相协调、彼此衔接，确保武器装备技术性能，提高综合保障能力，需要对武器装备的全寿命周期进行管理（Product Lifecycle Management，PLM），将武器装备从预研、研制、生产、采购、调配保障、使用维护直至退役报废等全寿命周期作为整体进行管理。由于装备采购按照项目制，实行全过程管理，装备采购又可以分为装备预先研究、装备型号研制、装备购置、装备维修保障等类别，各类项目进一步划分为需求论证、计划制定、合同订立、合同履行、检验验收、经费支付等多个阶段。因此，装备的全寿命周期管理必然要求在装备采购各阶段要实施全过程的知识产权管理。

装备采购项目全过程的知识产权管理，就是围绕装备采购项目需求，将知识产权融入装备预先研制、装备型号研制、装备生产、装备维修保障等各阶段，贯穿于装备全寿命周期，实现对知识产权的创造、保护和运用进行全过程管理，使知识产权工作真正融入装备科研生产，成为装备科研生产的有机组成部分。因此，实施全过程管理，对于规避重复建设、重复研究，节约国家投资资金；充分利用现有技术资源，提高装备科研项目研制起点；提高项目成果的产出率和利用率，更大程度地实现国家投资的价值等方面，都具有非常重要的意义。[1]

在装备采购项目全过程的知识产权管理过程中，装备承制单位要重点关注以下问题。

1. 明确知识产权管理的职责和分工

装备承制单位要明确装备科研项目的责任主体，确定具体职责和分工，统筹协调装备科研项目知识产权全过程管理中的有关工作，有效推进知识

[1] 王维伟，等．知识产权全过程管理体系的构建［J］．舰船科学与技术，2011（8）：192-196.

产权管理，对于促进知识产权的创造、保护和运用，提高国家投资科研项目的成果产出和利用率，具有重要意义。[1]

例如，2010年，国防知识产权局组织开展了装备科研项目总指挥和总设计师（以下简称“两总”）知识产权责任制的试点工作，航天某研究院在型号项目的知识产权全过程管理中包括四大责任主体：一是知识产权管理的直接责任主体（型号项目办），具体由型号“两总”指定知识产权专员担任，负责指导型号项目的知识产权战略、知识产权工作规划、制度、重大政策和措施等研究工作，提出重大、重点项目知识产权策划、建议；二是院行政主管部门（研究发展部），负责全院型号项目的知识产权管理的归口、协调、监督和指导工作；三是知识产权管理的专业支持机构（院知识产权中心），负责全院型号项目的知识产权管理的专业支撑；四是各装备承制单位，具体由单位指定知识产权专员担任，负责组织、推进型号项目的知识产权工作，组织、指导科研人员的知识产权信息利用和创新成果保护等。通过建立纵、横两条线的组织架构，以横向归口、纵向主导为工作模式，该研究院为装备科研项目全过程的知识产权管理找到了适宜的落脚点（见图8-1）。

2. 建立装备科研生产全过程管理流程

装备承制单位要结合装备采购项目的具体情况，对装备科研生产各环节进行梳理，将知识产权管理融入现有的装备科研生产各环节，力求从制度上做到二者有机结合。具体地讲，就是知识产权管理“进战略、进计划、进项目、进流程”。

例如，航天某研究院在装备科研中知识产权管理主要关注以下方面。

第一，明确各阶段的主要工作与重点。

装备采购类型不同，各阶段主要工作不同，知识产权管理的重点也有所不同（如图8-2所示）。装备科研生产活动，既包含对未知问题与未知领域的探索，也包含对已有知识的借鉴和应用。装备承制单位既要有效保

[1] 知识产权全过程管理试点工作指导手册（试行）[Z]. 国防科工局，2009.

护装备科研生产活动中形成的各类创新成果，也要关注各类知识产权风险。通过识别装备采购各阶段知识产权管理的重点，“有的放矢”，知识产权信息利用、发明创造登记、有效保护方式的选择、专利战略布局分析等，将知识产权工作融入装备采购项目的立项、实施、验收等各环节，用知识产权促进科研和创新活动，对于提高创新活动的效率，保护技术创新成果，规避装备采购各阶段知识产权风险，具有重要意义。

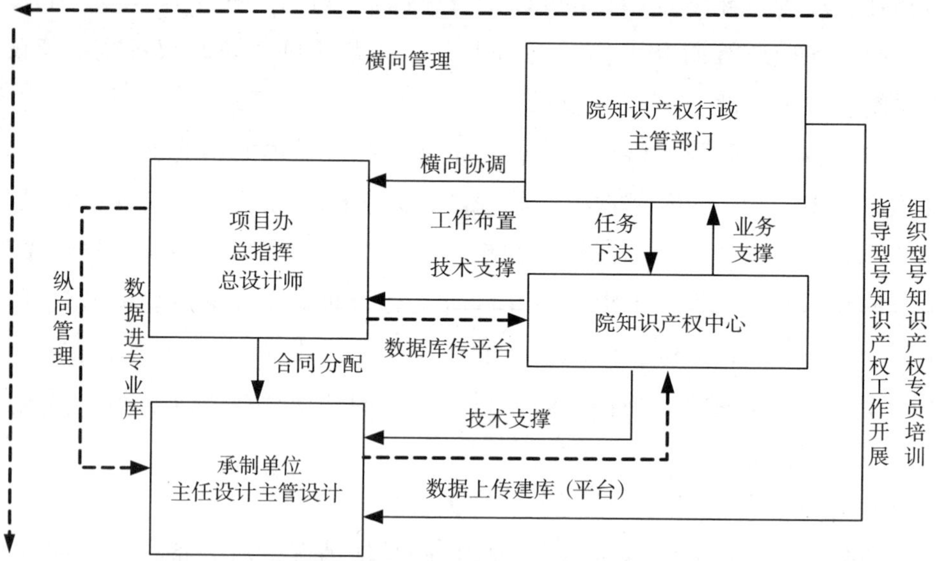

图 8-1　航天某研究院型号项目知识产权管理职责示意

第二，制订知识产权目标和工作计划。

装备承制单位要将知识产权的相关要求，纳入科研计划、合同、项目、机构、人员和成果的考核评价体系。装备预研、型号研制项目要制订知识产权目标和工作计划，对项目各阶段的知识产权工作情况进行阶段性考核，引导研发活动向具有自主创新的项目目标进行。

第三，明确项目评审中知识产权工作要求。

装备承制单位要将知识产权工作作为项目中期检查和转阶段评审的重要条件。在装备科研计划项目中期检查和型号项目转阶段评审时，项目负责人要对项目研制过程中知识产权的借鉴情况进行说明，并对项目产生的发明创造和获得知识产权的情况梳理、总结，对重要创新技术成果进行检索和对比分析，提出知识产权保护方案。

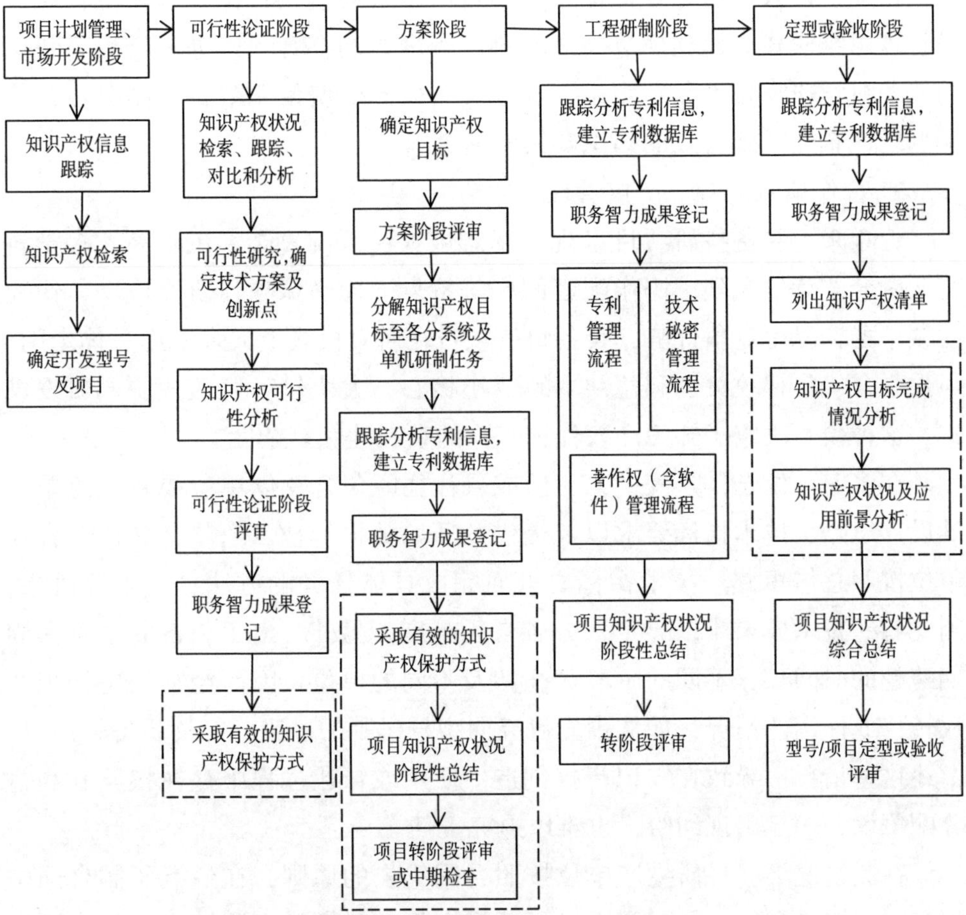

图 8-2　航天某研究院的型号项目知识产权管理全过程示意

第四，建立信息报送和重大事项报告制度。

装备承制单位要建立装备研制项目的知识产权信息报送和重大事项报告制度。项目负责人要定期将项目研制过程中申请或取得的知识产权向项目主管部门报告。如发现项目的关键技术已公开或者可以通过其他途径获得，要及时向装备采购任务下达方报告。如发生知识产权侵权或纠纷时，也要及时向项目主管部门报告。

创新不可能一蹴而就，需要长期的积累。装备承制单位建立良好的科研项目知识产权全过程管理体系，将科研思维的模式转化为创新型科研项目管理思维模式，建立规范高效的科研管理机制，有利于进一步提高我国的装备科学研究技术创新水平，提高装备研制经费使用效益；同时也是创新型现代企业实施有效的知识产权管理之本。

3. 合作项目的知识产权管理

近年来，装备科研项目呈现技术难度大、系统复杂、风险高、多学科交叉融合、竞争激烈、协作配套面广等特点。为确保项目研发成功，快速占领市场，赢得竞争优势，装备科研项目在研发模式上大多采用总体牵引、强强联合、集智攻关、利益共享的“小核心、大协作”开放式协同研发模式，这种模式决定了知识产权保护工作的艰巨性和复杂性。

在多家单位合作过程中，一项成果往往既包含总体单位或者抓总单位的设计思路、技术指标要求以及提供的原始数据和技术资料，又包含合作单位按照总体思路、技术指标要求而完成具体任务的方法、技术等成果，因此有些技术成果难以界定双方各自贡献度。另外，由于装备的全寿命周期跨越的时间长，不同的阶段往往涉及不同的单位，因而经常发生知识产权转移或使用的情况，如从预先研究向型号研制的过渡，以及装备转产等。上述这些情况，导致在知识产权创造、使用或转让过程中存在权属和利益分配争议，一旦出现纠纷，也难以追究责任。

在此情况下，科研生产单位按照合同优先的原则，在各类研制合同中规范权利归属和利益分配关系，规范多合作单位项目研制模式下的合同管理，防范因分工模糊、界限不清、成果归属标的不明确等因素导致的利益分配不合理、核心技术管控不利以及知识产权流失等风险，就显得尤为重要。[1] 在实践中，装备采购项目全过程的知识产权管理，是解决科技成果

---

[1] 康磊晶，等．重大预研项目多单位合作的知识产权保护策略研究［J］．航天工业管理，2016（3）：11-13.

转化难这一现实瓶颈的突破口，也是对多家单位合作研制过程中各方利益协调和平衡机制的有益探索，更是在新时期促进自主创新、增强企业核心竞争力的有力保障和激励。

对于多家单位合作项目，装备承制单位要在装备采购的各阶段，重点关注以下问题。

一是在立项阶段，总体单位或者抓总单位要梳理项目的关键技术图谱，有效整合项目研究各方科技创新资源优势，对知识产权工作进行总体规划，明确实施步骤、节点要求和考核指标，并纳入立项论证报告。总体规划一般包括：哪些技术属于前瞻性和开拓性的，需要着重加强知识产权创造和保护；哪些技术属于核心技术，需要着重加强核心技术知识产权布局；哪些技术具有推广应用价值，需要着重加强以知识产权为载体开展成果转化，提高经济效益；哪些技术的知识产权应独自创造、独自享有，哪些应与合作方联合创造、权益共享等。

二是在合同订立阶段，装备采购主管部门通常与总体单位签订总合同，总体单位再组织各参加单位签订二级合同、三级合同等。总体单位要根据项目研究合作方的特色与优势，对合作过程中知识产权的创造、权利归属、相关费用和利益分配等事项做出明确约定，并对项目取得的阶段性成果或者项目完成后，预期产生的发明创造所形成专利或其他知识产权的时间、数量和类型；明确项目承担单位转移技术的义务和约束条件，避免因权属不清和使用、转让不当而产生的知识产权纠纷及其解决方式，保障装备研制生产的顺利进行。

三是在合同履行阶段，总体单位要对知识产权创造、保护和使用的全过程进行有效管控。一方面，要尽可能预见合作各方可能产生的知识产权，并结合技术协调以及合同节点检查等活动，对知识产权约定的内容进行监督检查，确保合作各方严格执行知识产权条款。另一方面，也要对合作过程中产生的发明创造及时进行梳理，及时沟通、协商确定知识产权保护形式（如申请专利、发表论文、申请软件著作权登记等）。避免由于合作各方沟通协调不充分，对合作过程中知识产权创造的预见性和关注度不够，导致其中一方未经其他合作方的许可就公开发表合作成果的论文，使相关技术成果丧失了新颖性，从而影响后续专利申请。特别是对于存在竞争激烈的项目更要尽早开展知识产权保护。

四是在合同验收阶段，总体单位要将知识产权创造、保护、运用等事项作为合同验收中的必要环节。合同验收后，总体单位要跟踪该项目产生的知识产权的法律状态。如果其中一方计划与第三方订立知识产权许可或转让合同，应事先征得其他合作方的同意，并开展专利价值评估和计价工作，由此产生的经济利益应与合作方协商确定分配原则。

二、预先研制

【标准条款 8.2.1】

预先研究知识产权工作要求：
a）立项：应开展知识产权检索分析，形成与项目有关的自有知识产权清单，拟定知识产权目标；
b）合同订立：要求见 7.3；
c）合同履行：应就合同中确定的关键技术已经公开或者已通过其他途径获得的情况报告装备采购任务下达方；
d）合同验收：应向装备采购任务下达方提供专利、技术资料、软件著作权等知识产权的产生和使用信息。

【理解要点】

本标准 8.2.1 条款规定了装备承制单位在预先研究过程中的知识产权管理要求。

本条款中“a）立项：应开展知识产权检索分析，形成与项目有关的自有知识产权清单，拟定知识产权目标”，是指在装备预先研究的立项阶段，装备承制单位要及时开展与项目有关的知识产权检索、分析，明确与该项目有关的自有知识产权清单，评估该项目的知识产权风险；制定该项目的知识产权总体规划和目标，确定该项目后续研制任务的总体发展方向。

本条款中“b）合同订立：要求见 7.3”，是指在装备预先研究的合同订立阶段，装备承制单位要按照本标准“7.3 装备采购合同”的要求，在装备预研合同中，明确约定知识产权条款。

本条款中“c）合同履行：应就合同中确定的关键技术已经公开或者已通过其他途径获得的情况报告装备采购任务下达方”，是指在装备预先研究的合同履行阶段，装备承制单位要对该项目关键技术的知识产权发展状况持续进行跟踪，如果发现有关关键技术已公开或者已可以通过其他途径获得，要及时向装备采购任务下达方报告。

本条款中“d）合同验收：应向装备采购任务下达方提供专利、技术资料、软件著作权等知识产权的产生和使用信息”，是指在装备预先研究的合同验收阶段，装备承制单位要梳理该项目产生的专利、技术资料、软件著作权等知识产权清单，并对其使用情况做出说明。

【实施要点】

装备预先研究（以下简称“装备预研”）是指为研制新型装备而先期进行的国防科学研究和技术开发活动。装备预研项目实行统一计划指导下的合同制与基金制相结合的管理制度。按照研究内容，装备预研项目可以分为应用基础研究类、应用研究类和先期技术开发类。按照重要程度，可以分为重点项目和一般项目。装备预研项目实行全过程管理。

装备承制单位要加强装备预研项目全寿命周期的知识产权管理，重视装备预研项目的知识产权战略研究，正确处理装备预研过程中知识产权的创造、权利归属、运用和利益分配等问题，确保装备预研项目的高效推进和圆满完成。

1. 装备预研项目在立项阶段的要求

对于装备预研项目，装备采购任务下达方通过邀请招标、竞争性谈判、单一来源谈判以及中央军委装备发展部认定的其他方式，选定装备研制单位。除采用邀请招标方式外，采用其他方式订立装备预研合同的，要进行开题论证，经审批方可立项。

在装备预研项目的立项阶段，装备承制单位要着重开展以下几个方面的工作。

（1）知识产权检索分析。通过梳理该项目的关键技术图谱，明确该项目的关键技术，对该项目的关键技术进行知识产权检索分析。通过检索分析，一方面，可以对该领域过去的技术发展情况和当前发展状况分析，确定在检索范围内国内外有无相同或类似的研究，预测技术领域可能的发展趋势，科学确定项目研究重点领域与优先支持方向，有利于确保项目研究的新颖性和可行性，避免重复研究和科技创新资源浪费。另一方面，明确与该项目有关的单位自有知识产权清单，分析项目关键技术的新颖性、创造性和侵权可能性，进行技术立项预警，为项目可行性研究、立项评审提供参考，并以此为基础确定该项目的技术路线和创新点。

（2）制定知识产权的总体规划和目标。综合考虑技术发展态势、国内外竞争对手的能力水平等因素，分析知识产权状况，并制定涵盖方案论证、样机研制、演示验证等项目全寿命周期的知识产权战略，明确前瞻技术、核心技术和有转化前景技术的知识产权布局，确定后续装备预研任务总体发展方向，作为指导项目后续知识产权全过程管理的依据。

2. 装备预研在合同订立阶段的要求

按照本标准“7.3 装备采购合同”的要求执行。

3. 装备预研在合同履行阶段的要求

装备承制单位要按照项目已制定的知识产权管理方案，将知识产权管理与科技项目研究过程管理并行推进，跟踪同期国内、国外相关研发进展与知识产权保护情况，并且提出知识产权建议，对项目实施各阶段所产生的成果要及时采取申请专利等措施进行保护。

（1）开展知识产权布局和保护。装备承制单位要根据产品开发进度，督促研究人员及时将产品开发过程中形成的阶段性成果进行报告。单位要及时组织专家评审、确认。对于其中重要的研发成果，还要组织进行专题检索和对比分析，制定知识产权保护方案。知识产权保护方案中要明确该研发成果的技术和市场价值、知识产权的权利归属和利益归属、建议的知识产权保护方式和申报时间表等，及时通过专利申请、计算机软件著作权登记、集成电路布图设计登记、技术秘密认定等方式保护。另外，单位还要向研发人员明确研发成果对外发布前的审批要求，避免因研发人员提前发表论文等原因，导致研发成果泄密或者无法申请专利保护。

（2）跟踪和分析知识产权信息。装备承制单位要建立知识产权信息的动态跟踪机制。定期或在项目中期检查等关键节点，对于该项目所确定的具体技术方案，尤其是关键技术方案的知识产权信息、相关文献及其他公开信息进行持续跟踪，监控其技术发展趋势及竞争对手动态。根据检索分析结果，要适时调整产品开发策略，通过采取规避设计等方式，避免或者降低研发过程中的知识产权侵权风险，为研究开发的阶段性评审提供依据。

（3）知识产权工作阶段性总结。装备承制单位要督促项目负责人，定期或者在项目中期检查等关键节点，对研制过程中知识产权借鉴情况进行说明，对于项目产生的创新成果和获得的知识产权情况进行总结，补充完善知识产权清单。根据知识产权跟踪和分析结果，及时调整技术方案，规避知识产权风险，针对性地制定知识产权成果推广应用化策略，为知识产权成果的转移转化奠定基础。

（4）知识产权信息报送和重大事项报告。装备承制单位要定期向项目主管部门报告项目的知识产权信息，包括该项目研制过程中申请或取得的知识产权情况，与该项目有关的知识产权侵权纠纷情况。通过跟踪和分析知识产权信息，如果发现项目的关键技术已公开或者可以通过其他途径获得，单位要及时向项目主管部门进行报告，以便装备采购任务下达方及时进行适当调整，保障装备预研经费的使用效益，避免国家和军队利益受到损害。

4. 装备预研在合同验收阶段的要求

装备采购合同监管制度要求，装备承制单位要定期向装备采购合同监管机构报送知识产权信息。装备预研合同履行完毕或者装备预研基金项目完成后，装备采购任务下达方要组织对该项目任务完成情况、研究成果创新性及科学意义、成果转化应用情况、预期军事效益、经费使用情况等进行验收，其中知识产权成果也是项目验收的重要指标。

装备预研项目的合同验收阶段，装备承制单位主要开展以下两个方面工作。

（1）梳理知识产权成果。装备预先研究成果的管理，依照国家和军队有关科研成果及其知识产权管理的规定执行。一方面，装备承制单位要梳理该项目的知识产权成果，向装备采购任务下达方提交知识产权清单，包括已申请和获得的知识产权数量、名称、类型、法律状态、实施转让等情况，非专利技术的技术秘密保护情况，相关知识产权成果是否为本单位与第三方共有，未能完成合同约定的知识产权目标的情况等。另一方面，装备承制单位要对该项目的知识产权使用情况做出说明，包括该项目是否使用了本单位其他自有知识产权或者经第三方授权许可使用的其他知识产权，该项目的相关知识产权成果是否已经用于或者预期用于本单位的其他装备采购任务或者已经许可或者预期许可给其他单位的其他装备采购任务等情况。

（2）分析知识产权运用前景。在梳理成果的基础上，装备承制单位还要对其中具有潜在应用前景的知识产权进行分析，提出成果转化应用意见。一方面，要利用知识产权创造质量、产出效率、管理水平、市场运作和产业化效果或前景、国防运用效果或前景等评价要素，对知识产权创造能力进行评价，判断创新成果的商业化价值，推动成果及时应用于装备技术的研究开发。另一方面，要分析项目创新成果作为产品在市场中独立销售可能面临的知识产权问题，对特定目标专利进行侵权风险分析，并采取有效的规避措施，防止侵权行为与诉讼的发生。

【案例分析】L研究所在某预研项目中的知识产权管理[1]

凝胶末修姿控动力系统是一种采用凝胶推进剂、采用恒压挤压方式供应推进剂、由多台发动机组成进行末速修正和姿态控制等动作的动力系统。采用凝胶推进剂后运载器的使用性能和安全性得到大幅度提高。然而国外在技术方案、原材料、工艺技术等各方面的严密封锁，使得依靠自主创新实现关键技术突破，成为我国凝胶推进技术得以发展和应用的唯一出路。为此，L研究所在总体部门牵引下，开展了单组元凝胶发动机关键技术攻

---

[1] 刘玲．加强预研项知识产权目管理，提高技术创新能力［J］．航天知识产权，2012（2）：159-162.

关，国内其他研究机构也同期开展了凝胶催化剂的相关研究。

在项目研发初期，通过与设计师系统地协调和交流，该研究所知识产权管理办公室制定了凝胶技术知识产权保护方案。通过检索发现，该项目中涉及对氯气恒压挤压凝胶冷气组合式双模式系统的技术方案，可以申请专利保护。对于催化剂、推进剂的材料工艺等与其他单位合作开发的内容，也在合作开发合同中明确了知识产权的归属，避免了后续产生知识产权纠纷的风险。

在项目研发过程中，制订了知识产权保护计划，对相关专利、文献进行跟踪检索，及时采取相应的知识产权保护措施。对研究过程中产生的职务智力成果及时整理，并在凝胶推进设计中形成拥有自主知识产权的专利。在“十五”中，专利申请数量达到了十多项。

经过近四年的预研攻关，该项目的主要关键技术取得实质性突破。借助型号需求和牵引，该研究所注重技术创新和专利成果的及时应用和转化，及时开展了相关装备型号的方案论证及立项研制工作，不断满足型号需求，从而奠定了在该知识产权方面的优势。

三、型号研制

【标准条款 8. 2. 2】

型号研制知识产权工作要求：

a）论证阶段：应开展知识产权检索分析，形成与项目有关的自有知识产权清单，拟定知识产权目标；

b）合同订立：总包和分包合同中应包含知识产权条款，要求见 7. 3；

c）方案阶段：应开展知识产权管理方案策划；

d）工程研制阶段：应开展知识产权保护和布局，对合同中确定的关键技术已经公开或者已通过其他途径获得的情况报告装备采购任务下达方；

e）定型阶段：应向装备采购任务下达方提供专利、技术资料、软件著作权等知识产权的产生和使用信息。

【理解要点】

本标准 8. 2. 2 条款规定了装备承制单位在型号研制过程中的知识产权管理要求。

本条款中“a）论证阶段：应开展知识产权检索分析，形成与项目有关的自有知识产权清单，拟定知识产权目标”，是指在装备型号研制的论证阶段，装备承制单位要及时开展与项目有关的知识产权检索、分析，明确与该项目有关的自有知识产权清单，评估该项目的知识产权风险；制定该项目的知识产权总体规划和目标，确定该项目后续研制任务的总体发展方向。

本条款中“b）合同订立：总包和分包合同中应包含知识产权条款，要求见 7. 3”，是指在装备型号研制项目的合同订立阶段，装备承制单位要按照本标准“7. 3 装备采购合同”的要求，在装备型号研制合同中，明确约定知识产权条款。对于多家单位合作的项目，可以参照本章 8. 2. 1 节，制定总包合同和分包合同中的知识产权条款。

本条款中“c）方案阶段：应开展知识产权管理方案策划”，是指在装备型号研制项目的方案阶段，装备承制单位要策划该项目的知识产权管理方案。

本条款中“d）工程研制阶段：应开展知识产权保护和布局，对合同中确定的关键技术已经公开或者已通过其他途径获得的情况报告装备采购任务下达方”，是指在装备型号研制项目的工程研制阶段，装备承制单位要按照该项目的知识产权管理方案，开展知识产权布局，有效实施知识产权保护；同时，对该项目关键技术的发展状况进行持续跟踪，如果发现有关的关键技术已公开或者已可以通过其他途径获得，要及时向装备采购任务下达方报告。

本条款中“e）定型阶段：应向装备采购任务下达方提供专利、技术资料、软件著作权等知识产权的产生和使用信息”，是指在装备型号研制项目的定型阶段，装备承制单位要梳理该项目产生的专利、技术资料、软件著作权等知识产权清单，并对其使用情况做出说明。

【实施要点】

装备型号研制，是指为发展新型装备和改进、提高现役装备的作战使用性能而进行的科学研究及相关管理活动。装备研制项目实行合同制管理。装备采购任务下达方要对装备研制技术方案、工程研制转阶段等重大节点组织审查，审查通过后方可转入下一阶段研制。

1. 装备型号研制项目在论证阶段的要求

在论证阶段，装备采购任务下达方组织装备研制立项和装备研制总要求综合论证。装备承制单位可以参照本标准 8. 2. 1a）条款的要求，开展相关工作。

2. 装备型号研制在合同订立阶段的要求

按照本标准“7. 3 装备采购合同”的要求执行。

3. 装备型号研制在方案阶段的要求

在方案阶段，装备承制单位要策划并建立该项目的知识产权管理方案。具体包括以下内容：

（1）确定知识产权保护策略。在论证阶段知识产权检索和分析的基础上，装备承制单位要通过专利地图等方式，根据该项目的关键技术图谱，后续研制阶段知识产权创造的预期情况，知识产权成果的商业化、未来潜在市场等情况，确定知识产权保护策略、风险规避策略、借鉴策略、实施转化策略等，尽可能突破国内外专利技术封锁，积极促进自主知识产权的产生。

（2）制订知识产权目标和工作计划。装备承制单位要对该项目的知识产权目标和任务进行分解和细化，制订知识产权目标和工作计划，明确具体措施、步骤和节点安排，并将知识产权工作的相关要求作为项目中期检查和转阶段评审的重要内容，对项目各阶段的知识产权工作进行阶段性考核，将知识产权纳入科研计划、合同、项目、机构、人员和成果的考核评价体系。

（3）明确各阶段的知识产权工作要求。装备承制单位要在型号研制项目中期检查和项目转阶段评审时，明确要求项目负责人对项目研制过程中知识产权的借鉴情况进行说明，对项目产生的发明创造和获得知识产权的情况梳理、总结，对重要创新技术成果进行检索和对比分析，并提出知识产权保护方案。

（4）建立知识产权跟踪预警机制。装备承制单位要建立相关技术领域的专利信息数据库，对项目关键技术的专利申请、公开信息等进行持续跟踪研究，分析专利侵权风险，在此基础上适时调整技术研发策略，采取正确的知识产权保护措施。如果发现关键技术已公开或者可以通过其他途径获得，或者发生有关的知识产权侵权或纠纷时，单位要及时向项目主管部门报告，以便装备采购任务下达方及时适当调整，保障装备预研经费的使用效益，避免国家和军队利益受到损害。

4. 装备型号研制在工程研制阶段的要求

装备承制单位要按照已制定的知识产权管理方案，及时跟踪同期国内外相关研发进展与知识产权保护情况，提出知识产权保护建议，对项目实施各阶段所产生的成果要及时采取措施进行保护，参照本标准 8. 2. 1c）条款的要求执行。

装备型号研制一般分为模样、初样、正样、试样四个阶段。一般说来，模样和初样阶段重布局，正样阶段重申报。在模样和初样阶段，单位要根据产品开发进度，督促研究人员对研制过程中产生的阶段性创新成果要及时报告，定期组织专家进行评审，形成知识产权初步清单。在正样和试样阶段，单位要进一步对研制过程中产生的创新成果进行梳理，补充完善知识产权清单。对于重要成果，还要专门制定知识产权保护方案，通过专题检索分析，明确该研发成果的技术和市场价值、知识产权的权利和利益归属、知识产权保护方式和申报时间表等。另外，单位还要结合对外信息发布审批制度，明确研发成果对外发布前的审批要求，以避免因研发人员提前发表论文等原因，导致研发成果泄密或者无法申请专利保护。

5. 装备型号研制定型阶段的要求

装备研制合同履行完毕后，装备采购任务下达方要按照合同规定组织验收和定型。装备承制单位可以参照本标准 8. 2. 1d）条款的要求，开展相关工作。

【案例分析】 M 研究所在某研制项目中的知识产权管理❶

20 世纪 90 年代，在单组元火箭推进领域，无水肼是一种公认的理想燃料，但是由于肼的冰点高，在低温环境下易结冰，因而不得不采取加温和保温措施，从而增加了发动机的结构重量，降低了有效载荷，同时降低了系统的可靠性。为此，从事运载火箭发动机推进剂研制工作的 M 研究所，决定攻克这一技术难关。

由于火箭发动机推进剂的配方在一般科技文献中很少披露，因此该项目研发人员和知识产权管理人员通过查阅国外专利文献，发现美国 2 件专利文献公开了一种在添加剂中添加碳的方式，但是这种方式不利于催化分解，并且能量较低，不适用于要求重复起动的姿控发动。而该研究所的研发人员受到其他美国和欧洲公开专利文献的启发，经过大量反复试验，终于研制出低冰点单元推进剂，满足了运载火箭发动机的使用要求，并申请了中国专利。后来该研究所又将专利许可给 6 家单位使用，为该研究所创造了良好的经济效益。

四、生产

【标准条款 8.2.3】

装备生产知识产权工作要求： a）合同订立：总包和分包合同中应包含知识产权条款，要求见 7.3； b）妥善管理、保护与装备生产有关的专利、技术资料、软件著作权等知识产权； c）装备交接过程中，应向装备采购任务下达方一并提交知识产权相关资料并保证其准确完整。

【理解要点】

本标准 8.2.3 条款规定了装备承制单位在装备生产过程中的知识产权

❶ 吴伟仁．国防科技工业知识产权案例点评［M］．北京：原子能出版社，2003：75-76.

管理要求。

本条款中“a）合同订立：总包和分包合同中应包含知识产权条款，要求见7.3”，是指在装备生产项目的合同订立阶段，装备承制单位要按照本标准“7.3装备采购合同”的要求，在装备型号研制合同中，明确约定知识产权条款。对于多家单位合作的项目，可以参照本章8.2.1节，制定总包合同和分包合同中的知识产权条款。

本条款中“b）妥善管理、保护与装备生产有关的专利、技术资料、软件著作权等知识产权”，是指在装备生产过程中，装备承制单位要对生产过程中形成的各类工艺和技术改进成果进行妥善管理，通过专利、技术秘密、软件著作权等适当的方式，及时有效进行保护。

本条款中“c）装备交接过程中，应向装备采购任务下达方一并提交知识产权相关资料并保证其准确完整”，是指在装备交接过程中，装备承制单位同时要将与该装备生产有关的专利、技术资料、软件著作权等知识产权相关资料，准确、完整地提交给装备采购任务下达方。

【实施要点】

装备定型时，既包括设计定型、生产定型，也包括批量生产单位的确定。由于装备全寿命周期跨越的时间长，不同的阶段往往涉及不同的单位，因而经常发生知识产权转移或使用的情况，典型的就是装备转产，即装备研制、试验与鉴定阶段的承制单位不是装备批量生产的承制单位。近年来，各种原因而导致的装备转产的情况时有发生，随之而来的就是装备转产过程中可能引起的一系列问题，包括知识产权问题。[1] 装备承制单位和生产单位要关注装备转产中的知识产权风险，提升装备转产知识产权管理与衔接能力，保证装备转产的顺利进行。

1. 装备生产（购置）合同订立阶段的要求

装备转产过程中遇到知识产权问题时，虽然可以遵照国家有关法律法规来确定，但是多数情况下还是要通过合同来约定。因此，装备生产（购

[1] 杨春颖．装备转产中知识产权问题分析与思考［J］．航天知识产权，2012（2）：266-268.

置）项目的合同订立阶段，装备承制单位与装备生产单位要共同协商，按照本标准“7.3装备采购合同”条款的要求，并结合装备转产的特点，完善合同中知识产权条款，预防知识产权归属和利益纠纷。

装备批生产往往涉及很多单位。装备采购时，通常由装备采购主管部门与总承包单位签订总合同，总承包单位再与各分包单位签订二级合同、三级合同等。因此，需要在总包合同和分包合同中分别制定知识产权条款，一般包括知识产权归属、许可使用范围，发明报告义务，装备全寿命周期的知识产权保障义务，知识产权权利瑕疵保证义务，侵权责任承担等条款，以确保总包单位和分包单位知识产权权利与义务的平衡，推进装备转产工作的顺利进行。

2. 妥善管理、保护与装备生产有关的知识产权

装备定型既包括设计定型、生产定型，也包括批量生产单位的确定。如果装备研制与装备生产是同一家单位，装备承制单位要对装备生产过程中形成的工艺和技术改进成果，尤其是重大工艺攻关或者重大工艺预研成果，采取适当方式，及时有效予以保护，具体可以参照本标准8.4 a）条款的要求执行。

如果涉及装备转产，装备承制单位和装备生产单位还要重点关注以下几个方面：

一是知识产权使用问题。装备定型时形成的技术文件是系列化的配套文件，非常具有可操作性，涉及指标型号研制过程中所有承制单位的专利、技术秘密、著作权等。如果装备转产，这些知识产权必然需要对装备生产单位全面公开并使用，多数情况下都是无偿使用，由此出现部分装备研制单位在转产时不配合的情况。这就需要装备研制单位认识到装备转产不是完全的市场化行为，而是为了国家安全、国家利益的需要，并且配合转产后的单位完成装备转产。

二是知识产权利益分配问题。多数情况下，型号研制、试验与鉴定等阶段所获得的收益较低，很多装备承制单位都希望能同时获得批量生产资格而获得收益。一旦出现转产情况，装备承制单位不但无法获得批量生产

的收益，其知识产权还要被他人使用，容易出现一些利益分配方面的纠纷。这一问题需要装备研制单位和装备生产单位通过合同来约定知识产权运用与实施的具体方式，提升装备转产中知识产权管理与衔接能力，保证转产顺利进行。

三是知识产权流失问题。多数情况下，装备研制单位向装备生产单位移交设计图样（含软件源程序）、工艺图纸、相关文件等技术资料，其中所涉及的专利、技术秘密、著作权等知识产权的权利主体并未发生转移，使用范围也仅限于该装备批量生产时使用。但是这一问题往往得不到装备生产单位的重视，经常出现装备研制单位的知识产权被装备生产单位模仿和挪用的情况。解决这一问题，一方面，需要装备研制单位正确认识装备转产过程中存在的知识产权风险，提前规划和保护知识产权，向装备生产单位明确本单位已拥有的知识产权情况，避免知识产权流失。另一方面，需要装备生产单位尊重装备研制单位的知识产权和保密义务，避免侵犯对方的知识产权或者泄露对方的技术秘密等。如果装备生产单位要在正常范围之外继续使用这些知识产权，要事先征得装备研制单位的同意，协商合理定价，有偿使用。

3. 装备相关知识产权资料的交付

由于在签订装备采购合同时，装备采购任务下达方很难对新研制装备提出明确的技术资料需求，在型号研制阶段也未明确需要形成哪些技术文件。有些装备承制单位出于自身利益考虑，忽视装备采购合同的约定，在项目验收、定型时，不完全交付或隐瞒技术资料，只提供一般性、总结性的资料，而不提供维修方案、预防性维修大纲、装备故障及危害性分析、修理工艺、维修测试、修后调试标准数据等最基本、最重要的技术保障资料，导致装备转产、升级换代以及维修保障时，大量技术问题难以有效解决，相关技术资料成为装备维修保障时的一道障碍。❶

装备承制单位要充分认识到装备技术资料交付的重要性。在装备生产

❶ 张东起．装备管理中知识产权问题探究［J］．中国军转民，2015：70-73.

交付阶段，装备生产单位要向装备采购任务下达方及时、准确、完整地交付与装备维修保障有关的技术资料，并且技术资料要尽可能详尽，以便为装备后续的使用、维修、保障提供必要的支撑，确保后续装备维修保障工作的顺利实施。

【案例分析】委托加工合同引发的知识产权纠纷

P 公司提出一套定制产品方案，很好地解决了该产品的散热问题，但是，由于知识产权保护意识淡薄，该公司并未将其最核心的技术方案申请专利保护。P 公司作为总包单位，与客户签订了某大型产品的整机制造合同。

其后，P 公司将其中散热器模块的加工任务分包给 N 公司，并签署了委托加工合同，由 N 公司负责按照 P 公司的设计图纸生产该型散热器并向 P 公司供货。因委托加工合同中未约定相关知识产权归属、许可使用范围，N 公司私下申请了该技术的专利，P 公司对此不知情。

P 公司的竞争对手 Q 公司得知该型散热器的性能优良后，向 N 公司也提出了采购该型散热器的需求。在此基础上，Q 公司对该型散热器进行改进，提高其散热性能，还积极为该改进型散热器的技术申请了专利。随后，Q 公司与 N 公司签署委托加工合同，由 N 公司负责按照 Q 公司的设计图纸，生产该改进型散热器并向 Q 公司供货。

在供货一段时间后，Q 公司提出与 N 公司签署专利交叉许可协议，并且要求 N 公司基于该协议向 Q 公司独家供货，从而切断了竞争对手 P 公司的货源。随后，P 公司通过专利权属诉讼，夺回了 N 公司的专利权。但是，由于竞争对手 Q 公司的改进型散热器更具有市场竞争力，并且 Q 公司有专利权，导致 P 公司丢失了很多市场份额，失去了原有的市场竞争优势。

为防止出现类似问题，单位要按照本标准 8.2.4 条款的要求，在总包和分包合同中明确知识产权归属、许可使用范围、侵权责任承担等知识产权条款，并遵照执行。

五、维修保障

【标准条款 8. 2. 5】

装备维修保障知识产权工作要求：

a）健全维修保障技术服务机制，不应以保护知识产权为由拒绝提供售后服务，影响装备维修保障的实施；

b）妥善管理、保护与装备维修保障有关的专利、技术资料、软件著作权等知识产权。

【理解要点】

本标准 8. 2. 5 条款规定了装备承制单位在装备维修保障过程中的知识产权管理要求。

本条款中“a）健全维修保障技术服务机制，不应以保护知识产权为由拒绝提供售后服务，影响装备维修保障的实施”，是指装备承制单位要制订装备技术服务计划，健全售后服务保障机制，协助装备使用部门，及时解决装备在运输、贮存、使用和维修中出现的问题，而不能以保护知识产权为由，拒绝提供售后服务，影响装备维修保障的实施。

本条款中“b）妥善管理、保护与装备维修保障有关的专利、技术资料、软件著作权等知识产权”，是指装备承修单位要对装备维修保障过程中形成的各类技术成果进行妥善管理，并通过专利、技术秘密、软件著作权等适当的方式，及时有效进行保护。

【实施要点】

装备维修保障是指为保持、恢复装备性能所采取的各项维修保障性措施和相关管理活动。装备维修保障工作经过数十年建设发展，积累了大量技术含量高、工艺水平先进的装备维修保障工艺、方法、手段等，迫切需要对这些宝贵的知识进行科学保护和合理利用，这对于提升整个国防装备科研生产水平、科技工业水平、军事作战和保障能力等，具有重要战略意义。同时，随着装备技术的快速发展，加强维修保障领域的知识产权管理，成为增强装备维修保障领域的长期核心竞争能力，推动装备维修保障能力良性建设发展的重要手段。[1]

1. 健全装备售后服务保障机制

现代武器装备，维修保障的突出特点是维修难度大、保障费用高、设备要求高、人员能力要求高，需要由多个单位协作完成。目前，我国已基本建立部队修理与地方修理、划区修理与建制修理相结合的装备维修保障体制。一部分装备维修保障任务通过招标等形式，择优选择装备承修单位，实行合同制管理。装备维修保障涉及部队及其所属基地和工厂、军工集团公司及其所属单位、优势民营企业和高等院校等层级。因此，各层级装备维修保障单位之间，需要建立统一管理、分工负责、科学组织、严密高效的知识产权管理运行机制。

由于装备研制和生产单位熟悉相关装备的结构、原理和常见故障及维修维护，拥有装备维修保障所需的人员和设备等技术力量，因此其在承担装备保障任务时具有较大优势。装备研制和生产单位要按照装备采购合同和有关技术文件的要求，制订装备技术服务计划，健全售后服务保障机制，及时协助装备使用部门，解决装备在运输、贮存、使用和维修中出现的问题，确保装备在服役期间正常使用，保障国防和军队建设顺利进行。

为满足作战训练、维修保障等需要，装备使用和维修保障单位需要对装备的性能指标、图纸、维修维护技术有所了解，其有权取得设计图纸、计算机软件源程序等技术资料。装备承制单位要确保相关技术资料移交的及时、准确、完整，不能以保护知识产权为由，隐匿、修改或者拒绝提供技术资料，影响装备维修保障的实施。

2. 妥善管理、保护与装备维修保障有关的知识产权

装备维修保障过程中知识产权工作的主要内容就是，装备承修单位对于装备维修保障过程中形成的各类技术成果（如维修方法、维修装置、测试软件等）要及时报告，并组织专家评审其价值，通过专利、技术秘密、软件著作权等适当方式，及时有效进行保护。

---

[1] 黄朝峰．装备动员中知识产权问题的成因及其启示［J］．国防技术基础，2008（6）：42-44.

如果装备承制单位与装备维修保障是不同单位，此时不可避免地涉及原装备研制或装备生产单位的知识产权问题。此时可以参照本标准“8.2.4 生产”b）条款的要求，开展相关工作。

【案例分析】 美军的装备维修保障服务体系❶

“越战”时期，为弥补军队装备保障能力的不足，美国国防部采用从生产厂家抽调专家和技术工人组成“制造商战地服务代表”的方式，来解决战场使用的复杂尖端装备出现的问题，“服务代表”最多时达2000多人。到了海湾战争和伊拉克战争时期，规模进一步扩大。由于美国国防部尊重和保护国防承包商的知识产权，保证仅将其技术用于国防目的，不向第三方透露，这些承包商才能放心地将其知识产权用于美军装备的维修保障服务中。

据统计，在伊拉克战争期间，美国几百家国防承包商至少派遣了2万名企业员工到战争第一线，为武器装备提供保养和维修服务，美军士兵与“技术民工”比例为10∶1。其中，“掠夺者”无人驾驶飞机，70%的保养工作都是由承包商承担的。由承包商组成的“阿帕奇系统”保障队，为“阿帕奇”系列直升机精确快速的保养和维修提供了全方位服务。

---

❶ 黄朝峰．装备动员中知识产权问题的成因及其启示［J］．国防技术基础，2008（6）：42-44.

第九章　审核和改进

本章主要介绍本标准正文“9 审核和改进”章的内容。

装备承制单位知识产权管理体系以满足装备承制单位健康、可持续发展的要求为最终目的。由于单位的外部竞争环境始终处于动态变化中，为了积极适应内外部环境的变化需求，装备承制单位的知识产权管理体系要建立自我完善机制，这种机制就是持续审核和改进。

审核和改进作为一种管理理念，在装备承制单位知识产权管理体系的运行、实施过程中是必不可少的要素。装备承制单位通过持续的、科学的、全面的检查、发现、分析，不断查找知识产权管理体系存在的问题和不足；并通过制订和实施改进措施与计划，不断对这些问题和不足加以改进、完善，形成一种良好的自我监督、自我评价、自我完善的闭环机制，保障知识产权管理体系的有效运行，实现知识产权管理体系对单位整体经营活动的支持与促进作用。

第一节　总则

【标准条款 9.1】

策划并实施以下方面所需的监控、审查和改进过程：

a）确保产品、软硬件设施设备符合知识产权有关要求；

b）确保知识产权管理体系的适宜性；

c）持续改进知识产权管理体系，确保其有效性。

【理解要点】

本标准9.1条款规定了装备承制单位在知识产权管理体系审核与改进方面的总体要求。

本条款中“策划并实施以下方面所需的监控、审查和改进过程”，是指装备承制单位要通过持续的日常监控、内部审核和持续改进，使本单位的知识产权管理体系不断完善。

本条款中“a）确保产品、软硬件设施设备符合知识产权有关要求”，是指装备承制单位要通过持续改进，使本单位的产品、设施（含软硬件设备）符合所在地域的知识产权相关法律法规的要求，符合本标准的要求，符合本单位的知识产权管理体系文件的要求，确保知识产权管理体系的符合性。

本条款中“b）确保知识产权管理体系的适宜性”，是指装备承制单位要通过持续改进，使本单位的经营活动与知识产权管理活动相匹配，使本单位的知识产权管理体系符合单位现状与未来发展要求，确保知识产权管理体系的适宜性。

本条款中“c）持续改进知识产权管理体系，确保其有效性”，是指装备承制单位要通过持续改进，使本单位的知识产权管理体系能够对单位整体发展产生长期、稳定的积极促进作用，保持知识产权管理体系的生命力，确保知识产权管理体系的有效性。

【实施要点】

本条款体现了装备承制单位知识产权管理体系在PDCA动态循环中检查（C）环节和措施（A）环节的要求。审核和改进环节不同于装备承制单位知识产权管理体系的其他环节，其是以知识产权管理体系中的其他环节为基础，持续根据其实施情况进行审核和改进。总体要求是，装备承制单位要建立定期检查制度，持续监控知识产权管理体系的实施情况，对发现的问题要及时予以改进，不断提升其有效性、适用性与科学性，确保知识产权管理体系得到动态完善。

审核与改进，不仅包括对知识产权管理体系本身的改进，也包括对装备承制单位知识产权管理体系运行、实施过程的改进。审核和改进主要是同时对以上两方面进行检查、分析，查找存在的问题或不足，判断其现状是否能满足知识产权工作的需求，是否达到知识产权管理体系预期的目标。如果不能，则要进行适当的改进。审核和改进一般要遵循以下几个原则。

一是规范原则。知识产权管理体系的审核和改进以规范的制度和流程为构成基础，单位要建立、保持和实施审核和改进的制度或程序，包括目的、规范、准则和方法等，以确保其符合知识产权管理体系对审核和改进工作的要求。单位要采用适宜的方法对知识产权管理过程进行检查，包括日常监督考核、内部审核和管理评审等方式。审核和改进必须是可以评价的，特别是对管理制度、管理流程的监督与检查，可以通过部门日常监督、单位内部审查和监控网络等方法进行监督，形成一个自我完善的良好机制。

二是全面原则。审核和改进是全面的，单位要按照流程与制度，对知识产权管理体系运行和实施的每一个环节进行扫描监督，对单位经营全过程涉及的全部知识产权活动逐一进行审核、分析和评价，查找和发现知识产权管理体系制定和实施中存在的问题，以最终确定需要改进的重点项目和问题，并分析问题的诱因，针对问题提出相应的改进方向和措施，以达到提升单位知识产权管理体系有效性的目的。由于装备承制单位普遍建立有质量管理体系，单位可以借鉴质量管理体系的审核与改进流程，建立知识产权管理体系审核与改进的流程，甚至实施多体系的联合内部审核与改进。

三是相对定期原则。科学的审核和改进是对单位知识产权管理工作的正向促进，但是这并不意味着需要频繁地、无规律地改进。过于频繁的改进，一方面使制度和流程的实施效率大打折扣，另一方面使得制度流程缺乏严肃性和可执行性。装备承制单位要根据本单位知识产权管理体系设置的特点、单位生产经营活动的特点等为知识产权管理体系的审核和改进，设定一个相对明确的、有规律可循的周期，兼顾效率与效益。单位的知识产权管理部门及其他部门要在“横向沟通”和“纵向申报”过程后，制订并发布审核和改进工作规划及具体项目的检查计划，对体系各个环节的实施情况进行检查、分析并提出改进方案，有效提高审核和改进环节本身的工作效率，才能使知识产权管理体系更好地服务于单位的经营发展需要。

四是持续动态原则。按照PDCA动态循环的管理理念，一个改进过程的结束往往是另一个改进过程的开始。审核和改进，就是要对装备承制单位的知识产权管理活动进行不断的完善和发展，关键在于要最终形成知识产权管理体系的持续改进和自我完善的循环机制。

【案例分析】R研究所的知识产权管理体系内审

R研究所通过策划并实施了监控、审查和改进过程，实现对产品和服务、设施和设备、知识产权管理体系运行的符合性、适宜性、有效性的审核和改进。

（1）该研究所制定了《知识产权管理办法》，建立了知识产权管理体系日常运行检查制度。每季度由知识产权部负责对各部门在日常立项、研发、采购、生产和销售活动中知识产权活动进行检查监督，确保产品和服务的全过程管理符合知识产权管理体系文件的要求。

（2）该研究所制定了《知识产权风险控制程序》《设备和设施知识产权管理要求》并实施，避免或降低了单位所使用软件、硬件等设施和设备在采购、使用、维修等过程中侵犯他人知识产权的风险，确保了设施和设备的全过程管理符合知识产权管理合体系文件的要求。

（3）该研究所策划了每年一次对单位知识产权方针和目标的统一评价和考核、内部审核和管理评审活动，对知识产权管理体系的运行结果进行监控，进一步分析评估了知识产权管理体系是否与本单位的现状与未来经营发展相匹配，确保了知识产权管理体系的适宜性。

（4）该研究所根据上述监控结果，进一步策划并实施了持续改进方案和措施，包括对内部审核中发现的不符合项的整改措施以及在管理评审中对方针和目标、知识产权管理体系文件、资源配备等方面的改进计划，并且对上述改进方案和措施、计划的实施效果进行有效性验证，确保了知识产权管理体系的有效性。

第二节　内部审核

【标准条款 9.2】

应编制形成文件的程序，确保定期对知识产权管理体系进行内部审核，满足本标准的要求。

【理解要点】

本标准 9.2 条款规定了装备承制单位在知识产权管理体系内部审核方面的管理要求。

本条款中“确保定期对知识产权管理体系进行内部审核，满足本标准的要求”，是指装备承制单位内部要定期组织和实施对知识产权管理体系进行审核。

【实施要点】

内部审核（以下简称“内审”）是指装备承制单位对知识产权管理体系制定及运行实施情况的检查结果开展的管理活动，主要目的在于通过对检查过程中收集的资料和信息进行分析，发现问题与不足，并确定造成这些问题与不足的原因。内审有至少两个方面的效果，一是验证并判断本单位知识产权管理体系运行实施的实际效果是否符合单位知识产权管理体系设定目标的要求；二是确定存在的问题及其产生原因，明确改进机会，为制订改进计划提供依据。

装备承制单位要建立文件化程序，规范知识产权管理体系的内审活动。由于装备承制单位普遍建立有质量管理体系，因此单位可以借鉴质量管理体系，策划并建立知识产权管理体系的内审程序，甚至实施多体系联合内部审核。单位可以根据自身知识产权管理体系的建立和实施情况，采取适宜的内审方式。例如，对于规模大、有多个经营场所或季节性生产的单位，内审可以每年分为两次实施，上半年对一部分部门、场所及相关产品/服务的知识产权管理体系运行情况进行审核，下半年对其余部分的知识产权管理体系运行情况进行审核，兼顾质量和效率。

单位要按照内审控制程序的要求，收集和分析知识产权管理体系在各环节的执行、运行记录，以及其他有关来源的信息和数据。对内部审核发现的问题，要根据问题的具体情况，合理确定责任部门，制定纠正措施，不能只就事论事，要透过现象看本质，通过全局看局部。责任部门要认真分析问题产生的原因，循序渐进，举一反三，从预防、系统、发展的角度，分层、分步地制定纠正措施，有的放矢，防止该问题的继续蔓延和扩大。

内部审核结论既是本次内部审核的成果，同时也是下一步改进环节的启动点。内部审核结束后，相关部门要及时、准确、全面地收集各个方面的分析结果，并对其进行梳理和汇总，及时向管理层汇报，以便管理层能够根据内部审核结论，同时考虑其他因素，及时评估是否有必要调整知识产权方针和目标或修正知识产权管理体系。

另外，单位还要注意内审员的选拔与培养。内审员是保障单位知识产权管理体系运行效果的骨干力量，对监督和提高单位知识产权管理水平具有重要的作用。内审员的个人素质和能力直接影响内部审核工作的质量，也直接关系到内审程序的有效实施，因此内审员只有既要具备知识产权管理的知识和技能，又要具备管理体系审核的知识和技能，才能成为合格的内审员。

【案例分析】S 研究所的知识产权管理体系内审

S 研究所借鉴质量管理体系内审经验，采用集中审核方式。每年对知识产权管理体系所覆盖的所有部门至少进行一次内审。需要时，还会有针对性地增加专项内部审核。

科技部负责知识产权管理体系的组织工作。每次内审由科技部主管指派内审组长，组成审核组。审核组由通过外部内审员培训合格的内审员组成。各部门的审核活动均由与该部门无直接责任的内审员实施。专项内部审核由科技部根据研究所知识产权管理体系运行情况，针对知识产权管理体系的某些重点过程和薄弱环节，组织有关部门与人员实施专项内部审核。

内审组长确定各部门审核范围，并制订《内部审核计划》，经管理者代表批准后实施，并提前向受审核部门下达审核计划。根据分工，各位内审员分别编制《内部审核检查表》，针对性地提出检查项目、方法、取样数目，经内审组长批准后实施。

内审首次会议由内审组长召集并主持，审核组全体成员和受审核部门负责人参加。内审员按照《内部审核检查表》进行现场检查、收集客观证据，认真做出记录。对于审核发现的不合格项，由内审员填写《不合格项报告及纠正措施表》，提交内审组长审核，受审核部门领导（或其代表）确认。现场审核结束后，科技部组织召开内审总结会，报告审核结果。

不合格责任部门接到《不合格项报告及纠正措施表》后，要分析原因，举一反三地纠正该不合格，并针对其产生原因制定纠正措施。一般要在30个月内实施纠正与纠正措施，并提交内审员进行验证。内审组对纠正措施进行跟踪管理，如纠正措施达不到预期目标和效果，应要求责任部门重新制定并实施纠正措施。最后内审组长编写《内部审核报告》，对知识产权管理体系运行进行综合评价，提出存在的问题和改进建议，并提交至分管副所长备案。

第三节　分析改进

【标准条款 9.3】

根据知识产权方针、目标以及检查、分析的结果，制定和落实改进措施。

【理解要点】

本标准 9.3 条款规定了装备承制单位在知识产权管理体系分析和改进方面的管理要求。

本条款中“根据知识产权方针、目标以及检查、分析的结果，制定和落实改进措施”，是指装备承制单位要依据单位的知识产权方针、目标以及知识产权管理体系的检查结论和分析结论，制订知识产权管理体系的改进措施或改进计划，明确保障改进措施落实的具体方法，及时验证改进措施的实施效果，最终实现持续改进的目的。

【实施要点】

PDCA 循环的关键在于能够在检查基础上不断改进。装备承制单位负责知识产权管理体系的部门要会同其他相关的内外部专业部门和机构，对发现的问题，根据分析结论，提出、制订改进措施及计划，并提交单位管理层。管理层要尽快根据单位经营的整体情况，结合管理评审，做出相应决策，确定改进措施和计划，指定改进措施和计划的落实单位，并敦促其实施改进。

装备承制单位知识产权管理体系改进过程中得到的成功经验和有效措施并不是一次性的，而是至少在下一次改进工作启动之前会被反复应用在知识产权管理体系的实施工作中。单位要将改进的成果纳入知识产权工作的日常控制与管理中，形成各种规范性文件（如制度、流程、规范、方法等），并向相关部门及员工传达，使其长期发挥对本单位知识产权工作的正向作用，实现促进单位将知识产权优势或成果转化为经济效益或持续竞争力的积极作用。

【案例分析】T 研究所的知识产权管理体系改进

T 研究所在 2017 年内审时发现，该研究所近两年专利申请量大幅增加，因此该研究所在 2015 年建立知识产权管理体系时确定的知识产权 3~5 年目标中“拥有有效知识产权数量达到 300~350 项”的目标，实际已提前完成；但是“发明专利申请量占申请总量 75%”的目标还未完成，当时发明专利申请量占申请总量比例较低，并且连续两年并未有增加的趋势。

据此，该研究所在内审中提出，在《科技成果奖励办法》中，增加对于发明专利的发明人奖励金额，以及在相关研发部门年度 KPI 考核中增加发明专利数量这一指标的考核权重等改进措施，以便实现该研究所在关键技术上增加高价值专利布局的长期目标，并汇报至管理层。

在当年年底的管理评审中，该研究所管理层针对上述改进措施进行评审，认为这些改进措施有助于该研究所在关键技术的高价值专利布局，符合研究所知识产权长期目标，因此最终决策时采纳了上述建议，并由知识产权管理部门负责督促相关部门落实上述改进措施。

该研究所在2018年内审时发现，上述改进措施已实施。相比上年度，该研究所发明专利占申请总量比例有所提升，有助于实现该研究所在关键技术上增加高价值专利布局的长期目标。

第十章　管理体系整合探索

本章主要介绍本标准与其他管理体系整合的内容。

整合管理体系（integrated management system，IMS）是指按照一定的整合程度，对组织绩效的多方面进行管理的单一管理体系，以满足两个或多个管理体系标准的要求。整合管理体系的范畴，可以是多个不同管理体系（依据不同管理体系标准）组合而成的结合体系，或共享单一体系文件、管理体系要素和职责的一体化管理体系。

装备承制单位目前普遍建立有多个管理体系，如质量管理体系、职业健康和安全管理体系等。不同管理体系体现了不同利益相关方的需求和期望，往往存在特定职责、资源、过程等方面相互交叉或重复，其中既有相似的共同要求部分，也有个性要求的部分，还存在部分相互约束的部分。如果各管理体系建设不同步或不协调，可能导致管理职责混淆、过程管理的有效性和效率低下、管理成本上升等问题。更多单位希望将管理体系中共性部分整合，避免管理的复杂化、重复化和要素失衡。

装备承制单位在知识产权管理体系建设时，应重视与单位内相关管理体系的整合工作，也是单位系统管理的一种具体实践。这有助于单位将原来分散在各体系归口管理部门的工作包括制度和行动都整合起来，系统化地进行全面和整体的控制。单位建立体系一体化的管理基础，能够科学地调配人力资源，优化单位体系管理的机构，统筹开展管理性要求一致的活动，提高工作效率，降低管理成本，提高管理体系运行的效率。

装备承制单位构建多体系整合的管理体系，宜采用管理体系都遵循的PDCA动态螺旋上升的开环式模式，坚持以共性整合为基础，以解决问题为导向，以持续改进为系统运行的灵魂。单位在体系建设和运行过程中，始终坚持 PDCA 的动态管理方法，以实现简洁、高效、适用、风险可控的组织体系建设目标。

鉴于不同装备承制单位的组织规模、组织活动、管理边界、产品和服务的性质等诸多因素的不确定性，不同体系的整合将会是一个复杂的系统工程。这个过程需要单位持续不断地过程控制的优化、管理职能的简化、管理人员的多能化、文件构成的简约化等共同作用，发挥自我完善的推动力才能最终实现。

本章主要以本标准与 GB/T 29490《企业知识产权管理规范》（以下简称《企标》）、GJB 9001C—2018《质量管理体系要求》（以下简称《质量体系》）整合为例，进行阐述。

第一节　本标准与企业知识产权管理体系整合探索

一、本标准与《企标》的对比

由于本标准是以《企标》为基础，结合装备领域特点编制而成，因此，两者总体相似性较高，但在基本架构、具体要求上又存在局部差异（详见附录）。

（一）本标准与《企标》的适用范围不同

本标准适用于愿意建立、运行并持续改进知识产权管理、知识产权管理体系，同时寻求外部组织（包括装备采购任务下达方）对其评价的装备承制单位。

与《企标》相比，本标准中“外部组织”新增“包括装备采购任务下达方”的补充说明，并删除了《企标》中“事业单位、社会团体等其他组织，可参照本标准相关要求执行”的表述。上述要求表明，本标准适用于各类装备承制单位，而不必区分其组织类型是制造企业、科研组织还是高等学校。

《企标》先于本标准颁布，因此，对于承担装备采购任务的单位，可以结合自身特点及装备采购任务下达方的相关要求，应用本标准和/或《企标》。

（二）本标准与《企标》的基本架构总体相似，但局部有一定差异

本标准包括前言、引言和正文。正文包括范围、术语和定义、知识产权管理体系、管理职责、基础管理、合同管理、实施运行、审核与改进等9章。总体结构与企标相似。

但是，相比于《企标》，本标准在内容编排上也存在一些局部差异，具体包括以下方面：

（1）删除了第3章“规范性引用文件”，但在本标准正文中，存在事实上的引用关系。

（2）“合同管理”独立为一章即第7章，并新增“7.2装备投标书”“7.3装备采购合同”节，强调装备采购投标书、装备采购合同的规范化管理。

（3）第8章“实施与运行”中新增“8.2装备采购各阶段知识产权管理”节。

上述差异，表明本标准在兼顾一般企业的知识产权管理特征的同时体现了装备采购任务的特殊性。

（三）本标准与《企标》的具体内容，一般性要求相似，但具体要求有差异

引言部分，以及正文第3~6章关于知识产权管理体系、管理职责、基础管理的要求，以及第7章关于合同管理的一般要求，第8章关于实施与运行的一般要求，第9章关于审核与改进的要求，总体上与《企标》的要求相似，但具体要求上有适当变化。

1. 在管理体系的需求上，本标准体现装备采购任务的特殊性

涉及条款：0.2；4.2；4.5.2。

涉及内容：知识产权管理体系输入，新增“加强组织知识管理，提升承担军品科研生产任务的能力”；“促进军民技术转移，提高装备经费使用绩效”。知识产权管理体系实施，新增“在承担装备采购任务（装备预先研究、型号研制、生产、维修保障等）”。知识产权方针，新增“与装备承制单位所承担的装备采购任务相适应”。管理评审输入，新增“承担装备采购任务情况及其知识产权创造、运用、保护和管理情况”。

2.《企标》中某些选择性适用的要求，本标准中变为强制性要求

涉及条款：5.4d)；6.2e)；6.3.1a)；6.3.3a)；6.4.1c)。

涉及内容：装备承制单位应建立知识产权信息数据库、对知识产权进行分级管理、评估知识产权实施对装备承制单位的贡献、在合并或并购前进行知识产权评估、建立知识产权风险管理体系等。

3. 涉及国防安全的知识产权，在运用过程中受到限制

涉及条款：6.3.1c)；6.3.2b)；6.3.3c)；6.4.3c)；6.4.3e)。

涉及内容：涉及国防安全的知识产权（含国防专利），禁止以独占许可方式许可他人实施，涉及转让、权属放弃的，应履行相关审批手续；向境外许可、转让，或在境外实施的，应当确保国家秘密不被泄露，保证国防和军队建设不受影响，并履行相关审批手续。涉及国防安全的知识产权（含国防专利）参与境外投融资的，应当确保国家秘密不被泄露，保证国防和军队建设不受影响，并履行相关审批手续。对于装备采购任务下产生的知识产权，装备承制单位应采取措施，确保重组、合并活动不影响装备采购任务下达方的相关知识产权权益。向境外销售产品前，应开展知识产权谈判，签订知识产权保护条款，明确知识产权使用范围和期限。产品参加国际展览，应开展参展地知识产权分析，做好知识产权保护和保密工作。

4.“合同管理”中新增“7.2 装备投标书”“7.3 装备采购合同”要求

涉及条款：7.2；7.3。

涉及内容：装备采购合同投标书，应明确拥有自有知识产权情况；本领域国内外专利情况、技术缺项及突破口，以及知识产权预期目标；知识产权侵权风险及防范措施。单一来源装备采购合同订立前，应参照开展相

关工作。装备采购合同，应按照有关法律法规规定，以及装备采购任务下达方的要求，约定以下条款：知识产权目标，权利归属，许可使用范围，发明报告义务，全寿命周期的知识产权保障，知识产权权利瑕疵保证、责任承担等。

5. “实施与运行”中新增“8.2 装备采购各阶段知识产权管理”要求

涉及条款：8.2.1；8.2.2；8.2.3；8.2.4。

涉及内容：预先研究类任务，明确立项、合同订立、合同履行、合同验收等各阶段要求。型号研制类任务，明确论证、合同订立、工程研制、定型等各阶段的要求。装备生产类任务，明确合同订立、装备生产、装备交接等各阶段的要求。装备维修保障类任务，明确健全维修保障技术服务机制，妥善管理与装备维修保障有关知识产权的要求。

二、本标准与《企标》的整合探索

单位的体系整合体现了标准的一体化，把依据不同标准建立的不同管理体系有机整合进行管理。体系有机整合，有赖于单位实施管理体系标准经验的积累，以及推行管理体系整合的决心。由于本标准是以《企标》为基础，结合装备领域的特点编制而成的，因此，对于已按照《企标》建立知识产权管理体系的装备承制单位而言，只要根据本单位实际需要，对现有知识产权管理体系作调整，就可以建立一套兼容本标准和《企标》要求的适应于军民结合的知识产权管理体系。一方面按照本标准对于军品涉及的知识产权进行管理，另一方面按照《企标》对于民品涉及的知识产权进行管理，确保知识产权管理体系的系统、完整、协调。

单位实现《企标》与本标准体系整合的最终目的是全面提升单位的内部管理水平，通过规范管理和提高效率，达到提高经济效益的最终目的。体系整合过程中，要遵循先易后难、先简后繁、点面结合的原则，注重有效性和可操作性，力戒形式主义。同时，应充分注意两者的差异和特点，发挥促进整合的有利因素，避免妨碍体系整合的不利因素，使体系整合工作按照计划有序进行。不同的单位、不同的管理基础，可以因地制宜，采取不同的整合方式和方法。体系整合通常需要经历从组织机构整合、管理过程及文件整合到体系运行整合等几个步骤。[1]

1. 组织机构的整合

由于考虑到武器装备承制任务的特殊性，很多单位在按照《企标》建立知识产权管理体系时，并未将军品涉及的相关部门或职责纳入知识产权管理体系，如装备科研项目管理部门、装备物料采购部门、科技情报分析部门、部分装备研制部门等。体系整合中，单位要查漏补缺，将上述部门或职责纳入整合后的知识产权管理体系中，使各部门之间的工作流程和要求能够协调一致，确保单位内部各项知识产权管理工作的同步开展。

2. 管理过程及体系文件的整合

管理过程的整合是体系文件整合的基础。单位要对现有的管理过程和流程进行细致的整合梳理，按照“相同合并、相近融合、相异独立”的原则，将本标准新增的要求及《企标》整合到现有管理过程中，确保整合后的知识产权管理体系文件的系统性、完整性、协调性。

体系文件整合，有利于减少文件数量，便于文件使用；有利于统一协调体系的实施运行，实现资源共享；有利于提高管理有效性和效率，降低管理成本。例如，单位要对知识产权方针进行必要的调整，新增“与装备承制单位所承担的装备采购任务相适应”有关的宗旨；在原有《知识产权手册》中补充本标准必增的内容。同时，梳理与知识产权相关的管理制度、程序文件、作业文件的协调性、一致性、功能性，要细致，查漏补缺，处理好“规范性”与“管理效率”之间矛盾，使体系文件尽量精简高效。一方面要依托单位原有的管理制度，尽量将其直接引用到体系文件中；另一方面要对现有制度与本标准不一致的内容进行适当修改，对于缺少本标准相关内容的地方要及时进行补充完善，使整合的管理规定更加具有可操作性，更好地满足装备采购任务对知识产权管理的各项要求。

例如，单位可以在《管理评审控制程序》的“管理评审输入”中，新

---

[1] 山东省知识产权局，烟台市知识产权局，中知（北京）认证有限公司，等．《企业知识产权管理规范》解析与应用［M］．北京：知识产权出版社，2016：14-16.

增有关单位承担装备采购任务情况及其知识产权创造、运用、保护情况的内容；在《知识产权管理办法》中，新增有关职务发明要及时在单位内部登记发明名称、发明日期、技术内容、发明人信息，有关涉及国防安全的知识产权在许可、转让、放弃方面的限制要求；在《对外投资管理办法》中，新增有关涉及国防安全的知识产权参与境外投融资的限制要求；在《内控制度》中，新增有关知识产权风险识别、评估、控制的内容；在《军品市场开发制度》中，新增有关装备采购招投标中知识产权风险分析和防范的内容；在《科研项目管理制度》中，新增有关装备预研项目、型号研制项目中各阶段知识产权管理的要求等。

3. 体系运行的整合

体系整合是一个长期、迭代、动态改进的过程。这个过程要通过自我完善的推动力在整合的实践运行过程中使控制优化、管理职能简化、管理人员多能化、文件构成简约化实现。单位要通过监督检查、内审、管理评审，建立体系运行的三级监控机制，及时发现问题，有效整改，以保证知识产权管理过程和活动的有效运行。另外，单位还要在体系试运行的过程中，探索将其他可以整合的特定过程进行整合，使作业文件和/或记录格式尽量统一，减少员工的工作量。

第二节 本标准与质量管理体系整合探索

一、本标准与《质量体系》对比

由于《企标》借鉴了 GB/T 19001—2008/ISO 9001—2008《质量管理体系 要求》的管理思维，而本标准是以《企标》为基础，因此，本标准与质量管理体系的核心理念是一致的。但是，由于两者的管理对象不同，因此在适用范围、管理目标和具体内容等方面，仍存在较大差异。

目前质量管理体系标准已改版为：GB/T 19001—2016/ISO 9001—2015《质量管理体系 要求》，主要变化包括：采用基于风险的思维、规定性要求更少、对成文信息的要求更加灵活、提高了服务行业的适用性、更加强调组织环境、增强对领导作用的要求、更加注重实现预期的过程结果以增强顾客满意。❶

GJB 9001C—2017《质量管理体系 要求》（以下简称《质量体系》）是在 GB/T 19001—2016/ISO 9001—2015《质量管理体系 要求》的基础上，增加了装备质量管理体系的特殊要求编制而成。由于采用了“通用要求+特殊要求”的方式，因此既满足了质量管理体系的通用性要求，又考虑了武器装备科研生产的特殊性，为装备承制单位实现武器装备及配套产品的论证、研制、生产、试验、维修和服务等全过程的质量管理提供了依据。

（一）本标准与《质量体系》的相似性

本标准借鉴了《质量体系》的管理思维，两者核心理念是一致的：在统一的国际标准组织规范的管理模式框架下，按照持续改进原则，针对各自管理对象和目的，建立一个系统、兼容、柔性的管理系统。两者在诸多方面较为相似。❷

1. 本标准与《质量体系》的基本原理相似

知识产权管理体系与质量管理体系可谓同宗同源，均遵循国际标准化组织（ISO）的有关管理体系的要求。本标准大量借鉴了国际标准化组织 ISO 9001《质量管理体系 要求》的标准编写思想和范式，因此两个体系在管理的科学化和规范化方面是高度相容的。

两个体系都遵守通用的基本原理，包括自愿实施的原则，采用过程管理与过程控制的共同方式，持续改进原则并使用 PDCA 的开放型的动态循环模式，基于风险的思维等。

2. 本标准与《质量体系》对方针目标的要求一致

本标准与《质量体系》均要求组织制定明确的方针和目标，按照管理过程层层分解目标，并定期评价目标实现情况，作为评定装备承制单位绩

---

❶ 国家标准化委员会 . GBT 9001—2016/ISO 9001—2015. 质量管理体系 要求［S］：I.

❷ 李西良 . 单位知识产权管理体系与质量管理体系融合研究［J］. 知识产权，2017（10）：92-96.

效的重要标准，从而激发全体员工共同努力，为实现组织目标同向、同心、同力开展工作。

3. 本标准与《质量体系》的管理模型相似

本标准与《质量体系》均提供了基于过程方法的管理模型。装备承制单位知识产权管理体系与质量管理体系的管理理念都是通过管理创新，提升单位的管理水平，既注重结果又关注过程。过程方法要求单位在系统性管理和精细化管理方面要下足功夫，要关注到管理活动中的所有管理过程和相互作用，通过制定程序并做到持续改进，最终达到预期结果。

本标准与《质量体系》均采用 PDCA 循环的动态管理方法，均遵循螺旋上升的动态循环的开放式管理模式，要求装备承制单位关注管理活动中的所有过程和相互作用，强调在战略规划、机构建设、内外部沟通、设计研发、采购、生产制造、销售与售后、人力资源、审核改进等多维度、多角度管理，最终实现预期目标。同时，《质量体系》中“基于风险的思维”与本标准对知识产权风险的关注，两者的要求也是基本一致的（如图 10-1、图 10-2 所示）。

4. 本标准与《质量体系》的构成要素相似

本标准与《质量体系》的体系结构均包括范围、术语和定义、管理职责、体系策划、管理评审、资源支持、实施运行、分析改进等基本模块，但具体要求有所不同。其中基本的管理方式是相同或相似的，均采用基于过程的管理方法，体系结构是相互兼容的，两个体系的运行模式均遵循螺旋上升的开环式模式，是一个动态循环的 PDCA，体现了持续改进的思想。

知识产权管理体系和质量管理体系的上述相似性和一致性奠定了管理体系整合的基础。

（二）本标准与《质量体系》的区别

本标准与质量管理体系标准因管理对象的不同，带来目的、适用范围

的不同，实施方式涉及的管理活动及标准内容等方面存在较大差异。❶

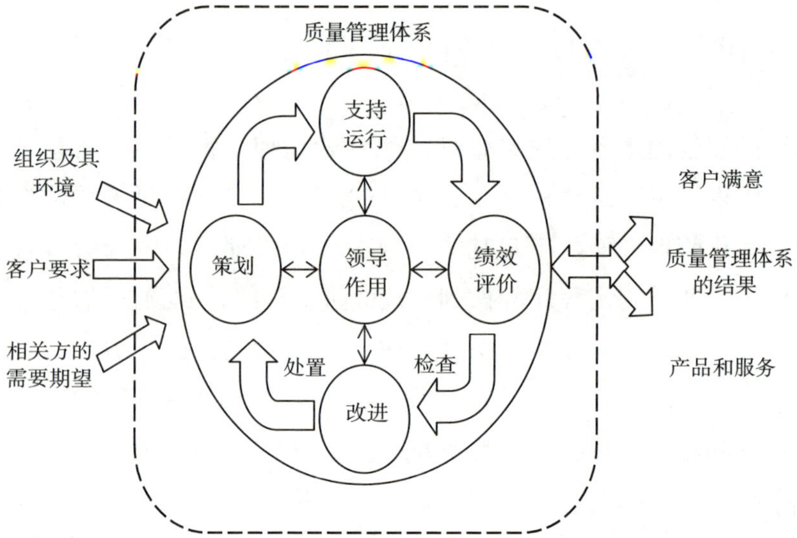

图 10-1　质量管理体系的管理模型

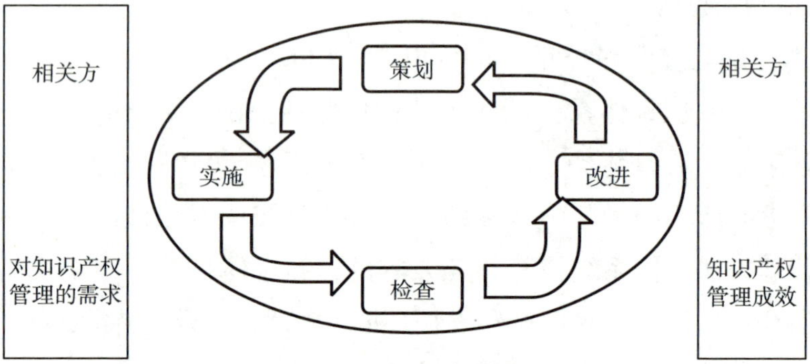

图 10-2　知识产权管理体系的管理模型

1. 本标准与《质量体系》的实施原则不同

本标准确立了知识产权管理的三项基本原则：战略导向、领导作用、

❶ 向兰，等．企业知识产权管理体系与质量管理体系异同浅析［J］．中国发明与专利，2016（12）：6-9.

全员参与。《质量体系》提出了质量管理的七项基本原则：以顾客为关注焦点、领导作用、全员参与、过程方法、持续改进、循证决策、关系管理。

可以看出，两个标准都有“领导作用”和“全员参与”两个原则，并且事实上遵循了相同的“过程方法”“持续改进”原则。其中，“以顾客为关注焦点”“关系管理”则是《质量体系》所特有的原则。而“战略导向”是本标准特有的原则，也是首要原则，表明本标准将知识产权提高到了战略管理的高度，强调装备承制单位的知识产权管理应当在战略层面定位，进行统一部署，充分发挥知识产权工作在单位经营发展决策中的支撑和促进作用，整合管理体系时结合质量管理体系的“循证决策”原则，将会提升组织的战略作用发挥。

2. 本标准与《质量体系》的管理对象、涉及活动不同

简而言之，质量就是产品或服务满足用户需要的程度。建立质量管理体系的根本目的，就是充分整合装备承制单位的所有资源，实施系统的质量管理以实现产品或服务持续获得和满足用户及法规要求的产品的能力。

知识产权是通过创造性劳动而依法享有的专有权，属于组织的无形资产，对这些资产的管理，有其独特性、隐蔽性、敏感性强、不易评价性、增值保值既非常重要又有难度等特点。因此，知识产权管理体系与《质量体系》不同，建立知识产权管理体系的根本目的，是充分整合装备承制单位的所有资源，通过创造、保护、运用知识产权的有效、有机的管理，获得对知识产权的系统管理能力，为单位创造效益，形成动态、迭代、持续的知识产权管理机制，既要防止别人侵害自己的知识产权，避免侵害别人的知识产权，又要不断增长自身知识产权增值保值的能力。而知识产权管理体系运行效果好坏，很难用定量指标来确定，只能用“及时发现和监控知识产权被侵犯的情况”等原则性要求来表述。

知识产权涉及装备承制单位经营的方方面面，尤其是在投融资、合并并购前的知识产权尽职调查、风险和价值评估，都是知识产权管理体系的重要内容。而《质量体系》在识别组织环境、战略决策、管理过程识别等方面要求的比较宽泛，但没有对这些具体活动的要求。

3. 本标准与《质量体系》的标准文本差异较大

由于质量管理与知识产权管理在管理对象、目的及涉及范围不同，决定了《质量体系》与本标准两个标准的文本存在较大差异。具体来说，本标准除范围、术语和定义、领导作用等3章的结构和内容与《质量体系》具有一定相似度之外，在其他章节的名称和内容均存在较大差异。另外，“7基础管理”是本标准与《质量体系》相比新增的内容，其中明确了知识产权创造、运用、保护的要求，也是知识产权管理活动相比质量管理活动的最大差异。

二、本标准与质量管理体系的整合探索

（一）本标准与质量管理体系整合的优点

装备承制单位目前普遍建立有多个管理体系并且已运行多年，如质量管理体系、职业健康和安全管理体系等，具有比较完备的运行体系及丰富的实践经验。目前，从装备承制单位知识产权管理体系实施工作的实践来看，如果能将知识产权管理体系融入或整合到质量管理体系中，就可以使知识产权管理体系的运行更加有效地贯穿于单位经营全过程，取得事半功倍的效果。[1]

知识产权管理体系与质量管理体系虽有不同的要素和管控重点，但是鉴于两者在基本管理原理、构成要素、运行模式等方面具有较高相似度，因此单位可以考虑将知识产权管理体系与质量管理体系整合建设，加快形成整体合力，提升单位核心竞争力，最终实现单位整体目标。因此，综合单位内外部管理要求，将知识产权管理体系与质量管理体系整合构建是必然趋势，多体系整合建设具有以下优点。[2]

一是有利于提高决策质量，增强单位的核心竞争力。单位最高管理者

---

[1] 山东省知识产权局，烟台市知识产权局，中知（北京）认证有限公司，等．企业知识产权管理规范解析与应用［M］．北京：知识产权出版社，2016：14-16.

[2] 李西良．企业知识产权管理体系与QES三体系融合研究［J］．知识产权，2017（10）：92-96.

在管理体系整合后做决策时，可以置身于更加全面和有机的环境中，有效地消除管理盲区和解决管理要素不全面的问题，进一步夯实决策基础，以实现快速决策、科学决策，达到持续改进的目标。

二是有利于增进单位内部各部门间、员工间、不同层级间的沟通，提高决策效率。整合后的管理体系有效地解决了单位内外部信息不对称的问题，各部门不会在割裂的系统中做出分析和决策，避免了各部门各自为政、各行其是，影响到单位整体的经营战略目标的实现。

三是有利于合理配置资源，减少不必要的浪费。单位可基于总目标的一致性整合构建两个体系，统一编制文件，统一内审，避免文件“泛滥成灾”和“文山会海”的局面。从组织财务角度考虑，有效降低单位的管理成本，合理配置资源，从而减少不必要的浪费。

（二）本标准与质量管理体系整合的原则

装备承制单位一切有效的管理活动都应紧紧围绕满足客户需求，为客户提供满意的产品或服务而开展。因此，单位在体系整合建设中，首先要明确单位总目标的建设要求，同时兼顾各体系个性化的管理目标，做到重点突出、统筹兼顾。体系整合的基本原则如下。

一是“就近相容性”原则。以单位现有成熟的质量管理体系标准模式为主线，把知识产权管理标准的相关要求，尤其是涉及的管理活动分别纳入质量管理体系的相关管理文件中，按照“相同合并、相近融合、相异独立”的原则进行整合。针对相同或类似的管理活动，通过文件、记录和控制程序结合起来；针对个性化的管理活动，则在文件中分别描述或单独编制文件。

二是“简洁、高效、适用、风险可控”原则。基于实用、基于事实，对同一管理过程的管理要求，如果能合并的就统一要求，不可强行生搬硬套，逐条整合。根据实际情况，将相关管理资源包括管理流程、人力资源，甚至管理的领导和组织体系等进行有机整合，使单位能够有效利用其他管理体系的运行机制，节省人力、物力和财力投入，达到管理体系有效运行的目的。

三是“动态调整和兼收并蓄”原则。整合后的管理体系亦要遵循动态的 PDCA 螺旋上升的管理模式，要在运行过程中不断完善，持续改进。同时，两个体系应当坚持开放兼容的原则，有必要与其他管理子系统整合，如财务管理、信息管理、能源管理、风险控制管理等。

（三）本标准与质量管理体系整合的方法

装备承制单位的管理过程实际上是通过各类管理要素驱动的过程，其管理效果主要取决于各要素之间是否能实现良性互动，即在时间维度方面达到协调一致，在空间维度方面实现互补。知识产权管理体系、质量管理体系分别反映了不同利益相关方的需求和期望，往往存在特定职责、资源、过程等方面的相互交叉或重复，其中既有统一的部分，也有个性的部分，还有相互约束的部分。体系整合，就是将管理体系的共性部分整合为一致要求，科学调配资源，优化组织机构，改进管理过程，提高工作效率，降低管理成本，提高体系运行效率。

1. 组织机构的整合

两个体系在组织管理原则方面，均强调了领导作用和全员参与的重要性。因此，两个体系在组织机构整合建设过程中应坚持统一领导、分级管理的原则。单位最高管理者应对各体系的建设发挥领导作用，最高管理层统一制定体系管理工作的方针、政策。有的单位可以考虑在高层管理人员中指定一名管理者代表，[1] 同时承担两个体系管理者代表的职责，这样既有利于多管理体系的整合工作推进，又有助于各类管理资源的调度和配给。

在组织机构和人员团队建设方面，最高管理者要规定各级体系的归口管理部门、人员编制、部门任务和职责，并由各部门分级落实和实施，以便统筹体系运行，提高单位内部管理的有效性。目前，单位的知识产权管理体系一般由科技管理部或法律部归口管理，质量管理体系一般由质量部归口管理，因此体系整合时要重新考虑各部门的职责划分是否合理，是否

[1] 此处为了表述方便，仍然使用术语“管理者代表”。但是实际上 GJB 9001C—2017《质量管理体系 要求》中已不再使用“管理者代表”的表述，虽然为相关岗位分配了类似的职责和权限，但是不再要求委任一名管理者代表。

因多头管理导致低效和内耗，并尽量将两个体系的相似管理职能合并到一个部门。有条件的单位也可以将两个体系的管理职责合并到一个部门（如体系办），以便统筹体系管理工作。

统一管理还体现在体系专员和内审员的选拔、培养和评价方面。体系专员和内审员是单位内部建立、整合、维护管理体系的重要力量。单位要将根据单位组织规模大小、产业行业不同，统一选拔和配置具备多体系管理知识和技能的体系专员和内审员队伍，从注重数量和专业分工转化为注重一专多能人员的选拔和培养，体系专员和内审员可以同时参与到两个理体系的运行和维护工作中，并有能力承担两个体系的联合内部审核工作。

2. 体系文件的整合

基于系统管理方法的整合体系构建是管理体系建设成败的关键。单位要清晰地识别质量、知识产权管理活动中的主线及每个过程，从管理战略角度将管理体系设计的全要素进行展开，站在质量、知识产权两个管理视角，将不同体系要求的共性和个性部分区别对待，既要重视全局共性部分又要兼顾局部，确定各个具体过程和要素。这也是单位后续对两个体系的体系文件进行整合的基础。❶

单位在多个体系的体系文件整合的过程中，要遵循“简洁、高效、适用、风险可控”原则。为便于实施，建议单位将两个体系整合后的体系文件，按照采用员工较为熟悉的三层文件进行层次化管理，包括管理手册、程序文件、作业文件和/或记录。

第一层为管理手册。组织的管理手册没有固定或规定的格式，可以使用灵活多样的形式编写。可以是以文字描述为主加必要的矩阵图的形式；

---

❶ 由于本标准借鉴了 GB/T 19001—2008/ISO 9001—2008《质量管理体系 要求》的基本架构，因此其中仍然包含“知识产权手册”“形成文件的程序”“记录”等术语。但是 GJB 9001C—2017《质量管理体系 要求》使用“保持成文信息”代替了原来 GJB 9001B—2009《质量管理体系 要求》中“文件”“形成文件的程序”“质量手册”或“质量计划”等术语，并使用“保留成文信息”代替了原来“记录”这一术语，从而使单位可以选择适合本单位运行的术语进行表述。为了表述方便，此处仍然使用知识产权手册、程序文件、记录等表述。

也可以是图表、流程图加文字描述；还可以用综合的标准框架示意加文字、流程图、图表、矩阵图表述等形式。可以考虑分别编制管理手册。如果要将两个管理体系的手册合并，可以将两个管理体系相同、相近的内容综合描述（例如，管理方针目标要求，文件记录控制，内审管理评审，资源管理、改进等）加分述各自特征要求（标准的运行过程部分）；也可以考虑以《质量体系》标准主线为基础，再将本标准各条款融入质量管理体系的相关、相近条款中，但要注意在此过程中避免缺失本标准的有关内容。

第二层为程序文件。由于本标准与《质量体系》都有明确规定需要编写程序文件或成文信息的条款。根据实际需要，单位可考虑将两个标准中规定需要建立程序的条款进行整合，编写一套同时符合两个标准要求的“二合一”程序文件（例如，内部审核程序）。应避免陷入文件的简单合并造成的文件冗余现象，或是随意删减文件带来管理过程缺失的风险。由于质量管理体系与知识产权管理体系涉及的具体运作方式、活动内容、流程与要求不同，所以，会存在一些质量管理体系专属的程序文件（例如，质量关键管理过程程序、质量检验程序）及知识产权管理体系的专属性程序文件（例如，知识产权保护程序、知识产权风险控制程序），同时也会存在同一个程序文件中有共同要求部分以及针对性不同要求的描述（例如，对于人力资源控制程序中有共性的人员管理要求之外，还有质量管理需要的人员的能力与意识的特定要求，也有知识产权人员入职、离职等要求）。

第三层为作业文件和/或记录。作业文件是对各类管理活动实施细则和具体做法的描述，以及该类活动所需的记录要求和追踪措施等。除管理评审和内部审核外，单位还要探索将两个体系中其他可以整合的特定过程的实施（如研发、采购、生产等）进行较具体地整合规定，将两个标准中规定需要建立的记录进行整合，使表单和记录格式尽量统一，简化、减少管理日常工作量。

此外，体系文件整合及发布后，要及时组织有针对性的培训，并加强日常监督检查。编制文件主要是为了提高管理水平，而不是为了满足标准而编制文件，所以必须保证文件的实施，但是文件的实施前提是有效的培训。通过有效培训，使有关岗位掌握其工作程序，更好执行文件，同时归口管理部门加强检查和考核，以保证文件实施的有效性。

3. 体系运行的整合

鉴于组织规模、组织的活动、管理边界、产品和服务的性质等诸多因素的不确定性，两个管理体系运行的整合将会是比较复杂的系统工程。单位要经过长期不懈的努力，才可能使两个体系从合并变成兼容，从兼容变成整合，从一时的整合达到长久的整合，实现两个体系的共同提高。

（1）明确两个体系建设的总目标。单位要认识到两个体系整合建设的总目标，均是要最终服务于单位经营目标。同时，单位还要定期评估内外部环境因素变化（如组织所面临的政治、经济、技术的发展，国内外经营环境的变化，相关方需求的变化，组织机构变更，市场供需调整等）对方针目标的影响，应及时对整合后的体系进行策划和调整，确保其始终与单位经营目标协调一致，从而使单位基于整合后的管理体系，不断改进和提高，持续完善各项管理过程和活动。

（2）求同存异，由表及里，不断整合。单位要结合两个体系实际运行情况，通过分析，诊断出各过程中存在的问题和改进机会，以便“对症下药”。针对体系整合过程中发现的问题，通过过程识别，针对两个理体系要求，制定管理举措。既要采用兼容方式进行整合，又要考虑到各体系的个性要求，使两个体系从形式到实质都能整合完善。在这方面，质量管理体系已经有了大量与其他管理体系整合的理论和实践经验，可以供知识产权管理体系与其整合时作为参考。

（3）充分发挥常规监督检查、内部审核和管理评审的三级监控机制。监督检查是管理部门的日常工作。单位各级部门要通过内部日常检查，发现体系整合后运行中存在的问题，并及时反馈和有效整改，以保证各管理过程和活动的有效运行。

内部审核是对体系整合的符合性和有效性进行全面评价，是体系有效运行的保障。单位要选择好内审员，内审组成员最好具有两个体系的标准知识，同时还要了解单位的专业技术领域。内审核成员要做好内审前准备工作，事先与受审核部门做好沟通，保证审核工作顺利进行。

管理评审是对体系整合的适用性、充分性和有效性的最高层级监控。单位要充分收集体系整合后的运行情况，关注单位管理活动相对于两个体系的整体表现，通过汇总分析，找出体系改进的方向，及时调整知识产权管理以及质量管理的方针、目标，规划协调资源，确保体系的持续适宜性、充分性、有效性。

第十一章　军工集团知识产权管理体系建设良好案例

第一节　航天科技集团知识产权管理体系建设案例

【案例1】上海航天电子技术研究所知识产权管理体系建设工作总结

一、单位简介

上海航天电子技术研究所（以下简称“电子所”）隶属于中国航天科技集团有限公司第八研究院（以下简称八院），是由原上海航天通讯设备研究所、上海航天计算机研究所、上海航天测控通信研究所三所整合重组而来。电子所主要承担航天战术武器领域、航天运输领域、应用卫星领域、空间科学领域的基础和重点项目。目前在编1600名员工、年产值20多亿元。研究所明确提出建设“创新体系完备、产业布局合理、核心技术突出、管理运行高效，具有国际竞争力、综合实力一流的航天电子小产业集团”的奋斗目标。

二、贯标背景

电子所2014年以上海航天测控通信技术研究所名义申报上海市知识产权局开展的“上海市专利工作试点单位”，并于2016年通过“上海市专利试点单位”现场验收。试点工作为提升电子所知识产权综合管理水平、核心专利数据库建设、知识产权保护意识、专利人才培训培养工作起到很好推动作用。验收组希望电子所进一步围绕领域前沿技术，加强专利权项与边界分析、规避风险；对出口和军民融合产品需加强知识产权的价值评估、保护和利用；积极拓宽知识产权的转化运用；稳步推进专利国际布局；同时指出目前知识产权管理体系缺乏，与企业性质和规模不匹配的问题。

依托“上海市专利工作试点单位”项目，建成本所专利信息检索及管理平台，该平台专利数据库包含“雷达与电子对抗技术”“遥感载荷技术”“测控通信技术”三大核心专业中主要技术方向和核心子技术。专利来源有中国国家知识产权局、欧专局、美专局、日专局等。该数据库具有专利分类导航、专利数据复制转移、二次检索、解读文件加载、专利说明书调取存储、专利分析等功能。可跟踪同行业专利信息，分析专利权利要求，

知识产权管理体系建立前，知识产权专职管理人员 1 人、专利工程师 2 人、专利管理工作者 10 人，各研发部门均设知识产权联络员 1 人，制定有《知识产权工作实施办法》。但是，电子所知识产权管理工作存在以下问题：缺乏清晰的知识产权战略和阶段目标；产品研发研制部门对专利的市场属性认识不足，重视程度不高，专利策划与产品开发市场目标脱节，大多为评科技成果奖和职称用，撰写的出发点不正确；知识产权工作没有很好地与型号或项目研制同步策划、同步培育、同步考核、同步运用；对跨部门项目，技术负责人牵头组织项目专利策划协调困难；专利检索和分析工作开展的范围小、作用弱，技术创新助力效果不明显；紧密贴合创新成果专利数量少、高价值的专利更少；忽视核心专利及其外围专利的整体系统性布局，未能形成专利群；专利权利要求保护范围小、不严密，易于被对手绕开规避；缺乏知识产权评估机制、转化应用几乎空白、更缺乏作价入股的专利转化实践规范与经验；投资、广告、会展、采购、销售、售后服务等环节的知识产权管理重视不足，缺少规范指导。

三、体系建立

（一）指导思想

全面贯彻党的十八大和十九大精神，紧密围绕国务院《深入实施国家

知识产权战略加快建设知识产权强国推进计划》，深入实施电子所知识产权战略，建立知识产权体系，提高知识产权创造、运用、保护、管理和服务能力水平。保障电子所创新驱动发展，有效支撑“十三五”综合规划要求，实现建设“创新体系完备、产业布局合理、核心技术突出、管理运行高效，具有国际竞争力、综合实力一流的航天电子小产业集团”目标。

（二）建设原则

（1）坚持需求牵引。紧紧围绕国防重点型号与装备研制、国防基础和前沿技术研究，加强知识产权创造和运用，发挥知识产权制度激励创新的基本保障作用，推动电子所自主创新能力提升。

（2）坚持问题导向。针对电子所知识产权工作存在的问题，剖析矛盾、深挖根源，创新工作理念、优化工作模式，建立健全科学高效的知识产权管理制度与运行机制。

（3）坚持整体推进。加强顶层谋划，强力推动；坚持与科研工作协调同步；注重战略导向、领导重视、全员参与；实施国家企业知识产权管理标准，分层次培养知识产权人才队伍。

（4）坚持军民融合。加强军民需求交流对接，发挥知识产权桥梁纽带作用，充分利用各种优势资源和力量，促进国防科技成果向现实生产力转化，服务军民融合发展。

（5）坚持统筹协调。加强电子所核心专业、核心产品知识产权与质量管理体系、科研生产管理体系、预先研究管理办法、保密安全管理办法、商业秘密保护办法、法律与法务管理、人力资源竞业管理等有关政策的协调衔接，促进知识产权工作协调发展。

（三）方针制定

制定知识产权方针“注重积累、推崇创新；系统管理、协调发展；规避风险、突显优势”，其具体内涵如下。

注重积累：注重对知识产权信息的动态收集、检索、分析和利用。

推崇创新：强调技术创新，通过对高价值专利的创造和布局，有效提升产品创新水平。

系统管理：围绕知识产权创造、运用、保护和管理，开展全系统、全过程管理。

协调发展：实现与质量管理体系、科研生产管理体系、保密安全管理体系的协调发展。

规避风险：规避企业在人力资源、立项、研发、采购、生产、销售等经营活动中的知识产权风险。

突显优势：突出核心专业，突出优势产品，确保市场竞争优势。

（四）战略与目标

明确知识产权战略为掌握核心知识产权，增强企业核心竞争力，助力军民融合发展，助推企业转型升级。明确知识产权长期目标实为施知识产权战略，将知识产权管理体系有效融合到企业科研生产管理各环节，全面推进项目知识产权全过程管理，建立保持并不断完善知识产权管理体系，提升本所技术创新能力，确保市场竞争优势、规避知识产权风险，持续提高知识产权创造、运用、保护和管理能力，稳步提升知识产权转化效益，增强企业核心竞争力，助推企业愿景目标实现。

（五）建设内容

体系建设前期策划十分重要，以下工作必不可少：成立领导小组和工作小组、设立专职体系运维岗、聘请有经验的专业辅导机构、召开启动大会、诊断调研分析、体系文件编写等。

1. 成立领导小组和工作小组

成立以所长为组长的知识产权体系建设领导小组，组员包括党委书记、副所长、分管军民融合所领导、所长助理、总工程师。成立以知识产权分管副所长为组长的知识产权体系建设工作小组，组员包含电子所各级相关业务部门负责人、电子所知识产权专职工作人员、各业务相关部门指定 1 人进入工作小组，并作为部门知识产权管理员。同时成立以所长为主任的知识产权管理体系文件编辑委员会。

2. 设立专职体系运维岗

结合企业实际情况和业务需求，设立体系运维岗和知产运维岗。

体系运维岗的主要职责是：负责收集整理分析知识产权相关政策，根据知识产权标准、法律法规、政策和最高管理者代表要求，制订年度工作计划及实施推进，修订阶段知识产权目标；负责知识产权管理体系建设、有效运行；指导并协助开展知识产权价值评估、转化、转让、谈判、纠纷等工作；开展知识产权管理体系绩效考核；对体系运行中存在的重大问题有权直接向企业最高管理者报告等。根据知识产权中长期和年度目标，负责知识产权管理体系内审、监督审核、复审（根据需要）、复评计划的制订和管理，按要求开展并编制审核报告、分析改进意见，同时对审核整改问题监督闭环；负责各类审核中过程文件和记录的生成、记载、传递和归档；开展体系政策、知识、文件培训等。岗位基本要求为取得知识产权管理体系内审员或外审员资质。

体系运维岗与现有的知产运维岗职责是不同的，知产运维岗的主要职责是：负责各业务部门知识产权申报的受理、代理申报、协助处理审查问题，直到知产授权或无效及其全过程的档案管理；负责代理费用、维护费用等的预算、实施办理，负责外部各类知识产权资助经费争取和办理；负责企业知识产权基础知识培训、办理知识产权各类奖励、专利奖申报、与知产类相关的能力提升项目申报与管理。

3. 聘请辅导机构

通过调研，聘请有经验的专业公司或机构进行辅导。辅导内容包括调查诊断、分析建议、手册、程序文件、记录表单编写、人员培训、内审、联系外审等。

4. 召开启动大会

召开知识产权管理体系建设启动大会，向管理者代表颁发聘书，宣读《关于成立知识产权管理体系建设领导小组和工作小组的通知》、知识产权管理体系方针和目标。会议明确《知识产权管理体系贯标、认证工作目的及要求》，并对《企业知识产权管理规范》进行解读。

5. 诊断调研分析

诊断环节十分重要，关系到对企业知识产权现状的整体全面把握，手册、程序文件、记录表单编写的顺利进行。诊断重点关注以下内容：企业经营目标与使命愿景、贯标工作目的和整体方案、需要和认证公司沟通的事项、企业组织架构、企业知识产权贯标自评情况、各部门工作概况及职责分工、贯标工作的节点要求以及完成形式、涉及知识产权工作的规章制度梳理、下属子公司（如有）与本次贯标工作的关联性、根据企业实际拟定知识产权方针、目标等。

诊断可按上述内容分多次进行，由于诊断内容相互关联，因此，诊断过程和内容实际是相互交替、反复迭代的过程，所有内容都要认真考虑、关联分析。

6. 体系文件编写

虽然电子所设立尚未得到正式批复，但上海航天通讯设备研究所、上海航天计算机研究所、上海航天测控通信研究所三个单位已经合并到一个区域办公、研制生产，组织机构上只有电子所一套班子，且电子所已经合并运行了10年之久，企业管理制度、办法已经统一。当然，事业单位法人证书仍为三套，人员编制仍为三个单位，财务报表仍为三套（既按电子所报总账，又按三个单位报分账）。体系认证希望三个单位取得三张证书。针对这一现实情况，有提议参考质量体系认证做法，手册适用于上海航天通讯设备研究所（含上海航天计算机研究所和上海航天测控通信研究所），这需要和认证公司沟通，沟通结果是不行的，另两个单位只能作为关联企业来对待，审核认证只能发一张证书。

因此，要按照三个所的各自企业法人证书经营范围编制三套各自独立的知识产权手册、程序文件。而管理制度、表单记录文件均执行电子所现行文件，这样做是为了尽可能少地影响现有制度办法运行，根据知识产权体系要素，在现有制度、办法基础上进行增加和完善，主要是对现行有效的管理运行表单记录进行内容增补。这样做对体系涉及部门业务工作影响最小，新体系更容易被业务部门接纳执行。从后期梳理制度办法，并结合要编制的程序文件看，本次体系建设只增加了一个管理办法——知识产权价值管理办法。当然这些也需和认证公司沟通，在三套手册中均需对电子所和三个所得关系予以说明，以求认同。

电子所有自己的管理体系文件的编制规定，对体系文件代号、编写、发布、修订等方面进行了规定，这些也是需消化执行的，特别是代号需从档案标准化部门取得。

手册初稿编写完成后，应编写手册的编写说明，一并在企业内部广泛征求意见和建议。从实践看，意见多集中在部门职责上，尽管前期诊断沟通中反复对这一问题进行讨论协商。因此，需要与体系无直接关系，不在手册组织机构图中部门做好解释沟通。

手册具体编写工作时，要仔细消化《企业知识产权管理规范》的每字每句，不理解的请教辅导机构，阅读《企业知识产权管理规范解析与应用》《企业知识产权管理规范理解及知识产权管理体系审核指南》等。

（六）运行

1. 培训

开展所级领导、中层领导、部门管理员、内审员、设计人员、新员工、全体人员等各层级人员的专题培训。面向知识产权管理体系全过程、全要素的培训。

2. 申请专利时提交知识产权检索报告

编写知识产权检索报告模版，模版包含内容有项目名称 、概述、技术要点，企业已有相关知识产权情况（专利号、专利申请号、申请人、专利名称），检索词，查询范围，查询的时间范围，检索方式，相关国内外专利检索结果（检索主题词、检索数据库名称、相关专利号、专利申请号、申请人、专利名称），国内外文献查询结果（文献名称、来源、发表人），检索专利与本项目技术的对比分析及结论等。申请专利时，申请人在提交申请材料的同时提交知识产权检索报告。强调发明人熟悉本领域技术现状，判别新颖性、调整修改权利要求，针对竞争对手，有的放矢地布局专利并提高授权率。

3. 编写专利分析报告

在研究研制项目与课题中开展专利检索分析，编写专利分析报告。检索分析工作紧密纳入部门研制管理策划，该项工作将对技术途径梳理、技术生命周期分析、技术创新、新产品研制、竞争对手与合作伙伴识别、产品市场布局、专利挖掘、知识产权风险控制等带来很大帮助。分析报告不贪大求全，结合研制工作实际可选取以下若干方面开展：新产品研发及布局风险调查、技术动向调查、技术途径分析、技术分类体系确立、技术生命周期分析、技术图谱分析、核心技术布局分析、目标市场侵权风险调查及预警、目标市场机会分析、主要竞争对手分析、重点技术侵权分析与预警、海外专利申请策略分析、企业并购知识产权尽职调查分析、技术引进知识产权尽职调查分析。制定《重点研发项目专利检索分析管理办法》，从制度上保证集团课题超200万元项目做到100%开题有专利分析报告，结题有专利总结报告，对其他重点项目或课题做到针对性分析。

4. 梳理识别核心知识产权

梳理识别核心知识产权，包括核心专利、核心商业秘密，梳理清单提交部门领导粗选，然后由主管所领导精选审批，最终确定掌握核心知识产权人员名单，交人力资源部，针对这类人员离职退休时，启动竞业限制流程。梳理识别核心专利指标如下：（1）原创性、首创性，能够引领本领域或技术方向发展的作用；（2）不可替代性，本专利新颖巧妙，技术覆盖范围广，而非局部细节创新；（3）经济效益或潜在经济效益巨大，产业优势明显，对电子所经济利益或市场影响大；（4）专利被引证引用频次高。

5. 开展销售和售后知识产权管理相关工作

开展销售和售后知识产权管理工作，制定《产品销售前知识产权风险评估报告》模版。承担经营销售职责的事业部围绕销售前管理，宣传、会展前，售后市场监控，产品升级、市场变化四个方面开展。为落实这四方面管理工作，编制四张表格。

“销售前管理”表格中包含被销售产品本所知识产权情况、竞争对手销售产品知识产权情况，要回答以下问题：（1）是否需要深化专利等布局，扩大保护范围，取得竞争优势？准备在哪些方面布局专利？（2）是否存在侵犯竞争对手知识产权的情况？若有，需采取哪些补救措施？（如事先沟通，交叉许可对方知识产权）（3）是否要与购买方明确知识产权侵权责任？（4）本产品是否存在两个及以上单位合作开发，而未对发明创造的申请权利、专利权进行约定而造成知识产权损失？（5）是否存在共同专利权人可能对利润分享的主张？若有，事先是否约定合理？

“宣传、会展前”表格中包含拟宣传、会展产品所含知识产权，会展主要竞争对手相关产品专利、外观、商标等检索，要回答以下问题：（1）是否需要深化专利等布局，扩大保护范围，取得竞争优势？在哪些方面准备布局专利？（2）是否存在侵犯竞争对手知识产权的情况？若有，需采取哪些补救措施？（如事先沟通，交叉许可对方知识产权）（3）是否宣传、会展公开材料中涉及未申请知识产权？若有，须在6个月内完成申请（明确责任人、完成时间）。

“售后市场监控”表格中包含被跟踪产品的调查信息、知识产权被侵权描述、被侵权采取的应对措施等。

“产品升级、市场变化”表格中包含被跟踪产品的调查信息、产品升级、市场变化描述、知识产权策略，如围绕已有核心专利布局新知识产权、获取新的核心专利、与竞争对手开展知识产权实施、许可、转让等。

6. 实施生产过程知识产权管理

根据研究所生产实际情况，生产制造部、微电子中心、工艺技术部、一车间、试验中心等部门纳入生产过程知识产权管理。填写相应生产管理表格，包括内容有生产对象、生产对象属性（产品、工艺方法）、生产类型（所内加工、委托加工、来料加工、贴牌生产、环境试验）、知识产权管理（a. 是否存在技术改进与创新？存在哪些改进与创新？b. 保护方式按技术秘密、专利及其他？c. 如形成知识产权，明确责任人、完成时间）。

7. 风险自查

梳理各业务部门知识产权风险要素，形成风险要素表，在此基础上编写风险自查表，在科研管理平台上由各业务部门每月自查填写并填报，知识产权管理办公室对发现的风险及时采取应对措施。

8. 提升专利撰写质量

专利是面向市场的，从市场角度出发，提高专利撰写质量是其核心。

知识产权办公室分批到事业部为研发人员开展专利撰写专题培训，重点针对说明书摘要、摘要附图、权利要求、实施例等开展讲解，特别对独立权利要求、从属权利要求、必要技术特征列举大量实例详细剖析。另外还从如何扩大保护范围、树立专利壁垒角度讲解如何撰写专利。

四、体系实施

知识产权管理体系的建立和运行，使企业有了明晰的知识产权战略和目标，知识产权工作计划更具发展逻辑、更符合企业市场化要求。体系的建立和运行确保开展多层次人员培训、制定所级和部门级的知识产权管理目标及措施；完善合同示范文本、人力资源管理表单；落实专利申报同时提交检索报告的要求；完成核心专利梳理识别；按月开展风险自查工作；重点加强信息资源收集利用，立项、研究开发阶段专利检索分析工作；推进销售与生产环节的知识产权管理。知识产权管理体系全过程管理得以有效实现和实施。

新体系运行中，难免会给业务部门增加工作量，甚至流露不满。体系管理人员要耐心解释沟通，更要指导帮助，特别是在采购检索、研发检索分析、售前制定知产保护和风险防范等工作上，尽可能给出参考模版。还要给实施人员争取机会多培训、多奖励。

标准必要专利也是从企业研发实力积淀的现实需要出发，通常只针对国家标准，要与研发人员、标准化人员共同讨论，同时也要结合行业上级主管部门对标准化工作的指导要求而定。

核心专利梳理识别也存在不准确的情况，目前考虑技术先进性多一些，法律稳定性、经济价值评估分析不足。这一明显欠缺之处，需视野向外，到转化市场中汲取方法和经验。

另外，体系在运行中，可能会出现部门知识产权管理员有较多变化情况，这时应及时做好人员信息汇总变更，同时微信工作群也需及时变更，另外要做好新管理员的培训工作。

五、经验分享

（一）领导重视

体系建设，关乎整个企业，涉及科研生产经营管理等方方面面的全过程管理。企业一把手亲自参与制定知识产权方针、目标，关心体系建设，提供资源保障，协调解决建设过程中碰到的具体问题，都是领导重视的直接表现，这对体系高效有序建设非常重要。

（二）整体策划

体系建设需整体策划，加强顶层谋划。在和辅导机构有效沟通和对规范消化理解的基础上，从认证产品范围、组织机构、制度适用、与科研工作协调同步性、中高层领导重视、全员参与、知识产权人才队伍分层次培养等方面整体开展策划。另外还需要紧密围绕企业核心专业、核心技术、核心产品建设，关注知识产权体系与质量管理体系、科研生产管理体系、预先研究管理办法、保密安全管理办法、商业秘密保护办法、法律与法务管理、人力资源竞业管理等企业有关制度办法实施的协调衔接。最后对可能影响体系建设和后期运行的问题进行预判，提出解决措施。

（三）注重细节

仔细调研、倾听诉求，分析问题。与辅导机构、企业内部业务部门进行充分沟通，达成最大的理解和共识。

结合企业管理实际，利用已有成熟的管理办法，管理制度、表单记录文件均采用电子所现行文件，不做大的改变，局部增加知识产权管理要素，尽可能大地适应现有科研生产运行体系。

梳理消化企业相关规章制度，明确对应体系要素条款，形成对照表。

按照体系管理要素，梳理企业适用知识产权体系运行的记录表单，明确需修改完善的内容，同时列出需增补记录表单，指定责任部门和完成时期。

在知识产权价值评估管理办法制定的基础上，结合电子所《商业秘密管理办法》，开展对核心知识产权梳理评价，形成核心知识产权人员对照表，供人力资源部门在人员离职时开展竞业限制管理用。

条款 8.3 规定，“在采购涉及知识产权的产品过程中，收集相关知识产权信息，以避免采购知识产权侵权产品，必要时应要求供方提供知识产权权属证明”。其在实际操作中还存在一定难度，电子所每年采购金额在数亿元，对采购产品全面铺开收集相关知识产权信息不现实，采取对采购产品进行分类对待，除对采购软件必做知识产权信息收集外，按“重大精贵特”原则梳理，实施知识产权信息收集，将风险尽可能降到最低。

利用多平台、多形式、多手段开展提前宣传培训，以先期意识导入。编写《一张图读懂知识产权管理体系》《GB/T 29490—2013 企业知识产权管理规范》《知识产权案例分析六则》《一张图读懂知识产权贯标流程》等，对检索分析案例进行收集，优先供设计人员学习参考。

同步策划人员培训计划，按所级领导、管理者代表与知识产权工作人员、中层领导、设计师、全员等五类进行。针对岗位要求，明确各类人员培训重点要素。所级领导重点培训基本知识、国家政策与法规、战略意识、技术创新、市场优势、风险控制；管理者代表与知识产权工作人员重点培训体系规范与审核、程序文件、法律法规、战略意识、技术创新、市场优势、风险控制；中层领导重点培训体系规范、知识产权手册目标、方针、部门职责、程序文件、全过程管理、风险控制、专利检索与分析等；设计师重点培训知识产权基本知识、专利申报、知识产权检索与分析；全员重点培训知识产权意识、法律法规、体系规范、知识产权手册目标、方针、部门职责等。

管理手册和程序文件在辅导机构的指导下，建议由本单位负责起草，一方面本单位人员对自身企业业务熟悉，另一方面起草工作对消化理解知识产权管理规范有很大帮助。同时，编写内容要主动、优先听取辅导机构意见建议，及时纠正错误与偏差。

（四）体现军标

GBT 29490—2013《企业知识产权管理规范》、GJB 9158—2017《装备承制单位知识产权管理要求》两个管理体系基本原则、管理方法、基本要素等内容基本相同，主要差别体现在 GJB 9158—2017《装备承制单位知识产权管理要求》对合同管理具体化上，同时更加突出对装备采购各阶段知识产权管理。

合同管理具体化表现如：7.1d）承担涉及国家重大专项、装备采购任务等政府和军队支持项目时，应了解项目相关的知识产权管理规定，并按照要求进行管理。再如，明确装备采购合同投标书要求：7.2a）拥有自有知识产权情况；7.2b）拥有本领域国内外专利情况、技术缺项及突破口，以及知识产权预期目标；7.2c）知识产权侵权风险及防范措施。对单一来源装备采购合同订立前，应参照开展相关工作。另外对装备采购合同也做出详细要求：涉及装备预先研究、型号研制、购置、维修保障的合同，应按照有关法律法规规定及装备采购任务下达方的要求，约定知识产权目标、权利归属、许可使用范围，发明报告义务，全寿命周期的知识产权保障，以及知识产权权利瑕疵保证、责任承担等条款。

对装备采购各阶段知识产权管理，在预先研究阶段要求："8.2.1c）合同履行：应就合同中确定的关键技术已经公开或者已通过其他途径获得的情况报告装备采购任务下达方；8.2.1d）合同验收：应向装备采购任务下达方提供专利、技术资料、软件著作权等知识产权的产生和使用信息。"在型号阶段要求："8.2.2d）工程研制阶段：应开展知识产权保护和布局，对合同中确定的关键技术已经公开或者已通过其他途径获得的情况报告装备采购任务下达方；8.2.2e）定型阶段：应向装备采购任务下达方提供专利、技术资料、软件著作权等知识产权的产生和使用信息。"在生产阶段要求："8.2.3c）装备交接过程中，应向装备采购任务下达方提交知识产权相关资料并保证其准确完整。"在维修保障阶段要求："8.2.4a）健全维修保障技术服务机制，不应以保护知识产权为由拒绝提供售后服务，影响装备维修保障的实施。"

由于中央军委装备发展部、各军兵种、部队等项目招标文件中对知识产权要求一般比较缺乏，作为装备承制单位通常按模版来撰写技术标书并提交，也不会主动修改或调整相关标准格式，在项目商务标书中已经做到提供相关的拥有自主知识产权的情况，并附专利证书（含国防专利）、软件著作权登记证书等的扫描文件。在外包类装备采购合同中已经明确知识产权权属、许可使用范围、侵权责任承担等条款。对军用标准元器件采购合同，由于元器件执行的是军用标准或企业标准，因此对知识产权相关要求行业内一般不再提及。后期将尝试将 GJB 9158—2017《装备承制单位知识产权管理要求》中有关合同管理、装备采购各阶段知识产权管理要素主动纳入相关文件，一是增强企业竞争优势；二是规范军标体系的全过程管理；三是更好地将国标与军标融合。力争在国防知识产权局《知识产权强国战略纲要（2021~2035 年）》规划实施中走在装备承制单位的前列。

（本案例作者：李国民，上海航天电子技术研究所）

【案例 2】北京 Z 研究所知识产权管理体系建设工作总结

一、单位简介

北京 Z 研究所（以下简称“Z 研究所”）是我国最早从事卫星研制的单位之一。Z 研究所主要从事空间飞行器姿态与轨道控制系统、推进系统及其部件的设计和研制以及工业控制系统的研究应用工作，在国内外享有较高声誉。在几代航天科技工作者的不懈努力下，Z 研究所已发展成为集研究、开发、设计、生产、试验于一体，技术力量雄厚，专业配套齐全，基础设施先进，军、民结合协调发展的综合性工程技术研究所。

二、贯标背景

贯标前，Z 研究所在知识产权（专利、软件著作权、集成电路布图设计、商标等）产出、管理方面已具有相当的基础。每年的专利产出达数千项的级别，设有知识产权管理人员，但通常是兼职，极少专职，并将专利权与个人职称评审挂钩。

虽然 Z 研究所在科研生产中，基本能够做到知识产权渗透项目全过程，在立项之初就已经有了初步规划，项目研发进行中，适时进行专利挖掘和布局，陆续申请专利，项目结题前，由总师牵头，对项目生命周期中的专利树以及已经完成申报和未完成申报的专利进行梳理。

但是普遍来讲，Z 研究所中的知识产权管理不成体系，单纯依靠兼职的知识产权管理人员个人工作能力，能力强、责任心强的知识产权管理人员能够把本单位的知识产权工作梳理得清清楚楚，管理得井井有条，反之则略显凌乱。另外，单位的知识产权管理主要集中在专利申报和后期维护等事项，对于贯标中出现的很多细节问题，其实并没有深入考虑和涉及，这是短板。

三、体系建立

（一）知识产权管理体系的指导思想

随着知识经济的兴起和经济全球化的深入发展，知识产权日益成为国家、地区发展的战略性资源和竞争力的核心要素，成为增强自主创新能力的重要支撑和掌握发展主动权的关键，在经济社会发展中发挥着越来越重要的作用。为进一步提升 Z 研究所知识产权创造、运用、保护和管理能力，促进技术创新，不断提升核心竞争力，支撑持续发展。

（二）知识产权管理体系的建立过程

Z 研究所贯标过程基本分为以下几个步骤：先期沟通、制订计划；贯标启动；诊断；策划；编制体系文件；试运行；内审；管理评审；外审。

（1）先期沟通阶段。Z 研究所与贯标辅导机构初步就单位基本情况和组织架构进行沟通，约定合同完成内容，并签订合同；制订贯标计划。

（2）贯标启动阶段。主要以贯标启动会的形式进行，要求单位一把手/主管知识产权领导参加推动。

（3）诊断/策划阶段。主要采取现场访谈形式，按照规划好的访谈部门顺序进行，一般需要 2 天左右。之后出具诊断报告，并根据诊断结果进行知识产权体系建设规划，形成规划报告。

（4）编制体系文件。根据规划报告的结果，进行体系文件的编写。由于目前绝大部分知识产权主管是兼职管理知识产权，其本身还有很多其他任务，工作量相当饱和。如果绝大部分编写工作靠一个人的话，很难推进或者耽搁时间过久。因此，Z 研究所采取了知识产权主管主要负责编写，同时负责体系建设的部门派人参与编写的方式。

四、体系实施

航天领域讲究零故障、零事故，很多研发项目、型号任务都是多次迭代进行，直到最终万无一失。在知识产权管理体系运行过程中，也是这种指导思想贯穿始终。

（一）试运行

体系实施过程中，一般需要较长时间，按照规定至少3个月试运行时间。但是对于规模较大的Z研究所来说，3个月试运行时间过短，由于很多情况并未发生，也就没有相应记录，这不符合Z研究所贯标初衷。为使知识产权管理体系真正发挥作用，Z研究所延长试运行时间。

试运行难点在于研发部门忙于型号任务，没有精力去额外做一些记录等。按照体系要求去做，对个人而言见不到实际益处，只是完成某项任务工作而已，在型号任务等优先级最高的任务面前，这样的小任务就甚至可以忽略不计。由知识产权主管部门推动，不定期检查督促，其中经历了多次正式/非正式内部审核，多次整改，逐渐达到贯标的要求。

（二）内审/管理评审

需要由辅导机构人员参与，联合单位内部有经验的内审员（经过培训），进行全方位的内审，找到问题并整改。管理评审由一把手主持。内审表明，Z研究所在文件、合同、立项、研发等各方面，基本上能够按照要求，实施到位。

（三）体系融合情况

一般来讲，知识产权管理体系与质量体系相似度最高，很多地方可以参照质量体系进行，比如文件管理程序。另外，人员的融合，一些单位质量体系的负责人、编写人员对已经运行多年的质量体系很是在行，他们负责或者参与知识产权管理体系的建设和运行，能够凭借经验少走弯路。

五、经验分享

Z研究所的知识产权管理体系建设工作是一次有益的尝试，总结其经验教训主要包括以下方面。

第一，从根本上最主要的还是领导重视。没有一把手的推动，在以型号任务为主的军工单位中，知识产权管理体系很难顺利地、真正地推行下去。正是由于一把手非常重视甚至亲自参与，知识产权管理体系建设不仅推行顺利，还真正能够渗透到工作的每一个角落，让知识产权管理体系发挥应有的作用。

第二，要配备足够的人手，尤其在编制体系文件的过程中。

第三，在现行政策中，有一些单位很可能每年或者短期内就要进行组织架构调整，尽量避免知识产权管理体系的相关人员更换，甚至主管领导更换。

第四，可以将知识产权管理体系的运行加入考核中，强制各部门领导重视，这在体系运行初期也不失是一种有效的办法。

（本案例作者：马全亮，航天科技集团知识产权中心）

第二节　兵器工业集团知识产权管理体系建设案例

【案例3】西安机电信息技术研究所知识产权管理体系建设工作总结

一、单位简介

西安机电信息技术研究所（以下简称“212所”）隶属于中国兵器工业集团有限公司，是国防科技工业系统唯一独立建制的专业引信研究所。自建所以来，212所坚持自主创新、自主研发，突破和掌握了一大批引信装备的核心及关键技术，引信研发能力国内领先，多项技术达到世界先进水平，创造了我国引信行业数十个第一，取得了令人瞩目的成就，满足了陆、海、空、火箭军等各军兵种的装备需求，为我国引信行业的发展做出了突出贡献。

212所专业涉及机械、力学、电子、磁学、光学、化学、电化学等多种学科，已发展成为多学科高度综合与高新技术密集的引信技术和产品研发基地。在目标精确探测、高速交会目标精细识别、安全与起爆精确控制、信息化、灵巧化、小型化以及大容量信息无线传输等技术领域处于行业领先地位，形成以深/多层硬目标侵彻引信、光学/无线电近炸引信、高精度电子时间引信、多选择/多功能引信、弹道修正引信、高动态微系统、远程数字化遥测遥控、卫星应用、特种能源及专用器件等技术领域为中心的科研格局，带领和推动我国引信行业持续发展。

212 所现有两个子公司：西安北方信息产业有限公司、西安远通耐特汽车安全技术有限公司。其中西安远通耐特汽车安全技术有限公司是国内集研发、设计、生产于一体的轮式车辆用安全轮胎硬质内支撑体、安全轮胎爆胎应急防护装置及安全轮胎总成产品的专业化厂家。西安北方信息产业有限公司致力于电子与智能化、消防设施、涉密信息系统的设计、施工、调试与维护。

二、贯标背景

为贯彻落实创新驱动发展战略，按照兵器工业集团公司“十三五”发展规划的总体部署，成体系抓好 212 所知识产权工作，支撑知识产权强企建设，212 所于 2017 年全面启动知识产权工作体系建设。2017 年 7 月编制上报《212 所知识产权体系建设工作计划》，9 月成立 212 所知识产权体系建设领导小组和工作小组（由所科字〔2017〕223 号文印发）并召开启动部署会，全面启动知识产权工作体系建设。2018 年 8 月通过集团公司的中期检查。

2019 年 3 月，向陕西省知识产权局递交贯标申请并获批，正式颁布 212 所知识产权体系文件，4 月 1 日起实施；4 月 30 日，发布知识产权管理系列专项制度，初步完成 212 所知识产权体系构建，并在全所范围内试运行。

三、体系建立

（一）指导原则

212 所本次体系建设遵循：战略导向、领导重视和全员参与的实施原则，知识产权管理体系构建与 212 所发展战略有机结合，使 212 所的知识产权管理体系成为实现 212 所战略的重要杠杆。通过构建知识产权体系对

212 所主营业务结构、科技创新机制和经营管理模式持续优化起到支撑作用；为重点军品、民品、军民融合核心关键技术取得重大突破保驾护航。

（二）体系建立

1. 落实组织管理

2017 年 9 月成立体系建设领导小组和工作小组，2019 年 5 月成立知识产权贯标工作领导小组。领导小组组长由所党委书记兼常务副所长担任，副组长和知识产权管理者代表由主管知识产权工作的副所长担任，领导小组由各实施部门的负责人组成，每个部门指定 1 名知识产权联络员作为体系建设工作小组成员，具体配合组织实施体系建设的各项任务。

根据 212 所各部门的业务性质、涉及知识产权工作的实际情况，设定总师办公室为知识产权管理部门，也是本次体系建设主管机构。选定所办、科研计划部、陆军陆航部、海空火箭军部、规划部、保密办、资产运营部、采购供应部、生产计划部、生产试制部、质量管理部、人力资源部、财务管理部、工会、法律事务办、信息中心、民品发展部以及 9 个研发部门作为主要实施部门。建立分工协同、定期沟通工作机制，将体系建设纳入总师办年度责任书中进行考核，加大知识产权专项经费支持，确保组织管理落实，工作任务落实。

2. 健全规章制度

为充分贯彻 212 所知识产权方针实现知识产权目标，依据国家法律法规、国标、国军标以及《集团公司实施规范》的要求，颁布并实施了《知识产权管理管理手册》和《程序文件》。通过对 30 项相关管理制度进行梳理，修订、建立了 7 项知识产权管理、专利管理等专项管理制度，完善 11 项工作流程，新增 12 项管理表单。对全所与知识产权管理相关的 14 项业务制度提出修改意见，涉及科研、生产、经营、采购、加工、人事、财务、法律、合理化建议、新闻宣传、采访展览、信息对外发布、论文论著发表等管理环节，基本搭建起适应 212 所业务特点和管理文化，知识产权创造管理、运用管理、保护管理相结合的制度体系。

四、体系实施

（一）开展试行试用

从2019年4月起，212所已将建章立制阶段成果投入实践验证，分别组织开展发明创造保护方式评估、有效专利维持放弃评估、重点知识产权项目专利分析与知识产权策划布局、聘用合同知识产权条款确立、分层次全方位知识产权培训等，初步奠定了知识产权全生命周期管理、科研生产全过程融入、人财物全要素支撑的管理格局。2018年212所将知识产权工作体系建设工作计划、知识产权申报指标进行分解、下达，签订到知识产权管理部门、各研发部门负责人的年度责任书中，对知识产权工作任务完成情况进行考核和奖励。科研管理部门2019年进一步加强管理，将相应知识产权申请数量、保护方式要求、完成时间节点等内容，作为科研任务考核的关键项，正式列入年度科研项目任务书中，促使项目组真正完成对专利、论文、标准、GF报告、成果等的综合策划布局，加强科研项目的知识产权管理，真正实现知识产权与科研任务“同计划、同部署、同检查、同考核”。

（二）内部审核

2019年8月15日完成第一次知识产权管理体系内部审核，经过内部审核，认为覆盖212所的知识产权管理体系基本符合GB/T 29490《企业知识产权管理规范》的要求并有效运行，所发现的不符合项均为一般不符合项，对知识产权管理体系的运行无重大影响。

（三）管理评审

2019年8月26日完成第一次知识产权管理体系管理评审，在管理评审中不走过场，仔细梳理知识产权管理中存在的问题，各部门认真总结工作，准备了翔实的管评输入资料，通过管理评审，及时发现体系运行中存在的问题，提出改进建议，使212所的知识产权管理体系更贴进实际工作。

（四）认证

由于212所及下属两家子公司，使用同一套体系文件，执行同一标准要求，因此需要同时完成现场审核认证。2019年9月，经过中知（北京）

认证有限公司为期两天的现场审查，212 所及下属两家子公司西安远通耐特汽车安全技术有限公司、西安北方信息产业有限公司正式获得中知（北京）认证有限公司颁发的知识产权管理体系认证证书，首次在兵器工业集团公司内部完成“一拖二”的知识产权认证工作。

五、经验分享

1. 进一步完善知识产权权利管理

（1）对职务发明创造保护方式及等级进行评估、评议。通过组织对职务发明创造的评估、评议，系统、科学地确定职务发明创造采取专利、技术秘密、计算机软件著作权等保护方式进行保护。依据 212 所产品与技术发展的重点方向、市场竞争需要、发明创造的创新程度水平等因素，对专利实行分级管理，并预判由本单位自行实施、与他人合作实施、许可他人使用、向他人转让权利、作价入股等转化运用方式，作为知识产权后续管理、保护、运用、奖励的依据。2019 年起，组织员工扩大知识产权保护种类，增加军用软件著作权登记的申请，与专利授权进行互补，更好地完成知识产权的权利保护。

（2）对知识产权进行动态维护。以 212 所技术领域的发展需求为导向，以动态维护 212 所有效专利的组合为目的，以合理优化 212 所专利组合的结构和配置为原则，充分考虑专利技术的发展情况、专利技术的应用情况、专利的经济成本、专利技术的潜在作用四个方面的因素，对专利实行动态管理，对技术秘密也实行定期评定的管理原则。通过对专利的动态管理，既保证了 212 所知识产权保护的可持续发展，又做到了对专利的有效管理和运用，力争使专利技术在提升 212 所核心竞争能力中发挥重要作用。

（3）加强知识产权信息管理。212 所申请的专利几乎全部是国防专利，因其本身涉密，不能公开检索。212 所对所有授权专利档案进行专业梳理，编制详细的案卷目录，在档案馆建立知识产权专项档案，作为特殊科研参考文献，直接移交档案馆。为科研人员通查阅提供便利条件，既方便大家了解其研究领域的进展情况，避免走弯路，减少重复科研；又可以了解他人的知识产权保护范围，避免侵权。合理地使用专利档案为科研工作的顺利进行提供保障。同时，整理规范的各类知识产权档案也为下一步建立知识产权信息化系统平台的数据建设做好准备。

2. 全面提升知识产权价值管理

通过健全制度体系，全面提升了212所的价值管理水平。

212所新增科研项目知识产权管理办法，在办法里明确知识产权融入科研项目立项、实施、验收的全过程管理要求。同时将对知识产权任务下达、计划制订、验收等环节的要求并入项目的相应管理节点中，真正实现知识产权与项目任务“同计划、同部署、同检查、同考核”。在相关制度的完善中，对产品制造过程中的工艺改进与革新、合理化建议等进行评估，明确知识产权保护方式，避免知识产权的流失。

通过选定三个重点知识产权项目进行试点，从项目的顶层设计入手，通过全方位查新检索，对项目预期成果、知识产权进行策划布局。某应用技术项目针对项目关键技术、创新点初步完成20项专利申请、2件军用软件著作权登记、3篇论文发表的综合布局，为巩固专业技术优势和构筑竞争性壁垒打下良好基础。

3. 充分强化知识产权工作保障

从启动体系建设以来，212所在每年定期组织一次专利培训的基础上，开展了针对所领导、中层及以上领导干部、科技人员、新员工、知识产权专员、联络员的分层次多种类的知识产权培训，体系建设以来共组织各类知识产权培训8次。通过各类培训大幅提升了广大员工对知识产权工作重要性的认识，也加强了212所中层领导干部及广大员工将知识产权作为212所战略性资源进行运用的技能，提高了212所知识产权创造、运用、保护和管理的能力。

重点知识产权项目确立后，知识产权专员上岗履责，通过对知识产权的深入了解，不断积累科研项目知识产权立项审查、策划布局、组织实施、保护运用能力，在科研项目的知识产权管理工作中发挥重要作用。212所设立知识产权专项经费，用于知识产权管理、保护、奖励、宣传培训等，由财务管理部门设置专人，建立专账，专管知识产权经费。

在212所开展的数字化工程建设中，建立知识产权及成果管理模块，预计在多项目管理过程中，结合项目对知识产权的策划布局，梳理好的管理流程，在专用的管理工作区中定义知识产权及成果的产生任务节点，包括时间、交付物、交付方式等，将知识产权管理融入科研项目的管理过程中，最终实现知识产权信息化管理。

4. 融入特色事项，进一步推进体系建设

为促进知识产权工作体系建设的推进工作，212所将体系建设工作与贯彻国家标准GB/T 29490—2013《企业知识产权管理规范》、国军标GJB 9158—2017《装备承制单位知识产权管理要求》、兵器工业集团《集团公司知识产权工作体系建设实施规范》同时进行，通过统筹策划，设计可操作的管理体系。通过知识产权手册与知识产权基本制度同时运行，相辅相成，实现知识产权管理“三标融合”。通过“三标融合”体系建设方式，优化基础管理，探索体系融合，走出一条具有军工特色的贯标认证之路。

通过本次知识产权体系建设，212所逐步实现知识产权“工作制度化，制度程序化，程序表格化，表格信息化”，切实提升了212所的知识产权管理水平，也促进了212所知识产权工作自主、良性发展，最终在212所建立起知识产权与科研生产经营有机融合的长效工作机制。

（本案例作者：郭晓冰，西安机电信息技术研究所）

【案例4】西安近代化学研究所知识产权管理体系建设工作总结

一、单位简介

西安近代化学研究所（以下简称204所）是我国目前唯一的以火炸药技术、弹药战斗部技术、动力技术及火炸药计量技术为主的综合性专业研究所。多年来，在国防领域及光电显示材料技术、氟化工及催化技术、精细化工、民爆器材技术等领域形成鲜明的专业特色和领先的技术优势，取得多项国际领先和国际先进技术成果。

二、贯标背景

1985年4月1日，在我国《专利法》实施的第一天，204所就申请了

3件发明专利。近几年专利工作发展更是迅猛，专利申请、授权数量连续位居集团公司第一，国防专利受理和授权数量始终稳居国防科技工业科研院所前列，高质量专利申请也取得较大突破，目前已有8件PCT专利在美授权。随着知识产权工作不断加强，204所连续荣获省、市知识产权局知识产权优势单位、专利工作先进单位、知识产权管理主题活动优秀组织奖、集团公司知识产权体系建设试点单位、国防知识产权局服务专项行动定点单位等荣誉。2016~2018年连续被集团公司授予“知识产权管理工作先进单位”，2018年在集团公司知识产权体系建设中期检查中被评为A级。

204所多年以来对知识产权工作非常重视。204所实行知识产权工作法人代表负责制，并成立专门机构进行管理，拥有6名专业管理人员，其中3人具有专利代理人资格证。知识产权的蓬勃发展，一方面增强了单位的科技实力，提高了行业地位，另一方面也给知识产权管理带来了不小的压力，传统的国企知识产权管理模式已经无法适应现代化的知识产权体系发展要求。

2017年，集团公司开始推进知识产权工作体系建设实施工作，紧扣知识产权工作实际和发展需要，明确提出要“成体系抓好知识产权工作”，组织开展了集团公司知识产权工作体系建设的策划、论证和研究工作，形成初步思路和主要任务框架。204所对自身知识产权情况进行了摸底，在制度、流程、管理模式等方面均开展了一些工作，但是缺乏系统性，各项工作结合不够严谨，没有形成一个有机的体系化工程。因此，经单位领导层及相关部门讨论分析，于2018年年初启动《企业知识产权管理规范》贯标工作。

三、体系建立

1. 指导思想

贯彻落实创新驱动发展战略，进一步突出知识产权的市场竞争导向，构建一个完整的知识产权管理体系，建立知识产权与科研生产经营有机融合的长效工作机制，有序开展知识产权创造、运用、保护、管理工作，实现知识产权工作制度化、程序化、信息化，为单位科技发展创造一个良好的环境氛围。

2. 工作原则

高度重视，全员参与，对照标准，务实求真，解决问题，不走形式。

3. 体系建立

2017 年年底，为了更好地开展知识产权体系化建设工作，204 所组织召开体系建设启动会、宣贯会，成立体系建设领导小组，并制订具体可行的工作计划，以红头文件形式下发执行。

2018 年 3 月，204 所分别与集团公司专利中心、某知识产权咨询中心签订协议，请知识产权专门机构辅导体系框架搭建工作。所领导对知识产权体系建设工作十分重视，多次召开工作诊断会，确定知识产权管理方针、长期目标及 3~5 年的短期目标，任命管理者代表，为体系建设工作的顺利推进保驾护航。

知识产权管理部门对相关部门的制度、工作流程、工作方式、效果及问题进行了调查研究，与标准要求进行对比检查，并针对问题寻求合适的解决方案。在辅导公司帮助下，知识产权管理部门编写了文件、记录、法律法规及其他要求、管理评审、知识产权信息资源、知识产权风险管理、销售中知识产权、内部审核等 8 个控制程序及知识产权管理手册，于 2018 年 5 月 8 日由所长签署手册发布令正式实施。知识产权管理部门将制度、手册及程序在所内网展示，供全体员工熟悉了解，并组织专门的政策宣贯会为员工答疑解惑。

在制度梳理及文件编写过程中，存在的问题主要有以下两点：

第一，为什么要开展知识产权贯标活动。在知识产权体系建设启动时，有不少部门同志甚至领导都有这样一个疑问：花费大量人力、物力、财力开展知识产权贯标活动，有什么作用？质量开展认证活动，是因为没有质量认证就没有科研生产活动，单位就无法生存。但是，没有通过知识产权认证并不影响正常科研、生产、管理等工作。

第二，相关部门所涉及的现有制度与标准要求不匹配。在知识产权手册编写过程中，涉及十余个相关部门的职责和工作。对于知识产权职责有部分交叉的部门，需要进行沟通调解。只是在描述相关制度及工作流程时，标准要求较为具体明确，各部门根据一直以来的工作方式开展工作，但制度条款大多并未明确知识产权要求，各部门并不愿意由于一两个条款的原因对整个制度进行再一次修订，造成实际实施过程中缺少相应的知识产权运行证据。

对于以上问题，知识产权管理办公室与单位领导、各相关部门进行了数次诊断会和工作推进会研讨解决，主要采取了以下方法：

（1）采取制度挂内网、知识产权试卷答题宣传知识产权认证的优势，具体有：可以参加省市及全国知识产权优势单位、示范单位评选，可以参加仅允许知识产权认证单位参加的招投标会议，可以使知识产权管理工作规范化、系统化，增强消费者自信心；可以作为项目立项论证、宣传单位的优势。

（2）对于现有实行制度不满足标准要求的情况，经多方研讨，计划对知识产权、专利管理办法进行修订，将与知识产权相关的要求均纳入新的知识产权管理办法中执行，不再影响其他部门目前正在实施的制度。

四、体系实施

知识产权手册及程序编写并发布后，在相关部门间开始试运行。3 个月后，2018 年 8 月，知识产权管理部门为了验证知识产权体系运行的适宜性、充分性、有效性，组织进行体系内部评审。在评审过程中，内审员对遇见的情况进行逐一讨论分析，如某项目没有单独制作立项及研发知识产权信息分析报告，但是在项目申请书的“知识产权现状和预期分析”中详细介绍了国内外相关技术知识产权、标准情况，以及本项目的知识产权计划和目标。本着“务实求真、不走形式”的原则，对此形式予以认可。最后，经审核，在“法律和其他要求”方面给出了一个不符合项，原因是没有明确固定的获取渠道。2018 年 8 月，204 所按计划开展管理评审活动，目的是评审知识产权体系运行情况，验证知识产权方针和目标满足情况。

五、经验分享

204 所知识产权管理体系建设和实施的主要经验包括以下几点。

（1）求助咨询机构，专业的人做专业的事。知识产权贯标并不复杂，组织机构、部门职责、贯穿科研整个流程的具体化的要求，这几个方面按部就班去实施就可以。但是，也有许多需要注意的事项，如方针目标怎么定，手册包括哪些内容，内部评审和管理评审怎么操作等，一般管理人员、科研人员对这些还不太清楚。因此，请专业的知识产权咨询机构帮助梳理完善，可以少走弯路，提高效率。

（2）设立专门管理机构，安排专兼职管理人员。知识产权工作是一项长期的体系工作，不是简单制定几个制度、建设几个流程，短时间内可以圆满完成，需要专门的部门和管理人员进行整体规划设计、运行、监督及管理维护。

（3）领导重视，事半功倍。知识产权贯标是一项系统性工作，不是一个部门一个制度就可以开展完成，需要多个部门、制度、业务、流程协同工作。只有单位高层领导能够重视，从人力、物力、财力各方面予以保证，全体职工支持并参与，贯标工作才能真正开展起来，并且起到实际的效果。

（本案例作者：邵颖惠、梁勇，西安近代化学研究所）

第三节 电子科技集团知识产权管理体系建设案例

【案例 5】电子科技集团五十四所知识产权管理体系建设工作总结

一、单位简介

中国电子科技集团公司第五十四研究所（以下简称“54 所”）是中华人民共和国成立的第一个电信技术研究所。自建所以来，54 所相继主持或参与“两弹一星”“载人航天”“探月工程”“北斗卫星导航系统”、“500 米口径球面射电望远镜”（天眼工程）等数百项国家和国防重大工程建设，取得了包括国家科技进步特等奖在内的千余项重大科研成果。目前

54所涵盖6个核心专业和2个支撑专业，现已成为我国电子信息领域专业覆盖面最宽、综合性最强的骨干研究所。凭借多专业综合优势和强大的技术创新能力，54所不断加大产品开发和技术应用的力度，服务领域覆盖社会管理信息化、工业自动化、公共安全和应急管理、能源、交通、金融等国民经济各领域。

二、贯标背景

（一）实施背景

中国电子科技集团公司于2014年10月成立知识产权中心，加强对全集团知识产权工作的推动和管理。开展贯标工作是54所审时度势开展的一项基础性、长期性、前瞻性工作，建立科学高效的知识产权管理规范，是提高54所知识产权综合管理能力、有效运用和保护54所知识产权的一项基本建设工程，更是提升54所经营活动管理层次和水平、增强市场竞争能力、贯彻落实国家知识产权战略的重要保障。54所领导对于知识产权工作越来越重视，并认识到贯标对于提高54所创新水平和核心竞争力具有十分重要的现实意义和长期的战略意义：

（1）使54所成为知识产权管理制度规范、自主创新能力强、知识产权创造和战略运用水平高的企业，使知识产权工作能够更好地服务于科技创新强所战略的需要。

（2）54所要做大、做强，建设战略性新兴产业，要求创新要素密集，国际竞争能力强，承担风险强，对知识产权创造和运用程度依赖大，对知识产权管理和保护要求高。推行企业知识产权管理规范，引导54所充分运用知识产权制度，是提升战略性新兴产业创新水平，规避产业发展风险、支撑产业可持续发展的重要保障。

（3）54所发展已经进入必须依靠不断创新才能加快发展的新阶段，通过推行企业知识产权规范化管理，建立健全知识产权制度，充分发挥并调动全所科技创新人员的积极性和创造性，不断提高自主创新能力，加快科技成果产业化，从而推进54所产业结构的优化升级。

在河北省知识产权局的大力支持下，54所被列为河北省企业知识产权管理规范贯标试点企业，这也给54所提供了一次机遇。

（二）实施目的

开展企业知识产权管理规范贯标工作，建立和完善54所知识产权的管理体系和规章制度，规范各类科研项目的管理，促进技术成果转化，提高54所知识产权管理水平。

（三）知识产权管理工作现状及存在问题

2014年，54所共完成专利申请237项，比上年增长22%，获得专利授权146项，比上年增长8%，54所专利申请量和授权量均居集团公司前列。以上情况表明，54所创新能力已开始步入快速增长期，知识产权工作也进入快速发展时期。但是，54所知识产权工作仍存在以下问题：

（1）某些部门知识产权意识仍不强、重视程度不高，没有将知识产权纳入单位的战略规划，没有将知识产权列为重要战略资源，没有将知识产权作为关乎54所生存发展的大事来抓。

（2）没有建立起完善的知识产权管理体系，知识产权管理制度不健全。在生产经营活动的全过程中，对知识产权实施科学化、规范化管理的项目和产品还比较少。

（3）知识产权专业人才相对匮乏。面对日趋激烈的市场竞争环境，缺乏一支专业的知识产权管理人才队伍为科研生产和经营保驾护航。

三、体系建立

（一）指导思想、工作原则

建立和推行企业知识产权管理规范工作是一项复杂的系统工程，需要全所各方的参与、支持和配合，建立健全知识产权管理的内部领导机制、组织保障机制、人员保障机制，形成贯穿生产经营各环节的知识产权标准化管理体系，实现54所对内部各项知识产权事务的系统化和规范化管理。

（二）体系建立过程

1. 筹备工作

缜密的筹备是体系贯标成功的基础。204所做到了知识产权管理“领导落实、机构落实、人员落实、经费落实”，对领导层的知识产权管理职责、知识产权管理机构的组织职责、知识产权管理人员的职责做出规范性要求。

（1）领导落实。任命知识产权领导小组，包括主管所领导、相关部门主管领导，全面领导全所的知识产权工作。

（2）机构落实。成立知识产权办公室，作为54所知识产权管理工作的执行机构，是综合协调全所知识产权事务的组织机构，直接对知识产权领导小组负责。

（3）人员落实。在知识产权办公室，设置知识产权管理专职人员，负责宣传、推广知识产权管理体系，培养各部门的知识产权专员，组织指导贯标工作，协调贯标咨询服务机构和体系认证机构，全面负责体系运行和持续改进。在各部门选择熟悉本部门业务的骨干，任命为知识产权专员，组织本单位的贯标工作，具体负责部门日常知识产权工作运行。

（4）经费落实。保障工作经费，用于宣传、培训以及聘请专业的贯标咨询服务机构等。服务机构的作用体现在以下方面：参与贯标的问题诊断；指导知识产权管理体系文件编制；参与内审，对体系运行情况进行审查等。

2. 调研、诊断

找到54所知识产权工作问题所在，明确知识产权工作需求，是制定体系文件的依据。

贯标咨询服务机构提供的诊断服务，的确能够帮助54所对知识产权管理现状做分析诊断，并给出下一步体系编制工作的建议。但是，服务机构不可能深入地了解54所管理架构特别是现有的管理体系，对54所的各种业务特点和业务流程的理解也未必全面、透彻，特别是作为涉密军工单位，也不能对服务机构全面开放。因此，54所开展了广泛的所内调研，由主管所领导亲自带队，确保各部门认真配合调研工作，真正发现54所知识产权工作的症结，探讨适合54所实际的解决思路。最终找到知识产权管理体系工作的核心在于：防范知识产权风险，维护知识产权权益。充分利用知识产权制度，规范生产经营各个环节，特别是人才、采购、合同、出口、研发项目、产品宣传和展会等重要环节的知识产权风险管控。

3. 制订贯标工作方案

54 所编制了贯标工作方案，对贯标的各项工作进行策划，明确责任部门和职责、计划节点、任务和预期成果。工作方案结合 54 所实际，适合自身发展需求和预期的知识产权工作方针和目标，才能保障体系的适宜性和有效性，且切实可行。贯标方案的确定不能依赖服务机构。

4. 文件编写

54 所已有大量的规章制度，涉及生产经营活动的方方面面，体系的建立要考虑与已有制度的融合，不能是孤立、割裂的。因此，文件的编写也不能依赖服务机构，服务机构只起到指导、把关的作用。体系文件的编写原则如下：

（1）充分利用已有制度，在已有制度、流程的基础上增加知识产权的要求和环节。只有体系全新的要求，才能编制出全新的企业标准。

（2）进行充分的征求意见，进行全面的评审，提高文件的适宜性和有效性，减少因为文件的原因给全所的科研生产带来负面影响。

最终，共修改已有制度 17 项，新编企业标准 13 项。

5. 宣传、培训

领导和全体员工对于知识产权工作的认识和重视、对体系的理解，是体系贯标和运行的重要影响因素。只有得到领导和全体员工的重视和支持，知识产权工作阻力才小、效果才好。而宣传、培训是重要的手段，要贯穿体系实施以及未来的知识产权工作。为此，54 所认真组织各级部门的相关领导和人员参加相关培训。

四、体系实施

1. 试运行、推广运行

为验证知识产权管理体系的适宜性和有效性，避免对科研生产造成负面影响，54 所在 2015 年 12 月发布知识产权管理体系文件后，在 2016 年上半年开展了体系的试运行。在试运行完成后，通过总结、调整，才在 2016 年下半年在全所范围内正式推行知识产权管理体系。

全部的机关部门参与了试运行，各研发部门也都选取试点项目按照体系的要求开展知识产权工作。试运行期间，组织了对于相关部门的领导和全员的培训。推广运行期间，更是对全员进行了体系的培训、考试。

2. 内审

54所在2016年体系运行的第一年开展了两次内审，一次是针对试运行的，另一次是针对推广运行的，目的在于两个方面：（1）认真搞好试运行工作的总结，发现体系的不适宜之处，及时做出调整，使推广运行更加顺畅。（2）邀请贯标咨询服务机构参加内审，评判体系的符合性。两次内审后，分别对8项、6项体系文件进行了调整。同时，培养了54所的知识产权专员和内审员队伍。2017年，54所在体系提交认证前，开展了第三次内审。

54所的知识产权专员至此已经有27人通过培训、考试获得内审员资格证，并且在之前的两次内审中得到了锻炼。此次内审，没有贯标咨询服务机构的参与，是完全由54所自己的知识产权人才队伍主导的。通过内审，发现不符合项5项，观察项33项，并对12项体系文件进行了调整。54所的知识产权管理体系至此摆脱咨询服务机构，自主运行起来。

3. 管理评审

2017年年初，召开了54所第一次管理评审会。对两年来贯标工作和体系的试运行、推广运行进行了全面总结，并提出了5个改进项，确定了2017年通过体系认证的目标。

54所的知识产权管理体系从推广运行到认证，经历了近一年半的时间，远超过体系认证的要求，主要是考虑到以下因素：54所体量大，人员众多，要改变全员的知识产权意识、各项规章制度的贯彻落实都需要时间；54所作为军工单位，生产经营活动有自己的特点，他人可供借鉴的经验不多，即使是贯标咨询服务机构也给予不了太多支持，需要54所自己摸索前进；作为军工人，54所保持了不浮夸应付，踏实做实每项工作的一贯作风，认证不是目的，只是检验工作的标准，贯标的目的是真正做到防范知识产权风险，维护知识产权权益。

距54所决策开展贯标，已经过去了三年多的时间。通过三年多的努力，各级领导和全体员工知识产权意识得到加强，知识产权已纳入各部门的年度规划，知识产权已融入员工的日常工作；建立并逐步完善知识产权管理体系，在生产经营活动的全过程中，对知识产权实施科学化、规范化的管理，防范来自人才、采购、合同、出口、研发项目、产品宣传和展会、商业秘密等各方面的知识产权风险，给予54所的创新成果更好的知识产权保护；培养了30多名知识产权专业人才。

五、体系融合

54所在知识产权管理体系贯标之前，质量管理体系已运行多年。知识产权管理体系建立、运行之初，不免存在这样那样的问题，为防止对质量管理体系的干扰，在2015年贯标时，建立了独立的知识产权管理体系。至2019年，知识产权管理体系已通过认证并稳定运行了3年。与质量管理体系融合的条件已具备。2019年，54所启动了质量管理体系、知识产权管理体系、环境与职业健康安全管理体系及保密体系的融合工作。预计2020年发布融合体系文件。

六、经验分享

（1）最高管理层要有决心，要重视知识产权工作。

（2）可以借助贯标咨询服务机构，但不要完全依赖咨询服务机构。

（3）体系的建立过程不怕慢，一定要充分论证、广泛征求意见并进行评审。这样，推行过程才会顺利，运行起来才会达到预期的效果。

（4）体系的推行过程要慎重，及时发现问题并做出调整，避免对科研生产造成负面影响，引起领导和员工的抵触情绪。

（5）宣传、培训很重要，改变全员知识产权意识，可以减少知识产权工作的阻力。

（本案例作者：扈昕，中国电子科技集团公司第五十四研究所）

第四节　航天科工集团知识产权管理体系建设案例

【案例6】湖北三江航天万山特种车辆有限公司知识产权管理体系建设工作总结

一、单位简介

湖北三江航天万山特种车辆有限公司（以下简称“万山公司”）的前身是国营万山特种车辆制造厂，隶属于中国航天三江集团，2005年6月顺利实施分立改制，成立“湖北三江航天万山特种车辆有限公司”。经过50年的艰苦创业，万山公司现已跻身于中国500家最大机械工业企业、国家大型二类企业、企业信息化建设500强之列。

万山公司主要从事WS系列汽车整车及底盘、特种车辆、汽车零部件、铸锻件及工具、模具的技术开发、技术转让、产品研发制造与销售等业务。目前，万山公司已形成特种底盘、高端重型工程运输装备、商用车及底盘、汽车零部件、轻型客车五大业务板块、七大系列主导产品。

二、贯标背景

在市场经济条件下，随着知识经济和世界经济一体化的深入发展，知识产权日益成为建设创新型企业的重要支撑和掌握发展主动权的关键，成为制约竞争对手、独占市场的利器，是企业竞争决胜的基础和关键。知识产权在经济发展和国际贸易中的作用越来越大，世界各国都对知识产权工作给予了高度重视，尤其是发达国家，将创造、应用和管理知识产权作为维护和增强国家竞争优势的重要工具，企业尤其是跨国公司也是如此，知识产权已成为市场竞争力的核心要素。

一直以来，万山公司高度重视知识产权管理工作，采取了多项举措激励发明创造，知识产权管理工作逐年上台阶，2010年获孝感市知识产权示范企业，2012年入选湖北省首批“知识产权优势培育企业”；2013年3月，国家标准化管理委员会发布国家标准GB/T 29490—2013《企业知识产权管理规范》，万山公司研究决定，积极响应政府号召，成功入选湖北省首批《企业知识产权管理规范》贯标试点企业。

全面贯彻实施 GB/T 29490—2013《企业知识产权管理规范》，对于增强万山公司的知识产权创造、运用、保护和管理能力，深入地贯彻落实科学发展观，提升企业的核心竞争力和建设创新型企业，帮助公司进一步做大做强特种车辆产业，加快实现打造国内重型越野车骨干企业、重型工程运输装备龙头企业的目标，具有重要的战略意义。

三、体系建立

万山公司按照“全员参与、有效保护、激励创新、增强优势”的知识产权管理指导思想，以市场为导向，以“提升企业知识产权创造优势、知识产权运用优势、知识产权保护优势”为总体要求，全面构建万山公司主导产品关键技术保护体系。

（一）成立贯标工作组织机构

为了确保《企业知识产权管理规范》贯标工作的顺利实施和持续有效运行，万山公司成立了 3 个《企业知识产权管理规范》贯标工作组织机构，以实现组织保证。

1. 成立《企业知识产权管理规范》贯标领导小组

公司总经理任组长，知识产权管理者代表任副组长，贯标领导小组成员包括公司副总经理、总调度长、总设计师、总工艺师、公司各部门第一负责人等。

贯标领导小组的主要职责包括：领导《企业知识产权管理规范》贯标、认证工作，组织计划的制订、实施、检查和考核工作。定期举行会议讨论《企业知识产权管理规范》贯标、认证工作问题，就重大事项、方针和目标的制定、资源投入等做出决策。

2. 成立《企业知识产权管理规范》贯标、认证工作办公室

情报档案部部长任主任，科研部、重工所、技术部、人事部、计划部等部门第一负责人任副主任，成员包括各部门相关业务人员、知识产权管理文件编制人员等。

贯标、认证工作办公室的主要职责包括：根据《企业知识产权管理规范》在咨询机构指导下制定公司知识产权战略、管理方针、目标、机构设置、工作人员配置、各部门职责；组织开展公司知识产权管理制度体系文件编写与评审；组织开展体系的试运行；组织《企业知识产权管理规范》宣传培训工作和运行控制等日常管理工作。

3. 成立《企业知识产权管理规范》贯标工作小组

各相关部门、分厂、研究室（所）以主要负责人任组长，若干技术骨干（管理骨干）为成员成立贯标工作小组，并明确 1 名具体负责贯标人员，随着贯标工作的深入，公司根据实际需要，择优培养《企业知识产权管理规范》内审员。

贯标工作小组的主要职责包括：组织本部、分厂、研究室（所）开展《企业知识产权管理规范》相关知识进行宣传培训；按要求组织完成部门业务范围内知识产权体系文件编写和体系运行控制等日常工作。

（二）启动贯标工作

为了顺利地完成知识产权体系贯标工作，避免误入歧途，少走弯路，经过调查研究，万山公司与某咨询公司签订了贯标合作协议。万山公司与该咨询公司组成联合贯标工作小组，制订贯标工作计划，明确双方职责，分工协作。咨询公司进驻万山公司，万山公司各相关部门配合，组织开展知识产权存量和管理现状的自查摸底，该咨询公司与万山公司高层深入访谈，了解企业的发展目标、现有的管理体系、现有知识产权状况，获取第一手资料，咨询服务机构根据收集资料和调研情况，撰写企业知识产权管理诊断报告。

2014 年年初，根据企业知识产权管理诊断报告，确定了万山公司知识产权管理体系的结构以及需要进行编写的各级程序文件清单。由《企业知识产权管理规范》贯标、认证工作办公室牵头，成立由质量管理人员、标准化人员、技术人员、知识产权管理人员组成的文件编写组，邀请咨询公司顾问，对公司程序文件各编制组进行文件编写培训，指导编制人员如何编写知识产权管理体系程序文件，在文件编制过程中边学边改，在文件间进行协调和优化，经过近一年的努力，完成了《知识产权管理手册》、体系文件19项的编制、14项公司管理制度的修订工作。

2014年年底，万山公司邀请外部专家对知识产权体系建设情况、《知识产权管理手册》、管理制度和管理流程进行审查，并提出了改进建议。知识产权管理体系编写小组根据审查意见，对《知识产权管理手册》、体系文件组织评审、审批工作，并于2015年2月召开了知识产权管理体系文件发布会，体系文件于2015年3月颁布实施。

四、体系实施

2015年10月，万山公司制订了专项内审计划，月底组织了第一次知识产权管理体系内部审核，邀请湖北省专利发展服务中心、咨询公司等6名外部专家，由外部专家和公司贯标小组成员共同组成审核小组，分三组对人事部、计划部、财务部、采购部、技术部、信息化部、营销公司、科研部、保密部、审计部、情报档案部等部门进行了内部审核，经过两天的现场审核，审核组共发现16项问题，万山公司对问题进行了整理汇总下个整改闭环单进行了整改闭环，进一步提高万山公司知识产权管理体系的符合性和有效性。

2016年1月30日，万山公司组织了第一次知识产权体系管理评审，会议由公司知识产权管理者代表副总经理主持，会议成立了以公司总经理为组长的评审组，评审组听取了科研部、营销公司、财务部、计划部、保密部、情报档案部等业务主管部门所作的《年度研发项目核心技术管理报告》《产品营销市场监控报告》《知识产权财务管理财务分析报告》《商标管理专题报告》《商业秘密管理专题报告》《知识产权管理体系运行情况分析报告》等报告。评审组经过讨论分析认为：2015年公司产品关键技术通过专利、商业秘密进行了有效保护，公司知识产权管理体系自我完善和改进机制运转有效。同时，指出公司知识产权管理过程中存在的不足，并明确了公司2016年知识产权重点工作和改进措施。

为进一步提高公司各部门的认识，万山公司组织召开了知识产权管理体系认证前动员会，会上传达了关于印发《万山公司知识产权管理体系审核认证工作实施方案》的通知精神，成立知识产权管理体系审核认证工作领导小组、知识产权管理体系审核认证工作办公室、知识产权管理体系审核认证工作专业组（知识产权管理体系建设工作组、资源管理工作组、基础管理工作组、商业秘密管理工作组、实施和运行管理工作组、审核和改进管理工作组），对各专业组的工作任务、职责进行部署，进一步明确责任考核要求。

2016年4月，《企业知识产权管理规范》贯标、认证工作办公室在进一步消化标准的基础上，进一步完善体系文件，制定了《知识产权法律和其他要求获取发布管理办法》《各部门知识产权管理职责》。

五、经验分享

通过贯彻GB/T 29490—2013《企业知识产权管理规范》这一契机，万山公司建立了适合本公司实际运作的知识产权管理体系，明确了生产经营中产品研发、采购、生产、销售等关键环节的知识产权风险，公司知识产权管理基础得到了稳固增强，公司的核心技术得到了有效保护，知识产权风险受到有效控制，公司全员知识产权意识大幅提高，发明创造稳步提升，挖掘内部潜力，提升了万山公司产品核心竞争力。

在公司贯标过程中，遇到的主要困难，一是知识产权管理人力资源欠缺。知识产权管理人员配置的数量、人员知识结构，与知识产权管理体系运行、建设存在较大差距。比如对标准的学习领会和理解、管理体系文件编制后各文件之间、文件与现行管理制度之间的协调工作量大，需要有能够把握全局的人员系统综合协调等。二是公司相关业务部门对知识产权贯标工作的重视程度未达到预期，在一定程度上影响贯标工作实际效果。主要体现在体系文件运行后的有效运行和维护保持难度大，知识产权相关管理部门实施、记录不齐全不规范等，内审的问题整改难度大，周期较长。

（1）企业高层领导重视是贯标成败的关键。高层管理者要将企业知识产权视与安全、质量、保密同等重要，作为一把手工程来抓，纳入各级领导的年度责任考核，才能有效推动知识产权管理体系建设工作的开展。

（2）企业要设立合理的知识产权管理组织机构、配备必要的人力资源，明确工作职责，科学合理划分各部门在知识产权管理职能分配，这是管理体系建立的必要条件。

（3）知识产权管理体系程序文件的编制要结合企业质量管理体系和保密管理体系、企业相关管理制度，结合 GB/T 29490 标准要求统筹考虑企业现状和需要控制的管理要素，确定企业的管理体系文件目录。（标准中规定需要形成文件的程序，一般必须有以下 10 项：4.2.4 外来文件与记录文件、5.3.3 法律和其他要求、6.4 信息资源、7.1 获取、7.2 维护、7.3.1 实施许可和转让、7.4.1 风险控制、7.4.2 争议处理、7.6 保密、9.2 内部审核。）

（4）企业管理体系文件的编制组人员知识结构要合理。要吸纳质量部门、标准化部门、技术部门、计划部门、财务部门等业务骨干为编制组成员，可以使制定的知识产权管理体系文件更贴合企业的实际业务流程。

（5）企业编制的管理体系文件一定要组织进行评审（或会签）。对重要的文件要提交企业最高管理层讨论确定。如“方针”“目标”、《管理手册》要经总经理办公会讨论。

（6）企业知识产权管理人员要加强标准学习和理解。作为知识产权管理人员，特别是主管知识产权管理部门的领导更要学习理解 GB/T 29490《企业知识产权管理规范》、学习《企业知识产权管理体系审核指南》，这样才能把握管理体系文件编制的科学性、系统性、协调性和规范性。

（7）企业对颁布的体系文件要采取多种形式的培训和宣贯，提高全员知识产权意识。一是将体系文件纳入公司的日常培训课程；二是对技术人员、相关管理人员开展业务培训；三是通过公司主页建立知识产权管理网页进行体系文件的发布。

（8）知识产权管理体系应贯彻于公司上下全部部门，知识产权管理部门管理内容极为繁杂，适当修改各部门工作职责，将知识产权内容添加到各部门的日常工作管理制度中，如在合同签署中，应加入知识产权权益约束，可以将合同知识产权审查的职责，放入合同审查归口部门，这样就可以确保签署的全部合同，百分之百对知识产权进行审查。

（9）应结合公司实际情况，找出本公司知识产权管控重点。万山公司是军民品生产融合型企业，生产产品结构较多，知识产权内容较多，万山公司知识产权管理部门研究决定，对公司军用产品实行商业秘密保护，申请的国防知识产权较少。由于市场的需求，万山公司主要对民用产品进行知识产权保护，特别是对公司的核心产品重型工程装备和平板车进行大量的专利保护，对重点产品自行式模块运输车开展了专利布局，非常明确地突出了公司的知识产权管控重点。

（本案例作者：何早华，湖北三江航天万山特种车辆有限公司）

主要参考文献

［1］中知（北京）认证有限公司．知识产权管理体系内审员培训教材［Z］，2016.

［2］山东省知识产权局、烟台市知识产权局、中知（北京）认证有限公司、山东智宇律师事务所．企业知识产权管理规范解析与应用［M］．北京：知识产权出版社，2016.

［3］李红军，王春光，等．装备知识产权管理［M］．北京：国防工业出版社，2013.

［4］吴伟仁．国防科技工业知识产权案例点评［M］．北京：原子能出版社，2003.

［5］王海涛，等．航天八院知识产权全过程管理的思考［J］．知识产权增刊，2016.

附录　本标准与相关标准比较

附表　本标准与 GB/T 29490—2013《企业知识产权管理规范》对比差异

<table>
<tr><th colspan="2">GJB 9158—2017
《装备承制单位知识产权管理要求》</th><th colspan="2">GB/T 29490—2013
《企业知识产权管理规范》</th><th rowspan="2">差异</th></tr>
<tr><th>条款</th><th>内容</th><th>条款</th><th>内容</th></tr>
<tr><td>0</td><td>引言</td><td>0</td><td>引言</td><td>无</td></tr>
<tr><td>0. 1</td><td>概述</td><td>0. 1</td><td>概述</td><td>无</td></tr>
<tr><td rowspan="4">0. 2</td><td>过程方法</td><td rowspan="4">0. 2</td><td>过程方法</td><td rowspan="4">有</td></tr>
<tr><td>e）加强组织知识管理，提升承担军品科研生产任务的能力；</td><td rowspan="3">（无此内容）</td></tr>
<tr><td>f）促进军民技术转移，提高装备经费使用效益；</td></tr>
<tr><td>b）实施：……以及在承担装备采购任务（装备预先研究、型号研制、生产、维修保障等……</td></tr>
<tr><td>0. 3</td><td>原则</td><td>0. 3</td><td>原则</td><td>无</td></tr>
<tr><td>0. 4</td><td>影响因素</td><td>0. 4</td><td>影响因素</td><td>无</td></tr>
<tr><td rowspan="4">1</td><td>范围</td><td rowspan="4">1</td><td>范围</td><td rowspan="4">有</td></tr>
<tr><td>本标准适用于有下列愿望的装备承制单位</td><td>本标准适用于有下列愿望的企业</td></tr>
<tr><td>c）……（包括装备采购任务下达方）……</td><td>（无此内容）</td></tr>
<tr><td>（无此内容）</td><td>事业单位、社会团体等其他组织，可参照本标准相关要求执行</td></tr>
<tr><td rowspan="2">2</td><td>术语和定义</td><td rowspan="2">3</td><td>术语和定义</td><td rowspan="2">有</td></tr>
<tr><td>下列术语和定义适用于本标准</td><td>B/T 19000—2008 和 GB/T 21374—2008 界定的以及下列术语和定义也适用于本文件</td></tr>
<tr><td>2. 1</td><td>新装备 equipment</td><td></td><td>（无此内容）</td><td>有</td></tr>
<tr><td>2. 2</td><td>装备承制单位 eligible equipment contractor</td><td></td><td>（无此内容）</td><td>有</td></tr>
</table>

续表

GJB 9158—2017《装备承制单位知识产权管理要求》		GB/T 29490—2013《企业知识产权管理规范》		差异
条款	内容	条款	内容	
2.3	知识产权 intellectual property rights	3.1	知识产权 intellectual property	有
	(具体表述，略有差异)		(具体表述，略有差异)	
2.4	国防专利 national defense patent		(无此内容)	有
2.5	过程 process	3.2	过程 process	无
2.6	产品 product	3.3	产品 product	无
2.6	过程的结果	3.3	过程的结果	无
2.7	体系 system	3.4	体系 system	无
2.8	管理体系 management system	3.5	管理体系 management system	无
2.9	知识产权方针 intellectual property policy	3.6	知识产权方针 intellectual property policy	无
2.10	知识产权手册 intellectual property manual	3.7	知识产权手册 intellectual property manual	无
3	知识产权管理体系	4	知识产权管理体系	无
3.1	总体要求	4.1	总体要求	无
3.2	文件要求	4.2	文件要求	无
3.2.1	总则	4.2.1	总则	无
3.2.2	文件控制	4.2.2	文件控制	无
3.2.3	知识产权手册	4.2.3	知识产权手册	无
3.2.4	外来文件与记录文件	4.2.4	外来文件与记录文件	无
4	管理职责	5	管理职责	无
4.1	管理承诺	5.1	管理承诺	无
4.2	知识产权方针	5.2	知识产权方针	有
	c）……与装备承制单位所承担的装备采购任务相适应		(无此内容)	
4.3	策划	5.3	策划	无
4.3.2	知识产权目标	5.3.2	知识产权目标	无
4.3.3	法律和其他要求	5.3.3	法律和其他要求	无
4.4	职责、权限与沟通	5.4	职责、权限与沟通	无
4.4.2	机构	5.4.2	机构	无
4.4.3	内部沟通	5.4.3	内部沟通	无
4.5	管理评审	5.5	管理评审	无
4.5.1	评审要求	5.5.1	评审要求	无
4.5.2	评审输入	5.5.2	评审输入	有
	b）承担装备采购任务的情况及其知识产权创造、运用、保护和管理情况		(无此内容)	
4.5.3	评审输出	5.5.3	评审输出	无

续表

GJB 9158—2017《装备承制单位知识产权管理要求》		GB/T 29490—2013《企业知识产权管理规范》		差异
条款	内容	条款	内容	
5	资源管理	6	资源管理	无
5.1	人力资源	6.1	人力资源	无
5.1.1	知识产权工作人员	6.1.1	知识产权工作人员	无
5.1.2	教育与培训	6.1.2	教育与培训	无
5.1.3	人事合同	6.1.3	人事合同	无
5.1.4	入职	6.1.4	入职	无
5.1.5	离职	6.1.5	离职	无
5.1.6	激励	6.1.6	激励	无
5.2	基础设施	6.2	基础设施	无
	a）……密码保险柜……		（无此内容）	
5.3	财务资源	6.3	财务资源	无
5.4	信息资源	6.4	信息资源	有
	d）装备承制单位应建立知识产权信息数据库，并有效维护和及时更新		d）有条件的企业可建立知识产权信息数据库，并有效维护和及时更新	
6	基础管理	7	基础管理	无
6.1	获取	7.1	获取	有
	d）开展职务发明内部登记，记录职务发明名称、发明日期、技术内容、发明人信息等		（无此内容）	
6.2	维护	7.2	维护	无
6.3	运用	7.3	运用	无
6.3.1	实施、许可和转让	7.3.1	实施、许可和转让	有
	a）促进和监控知识产权的实施，装备承制单位应评估知识产权对装备承制单位的贡献		a）促进和监控知识产权的实施，有条件的企业可评估知识产权对企业的贡献	
	c）涉及国防安全的知识产权（含国防专利），禁止以独占许可方式许可他人实施，涉及转让、权属放弃的，应履行相关审批手续；向境外许可、转让，或在境外实施的，应当确保国家秘密不被泄露，保证国防和军队建设不受影响，并履行相关审批手续		（无此内容）	有
6.3.2	投融资	7.3.2	投融资	有
	b）涉及国防安全的知识产权（含国防专利）参与境外投融资的，应当确保国家秘密不被泄露，保证国防和军队建设不受影响，并履行相关审批手续		（无此内容）	

续表

GJB 9158—2017《装备承制单位知识产权管理要求》		GB/T 29490—2013《企业知识产权管理规范》		差异
条款	内容	条款	内容	
6.3.3	单位重组	7.3.3	企业重组	
	a）装备承制单位合并或并购前，应开展知识产权尽职调查，根据合并或并购的目的设定对目标装备承制单位知识产权状况的调查内容；装备承制单位应进行知识产权评估		a）企业合并或并购前，应开展知识产权尽职调查，根据合并或并购的目的设定对目标企业知识产权状况的调查内容；有条件的企业可进行知识产权评估	
6.3.3	c）对于装备采购任务下产生的知识产权，装备承制单位应采取措施，确保重组、合并活动不影响装备采购任务下达方的相关知识产权权益		（无此内容）	有
6.3.4	标准化	7.3.4	标准化	无
6.3.5	联盟及相关组织	7.3.5	联盟及相关组织	无
6.3.5	参与或组建知识产权联盟及相关组织应满足以下要求	7.3.5	参与或组建知识产权联盟及相关组织应满足以下要求	无
6.4	保护	7.4	保护	无
6.4.1	风险管理	7.4.1	风险管理	无
6.4.2	争议处理	7.4.2	争议处理	无
6.4.3	涉外贸易	7.4.3	涉外贸易	有
	c）向境外销售产品前，应开展知识产权谈判，签订知识产权保护条款，明确知识产权使用范围和期限		（无此内容）	
	e）产品参加国际展览，应开展参展地知识产权分析，做好知识产权保护和保密工作		（无此内容）	
6.5	保密	7.6	保密	无
7	合同管理	7.5	合同管理	有
7.1	一般规定			
	d）承担涉及国家重大专项、装备采购任务等政府和军队支持项目时，应了解项目相关的知识产权规定，并按照要求进行管理		d）承担涉及国家重大专项等政府支持项目时，应了解项目相关的知识产权规定，并按照要求进行管理	
7.2	装备投标书		（无此内容）	有
7.3	装备采购合同		（无此内容）	有

续表

GJB 9158—2017《装备承制单位知识产权管理要求》		GB/T 29490—2013《企业知识产权管理规范》		差异
条款	内容	条款	内容	
8	实施与运行	8	实施与运行	无
8.1	一般要求			
8.1.1	立项	8.1	立项	无
8.1.2	研究开发	8.2	研究开发	无
8.1.3	采购	8.3	采购	无
8.1.4	生产	8.4	生产	无
8.1.5	销售和售后	8.5	销售和售后	无
8.2	装备采购各阶段知识产权管理		(无此内容)	有
8.2.1	预先研究		(无此内容)	
8.2.2	型号研制		(无此内容)	
8.2.3	生产		(无此内容)	
8.2.4	维修保障		(无此内容)	
9	审核和改进	9	审核和改进	无
9.1	总则	9.1	总则	无
9.2	内部审核	9.2	内部审核	无
9.3	分析与改进	9.3	分析与改进	无